聚焦
新型生产关系

中央党校（国家行政学院）中国式现代化研究中心 组编

张占斌 主编

中 央 党 校 出 版 集 团

国家行政学院出版社
NATIONAL ACADEMY OF GOVERNANCE PRESS

图书在版编目（CIP）数据

聚焦新型生产关系 / 张占斌主编 . --北京：国家行政学院出版社，2024.9. -- ISBN 978-7-5150-2926-9

Ⅰ . F120

中国国家版本馆 CIP 数据核字第 2024LQ7018 号

书　名	聚焦新型生产关系 JUJIAO XINXING SHENGCHAN GUANXI	
作　者	张占斌　主编	
责任编辑	刘韫劼	
责任校对	许海利	
责任印制	吴　霞	
出版发行	国家行政学院出版社 （北京市海淀区长春桥路 6 号　100089）	
综 合 办	（010）68928887	
发 行 部	（010）68928866	
经　销	新华书店	
印　刷	北京盛通印刷股份有限公司	
版　次	2024 年 9 月北京第 1 版	
印　次	2024 年 9 月北京第 1 次印刷	
开　本	170 毫米 ×240 毫米　16 开	
印　张	19	
字　数	278 千字	
定　价	58.00 元	

本书如有印装问题，可联系调换，联系电话：（010）68929022

前言

生产力和生产关系是历史唯物主义的一对核心范畴。生产关系同生产力发展水平相伴相生，标识着社会发展的文明程度，成为社会制度发展的基础。马克思在《〈政治经济学批判〉序言》中指出："人们在自己生活的社会生产中发生一定的、必然的、不以他们的意志为转移的关系，即同他们的物质生产力的一定发展阶段相适合的生产关系。"生产关系和生产力之间的辩证关系贯穿马克思主义经典著作的始终，是学习、研究和运用马克思主义的重要基础，也是社会主义国家建设和改革时期紧扣的问题主线，更是认识资本主义社会及整个人类社会发展走向的一把钥匙。

中国共产党人善于运用"生产力和生产关系"理论，并且结合中国具体国情和社会主义发展阶段，将其运用于社会主义建设和改革的实际工作中，丰富和发展了马克思主义"生产关系"理论，为中国特色社会主义政治经济学奠定了理论基础。毛泽东在《关于正确处理人民内部矛盾的问题》中指出："在社会主义社会中，基本的矛盾仍然是生产关系和生产力之间的矛盾，上层建筑和经济基础之间的矛盾。"邓小平指出："只有思想解放了，我们才能正确地以马列主义、毛泽东思想为指导，解决过去遗留的问题，解决新出现的一系列问题，正确地改革同生产力迅速发展不相适应的生产关系和上层建筑，根据我国的实际情况，确定实现四个现代化的具体道路、方针、方法和措施。"江泽民指出："改革是全面改革，是在坚持社会主义基本制度的前提下，自觉调整生产关系和上层建筑的各个方面和环节,来适应初级阶段生产力发展水平和实现现代化的历史要求。"胡锦涛指出:"在现代化建设过程中,一定要正确处理生产力和生产关系的矛盾,使生产关系适应生产力水平,并随着生产力发展需要自觉调整生产关系。这就要求我们密切关注现阶段生产力发展反映出的新情况、提出的新要求,坚定不移推进改革。重点是继续推进以建立和完善社会主义市场经济体制为中心任务的各项改革,以不断促进生产力新发展新提高。"

新时代,以习近平同志为核心的党中央坚持历史唯物主义,组织全党学习马克思主义政治经济学,运用生产力和生产关系理论来分析中国社会的发展问题,围绕中国式现代化的中心任务布局全面深化改革,调整生产关系,解放和发展社会生产力,构建中国特色社会主义政治经济学,开创了马克思主义政治经济学新篇章。习近平总书记在《纪念马克思诞辰200周年大会上的讲话》中强调:"学习马克思,就要学习和实践马克思主义关于生产力和生产关系的思想。……解放和发展社会生产力是社会主义的本质要求,是中国共产党人接力探索、着力解决的重大问题。"同时,习近平总书记进一步指出:"我们要勇于全面深化改革,自觉通过调整生产关系激发社会生产力发展活力,自觉通过完善上层建筑适应经济基础发展要求,让中国特色社会主义更加符合规律地向前发展。"2023年7月以来,习近平总书记在四川、黑龙江、浙江、广西等地考察调研时,提出要整合科技创新资源,引领发展战略性新兴产业和未来产业,加快形成新质生产力。12月中旬,习近平总书记在中央经济工作会议上,提出要以科技创新推动产业创新,特别是以颠覆性技术和前沿技术催生新产业、新模式、新动能,发展新质生产力。2024年1月,习近平总书记在中共中央政治局第十一次集体学习时强调:"生产关系必须与生产力发展要求相适应。发展新质生产力,必须进一步全面深化改革,形成与之相适应的新型生产关系。要深化经济体制、科技体制等改革，着力打通束缚新质生产力发展的堵点卡点，建立高标准市场体系，创新生产要素配置方式，让各类先进优质生产要素向发展新质生产力顺畅流动。"习近平总书记根据新时代中国经济社会发展的变化，创造性提出了新质生产力理论，阐释了"新型生产关系"的丰富内容，阐明了新质生产力和新型生产关系的辩证关系，进一步丰富和发展了马克思主义生产力理论，指导中国社会进一步全面深化改革，推进中国式现代化。

2024年7月15日至18日，党的二十届三中全会胜利召开，全会通过了《中共中央关于进一步全面深化改革　推进中国式现代化的决定》（以下简称《决定》）。《决定》围绕着中国式现代化布局进一步全面深化改革，解放和发展社会生产力。在全党全国深入学习宣传研究党的二十届三中全会精神之际，系统梳理总结"新型生产关系"的系列研究成果，利于全体党员干部全面准确理解习近平总书记关于新质生产力理论的重要论述，利于学界更好地推进习近平经济思想的系统化理论化研究，便于全党全国各族人民深刻理解《决定》中的各项改革政策，为推进中国式现代化汇聚磅礴力量。

目录

第一部分　马克思主义经典理论视野下的新型生产关系

新质生产力理论对唯物史观的原创性贡献 …………………… 沈江平 / 003

新质生产力论 ……………………………………… 孟　捷　韩文龙 / 009

历史唯物主义视域中的新质生产力 ……………………………… 郗　戈 / 019

形成与新质生产力相适应的新型生产关系 ……………………… 胡　莹 / 026

新型生产关系的特点和形成路径 ………………………………… 王琛伟 / 047

唯物史观视域下新质生产力基本命题再探讨 …………………… 包炜杰 / 059

第二部分　新型生产关系的科学内涵与重要特征

加快形成与新质生产力相适应的新型生产关系：理论逻辑
　与现实路径 ……………………………………… 周　文　李雪艳 / 075

加快形成与新质生产力相适应的新型生产关系 ………………… 蒲清平 / 093

以新型生产关系推动新质生产力发展 …………………………… 刘志彪 / 103

形成新型生产关系的内在逻辑与重点任务 ……………………… 刘志成 / 117

新质生产力对新型生产关系推进的若干思考 …………………… 白暴力 / 130

系统解析和形成新型生产关系 …………………………………… 王伯鲁 / 135

第三部分 新质生产力与新型生产关系的辩证关系

新质生产力及其培育和发展 …………………………………… 洪银兴 / 151
加快培育新质生产力的关键抓手 ……………………… 罗来军 张迎新 / 165
发展新质生产力亟待打好五大创新战役 ……………………… 樊继达 / 173
推动形成与绿色生产力发展相适应的新型生产关系 …………… 张云飞 / 181
新质生产力与新型生产关系 …………………………… 尹 俊 孙巾雅 / 202
建立适应新质生产力发展的新型生产关系 …………………… 李晓华 / 217

第四部分 以进一步全面深化改革加快构建新型生产关系

加快形成同新质生产力更相适应的生产关系 ………………… 赵长茂 / 229
坚持系统观念进一步全面深化改革 ………………… 李正聚 王潇锐 / 232
构建高水平社会主义市场经济体制的核心及重点 ……………… 迟福林 / 237
以全面深化改革为中国式现代化注入新动能 …………………… 张占斌 / 250
不断开创进一步全面深化改革的新局面 ……………………… 董振华 / 259
形成新型生产关系需要把握的几个重大问题 …………………… 逄锦聚 / 265
坚持以制度建设为主线 ………………………………………… 陈志刚 / 278
形成新型生产关系重在全面深化改革 ………………………… 冯颜利 / 283
深化改革为共同富裕提供动力和保障 ………………………… 刘培林 / 287
以正确的改革方法推进全面深化改革 ………………………… 胡 敏 / 290

后记 …………………………………………………………………… 295

第一部分

马克思主义经典理论视野下的新型生产关系

新质生产力理论对唯物史观的原创性贡献

沈江平[*]

作为习近平经济思想最新发展的新质生产力理论，实现了中国经济学自主知识体系的理论创新。"新质生产力"这一全新概念的提出，立足于原创性、颠覆性的科技创新，聚焦生产要素的创新性配置和产业深度转型升级，以劳动者、劳动资料、劳动对象及其优化组合的跃升为基本内涵，促进经济社会的高质量发展。新质生产力的"新质"是生产系统内在要素相互作用的集中涌现，反映了主体更为深刻的认识能力，是对唯物史观有关生产力理论、主客体思想的守正创新，进一步丰富拓展了生产力、生产关系、主体、客体等范畴的内涵，并以其原创性贡献完善了唯物史观中国化、时代化的术语表达，为实现全面建成社会主义现代化强国的目标提供了强大思想武器和科学行动指南。

一、拓新生产力与生产关系范畴的时代内涵

生产力与生产关系是唯物史观理论体系中的两个重要范畴，二者的相互关系是理解和把握唯物史观的重要视角。任何社会变革发展都可以从社会生产力和生产关系之间的现存冲突中去寻求解答。二者相互作用形成的

---

[*] 沈江平，中国人民大学马克思主义学院教授，中国人民大学习近平新时代中国特色社会主义思想研究院研究员。

生产力与生产关系的矛盾运动规律是判断时代变革的客观依据，彻底否定了以往单纯以道德作为评判历史功过是非的唯心主义标准，是马克思主义政党制定正确路线、方针和政策的重要依据。新质生产力是瞄准世界科技进步前沿，由技术革命性突破、生产要素创新性配置、产业深度转型升级而催生的先进生产力，其内涵和表现形式都大为更新，同时带来了与之配套的生产关系的变革。

生产力基本要素的内涵被拓展延伸。唯物史观认为，生产力是人类在实践活动中形成的改造和影响自然以使其契合社会发展需要的物质力量、社会力量，是标志社会与自然之间现实关系的范畴。劳动者、劳动资料和劳动对象有机组成生产力这个复杂系统。生产力有实体性要素和渗透性要素之分，物质性是生产力的本质特征，但生产力并非纯粹的物质因素（实体性要素），以科学技术、管理和教育等为主要表现的渗透性要素在其中发挥着越来越重要的作用。新质生产力是契合新发展理念和包含新质态要素的先进生产力，作为知识形态的渗透性要素在实践中对于实体性要素的反哺作用日益增强，标志着生产力水平的整体跃迁。在劳动者层面，劳动者的智慧和能力的发展程度决定着人类对客观世界改造的深度和广度。新质生产力中的劳动者不再是过去主要从事简单重复劳动的普通工人，已经实现向具有快速学习能力以领悟新知识、熟练掌握现代高端先进设备、充分利用现代技术的"知识技能型"工人转变。在劳动资料层面，作为其中最重要构成部分的生产工具，出现翻天覆地的变化。大量技术含量高、自动化程度高的生产工具以及虚拟设备被运用到实践活动中，极大地提升了生产效能和解放了劳动者。这也表明人类解决社会同自然之间矛盾的实际能力的迭代飞跃。在劳动对象层面，新质生产力将物质形态的高端智能设备和虚拟智能设施以及新材料、新能源、数据等新型生产要素纳入对象系统里，劳动对象范围进一步扩大。更广范围的劳动对象是新质生产力的物质基础。依托科技和产业前沿领域探索的新质生产力，极大丰富了劳动对象的种类和存在形式，拓展了生产新视域，创造了生产新空间。如果说劳动对象、劳动资料和劳动者构成生产力的"硬件"，那么，科学技术无疑是生产力的"软件"。作为"第一生产力"的科学技术是生产力中的重要因素，是先进生产力的集中体现和主要标志，能够与劳动者、劳动资料和劳动对象等因素相结合而转化为实际生产能力。每一次重大科技变革都会推动人类经济社会发展。新质生产力立足科技创新，不仅改变了传统的物质生产方式，也带来了非物质生产的快速增长，实现生产力各要素高效率配置进而推进生产力跃迁。由此看来，新质生产力进一步深化和拓展了唯物史观的内涵，不仅包括物质生产的发展，也涵盖了非物质生产领域的进步。

生产关系三大构成要素被赋予新的诠释。唯物史观认为，生产力和生产关系不可分割，生产关系一定要适应生产力状况是社会发展的普遍规律。其中，生产力决定生产关系，生产关系反作用于生产力。马克思主义认为，生产资料所有制关系、生产中人与人的关系和产品分配关系是生产关系三大组成部分。习近平总书记指出："生产关系必须与生产力发展要求相适应。发展新质生产力，必须进一步全面深化改革，形成与之相适应的新型生产关系。"新质生产力的发展规模和发展速度赋予新质生产关系以新的内涵。与新质生产力相匹配的生产关系必然紧跟生产力的变革而变化。显然，蕴含于生产关系中的生产所有制关系、分配关系以及人在生产中的地位等要素理应被重新界定和解读。从生产资料所有制关系来看，在坚持公有制为主体的前提下，混合制企业显著增加，生产资料所有制的社会属性越来越明显，比如公众股份、机构投资者、庞大的股民群，特别是具有公共产品属性的数据等。就分配关系而言，分配关系伴随生产力的迅猛发展亦是变化显著。这些变化突出表现在可供分配的财富随着知识经济的发展日益增加，更多生产要素参与分配引发分配关系日趋复杂，获取收入的方式更为广泛多样，互联网在分配中的角色日益凸显。质言之，新质生产力在缔造新质财富的同时，也必然呼唤新的财富分配方式。至于生产中人与人之间的关系，随着所有制关系的变迁和劳动者权益保护机制和自我保护意识的提升，人们在生产体系和生产过程中的地位及其相互关系也发生了显著变化。数字经济时代，零工经济等新的劳动关系，不再如传统经济时代那样场所固定、生产者与管理者界限分明、工作流程公式化，其管理者同时

可能也是生产者，劳动场所非固定化，生产要素全球流动。在整个生产体系中，人与人之间关系更趋于平等。

由此可见，新质生产力以及与之相适应的新型生产关系无论是从理论内涵的广度还是深度上来讲，都大大实现了拓展和深化，是马克思主义生产力和生产关系范畴的中国化时代化表达。产生"新质"也是发展的本质，这种变迁进一步促使我们深化对生产关系与生产力相互作用的认识：新质生产力的发展对生产关系提出了新的挑战和机遇。例如，互联网的普及和数字化技术的运用，使得传统的生产组织形式、管理模式和分配方式面临变革。这种变革不仅反映了生产力与生产关系之间的相互作用，也揭示了生产关系对生产力发展的反作用，突破了既有生产力与生产关系决定与非决定性关系的论证。这要求在推动新质生产力发展的过程中，必须不断调整生产关系，以更好地适应生产力发展来激发其活力。因此，新质生产力深化了我们对生产力与生产关系相互作用的理解，丰富发展了唯物史观。

二、拓展主体、客体范畴的时代内涵

主客体问题是哲学的基本问题。马克思以社会实践为基础和中介，科学地解决了这一难题，实现哲学发展史上的伟大变革。新质生产力是生产力发展和科技进步的产物，反映了主体对于生产力本质的深层次认知，归根到底是人类改造自然能力的革命性、整体性提升，昭示着生产力发展的未来方向。从其构成而言，作为主体的劳动者、作为客体的劳动对象呈现出全新内涵，也更为广泛。而作为联结主体和客体的劳动资料，随着原创性技术、颠覆性技术的发展和广泛运用，将主客体关系用一种新的方式展现出来。新质生产力将主体之外越来越多的存在变成自己活动的对象，变成自己的客体，从而使主体性存在更加明显。

新质生产力充分展现人的主体性和创造性。随着人类实践和社会的发展，人们在越来越广阔的范围内按照任何一种事物的尺度来进行生产和创造，在越来越深刻的程度上将主体内在的尺度运用到客体上去。新质生产力无疑是主体在知识经济、信息化时代的创造性结晶。人才是推动新质生产力形成的智力来源，人是新的科学技术的创造者和使用者，是新质生产力生成中最活跃、最具决定性意义的能动主体。因为新质生产力的发展往往依赖于人的知识、技能和创造力。唯物史观强调物质生产的基础性作用，同时也重视生产中的人的主体性和创造性对社会发展的推动作用。新质生产力的兴起进一步强化了这一点，有助于我们更加全面理解把握人在社会发展中的地位和作用。同时，我们也要看到，新质生产力中的主体不再是依靠手工劳作、简单机器生产的劳动者，而是新时代的劳动者。他们具有良好的教育背景、丰富的知识基础、良好的学习能力，是能够充分运用现代技术的新型人才。新质生产力对劳动者的知识和技能提出更高要求。新质生产力的主体除了拥有改造自然必需的自然器官这种主体能力结构中的"人本身的自然力"以外，更为显著的是主体能力结构中的智力因素以及精神因素。科技创新意识、创造力和能动性强等特征都汇聚在新质生产力的主体身上。可以说，新质生产力不仅取决于海量知识、科学创新、要素优化的主导作用，而且总是伴随着主体对客体的情感体验和意志努力，增加了满足美好生活需要的新需求。因为"激情、热情是人强烈追求自己的对象的本质力量"。只有用先进科学技术、丰富知识和先进理念武装起来的劳动者，在热情、激情、信念的引领下，才能不断推进新质生产力的发展创新。

新质生产力丰富了客体内涵。在实践活动中，客体是主体活动的对象，是纳入主体活动领域并同主体发生功能性关系的客观事物。从物质世界的可知性原理和整个人类认识能力的无限性原理来看，客观存在的物质世界的一切事物和现象，都有可能成为作为主体总体的人类整体对象性的认识活动的客体，即都有可能为人类所认识。但是，人类的认识是一个逐渐深入的发展过程。物质世界的事物和现象能否成为客体以及哪些能够成为客体，有赖于具体社会阶段中具体社会关系中的主体存在及其所掌握的手段、条件等因素。作为客体的事物和现象的范围不是封闭性的，也没有一个终极的限度。新质生产力的出现，不仅表明人们认识水平和实践水平的提高，

而且表明主体的本质力量发展了,需要也扩大了。主体本质力量对象化的各种强有力的物质技术手段的发展、制造和使用,致使过去那些优先存在的、同主体没有关联性意义的自在之物以及主体的实践活动与意识、思维活动和它们的产物越来越多地转化为主体对象性活动的客体,成为被主体理论地和实践地掌握的对象。具体说来,受益于科技创新的广度延伸、深度拓展、精度提高和速度加快,客体的种类和形态大为拓展。就传统的自然领域而言,人们从自然界获取物质和能量的工具、手段更为先进,利用和改造自然的范围扩展至深海、深地、深空等。同时,人类越来越多的实践活动成果不断转化为劳动对象,成为客体。其中,大数据作为新型生产要素成为当今数字时代重要的劳动对象,不仅能凭借激活数据潜力提高生产效率、提升发展动能,还能依托与其他生产要素的融合产生价值增殖效应。

唯物史观强调,我们既要坚持物质世界的客观实在性,坚持物质世界运动变化的客观规律性,又要从这个基础出发,在认识论意义上切实把握主体、客体及其相互关系,这样才有利于真正做到一切从实际出发、实事求是,高度发挥人类认识世界、改造世界的主观能动性。新质生产力基于时代变迁对主客体内涵作了具有鲜明时代气息的阐发和丰富,让我们更加深刻地理解和把握人在实践中的地位和作用,凸显主体的创新性、创造性。

综上,新质生产力对唯物史观的贡献是多方面的,它拓展了我们对生产力发展的理解,深化了对生产关系与生产力相互作用的认识,揭示了主体、客体范畴内涵发展的新动向,彰显了人的主体性和创造性在社会发展中的重要性。与资本主义社会中的对抗性关系不同,这些贡献在社会主义中国是随着"新质"的渐进积累而逐步实现跃升的,着重解决人民日益增长的美好生活需要和不平衡不充分的发展之间的矛盾,根本上体现了中国特色社会主义的制度优势,使得发展成果更公平地惠及全体人民。以唯物史观观照新质生产力,使其解释力更为强劲,更加适应时代发展需要,为我们理解和把握当代社会的发展提供了有力理论支持。

(本文源自《中国社会科学报》2024 年 4 月 17 日第 2874 期)

新质生产力论

孟　捷　韩文龙[*]

习近平总书记在主持中共中央政治局就扎实推进高质量发展进行第十一次集体学习时指出,"发展新质生产力是推动高质量发展的内在要求和重要着力点,必须继续做好创新这篇大文章,推动新质生产力加快发展"[①]。新质生产力论是将马克思主义政治经济学基本原理同中国发展实际和时代特征相结合的最新成果,是对马克思主义生产力理论的进一步发展。这一理论系统回答了新发展阶段发展什么样的生产力、为什么发展和怎么发展等一系列问题,体现了对中国特色社会主义经济发展规律的新认识。深入理解生产力与生产关系间的矛盾关系以及生产力和生产关系各自内部的矛盾关系,是全面准确地把握新质生产力论的方法论前提。

一、新质生产力的社会经济内涵

习近平总书记对新质生产力作出了深刻论述,结合马克思的生产力理论,可以将新质生产力初步界定为新型劳动者利用新型劳动资料作用于新型劳动对象,构造新的分工和协作体系,创造社会新财富的能力。正如后文还将分析的,发展新质生产力涉及生产力系统内部一系列矛盾的形成和解决,包括劳动的主观条件和客观条件的关系的变化、劳动资

---

[*] 孟捷,复旦大学经济学院特聘教授、博士生导师;韩文龙,西南财经大学经济学院教授、博士生导师。
[①] 《加快发展新质生产力　扎实推进高质量发展》,《人民日报》2024年2月2日。

料和劳动对象的关系的变化、生产力的技术属性和社会属性的关系的变化等多重维度。

新质生产力不仅涉及马克思所说的"工艺学"意义的革命，而且具有深刻的社会经济内涵。

1. 新质生产力是体现新发展理念的先进生产力

新发展理念作为系统的指导经济发展的理论体系，为新发展阶段的生产力变革路径指明了方向，界定了生产力或技术发展的轨道。新发展理念提倡创新发展，但创新是有方向和路径的，协调、绿色、开放、共享等理念，事实上界定了创新或新质生产力发展的方向和轨迹。要指出的是，演化经济学提出了技术轨道和技术经济范式的概念，值得我们借鉴。技术经济范式是与技术革命相伴随的一套协调分工协作的技术原则和组织原则，它具有兼容和排斥双重效应，鼓励特定类型的技术，排斥其他类型的技术，因而界定了技术发展的轨迹和方向，产生了特定的技术轨道。[1] 从这个角度看，新发展理念的重要意义在于，它可以影响技术经济范式，成为内化于后者的价值理念，进而指引技术演化的方向，形成特定的技术轨道。例如，碳达峰和碳中和，作为绿色发展的具体表现，必然界定了新质生产力的发展路径和方向。在此意义上，新质生产力必然体现为绿色生产力。

2. 新质生产力论揭示了后发国家为实现自身赶超的生产力发展规律

中国作为最大的发展中国家，发展的地位正在从后发追赶逐渐向前沿竞争转变。通过怎样的发展路径才能实现顺利转变，这是事关中国式现代化建设的重大理论与实践问题。生产力是一个复杂的系统，其自身演变具有不平衡发展的特点。生产力的跃迁不仅依靠单纯量的积累，新技术、新业态、新产业、新地区的发展，往往是以各种对应的衰落为代价的，这一不平衡发展的特点也为后发国家实现赶超提供了可能。为此，要抓住新技术革命的"时间窗口"，充分利用我国社会主义市场经济的制度优

---

[1] 佩蕾丝：《技术革命与金融资本：泡沫与黄金时代的动力学》，田方萌等译，中国人民大学出版社 2007 年版。

势、超大规模市场优势及其他后发优势，在变化多端的创新路径和方向中把握战略重点，加快发展新质生产力，实现我国生产力水平和发展阶段的重大跃迁。

3. 新质生产力论是对高质量发展内涵的进一步阐释

"三新一高"是习近平经济思想的主体内容。发展新质生产力，是对高质量发展内涵的进一步阐释或具体化。新时代我国经济发展的一个突出特点，就是发展动力从以要素投入为主转向创新驱动。习近平总书记指出："把创新摆在第一位，是因为创新是引领发展的第一动力。发展动力决定发展速度、效能、可持续性。……抓住了创新，就抓住了牵动经济社会发展全局的'牛鼻子'。"[①] 在经济学中，创新概念与单纯的科技发明不同，还意指科技发明的商业化，涉及新产品、新工艺、新市场、新原料、新的组织形式等多重维度。这种意义的创新不是单纯的生产率进步或固定资本存量的增长，而是与生产力的新质态有关，本质上是指新产品、新产业的兴起。生产率进步必须与这种新质态相联系，才有可能抵消投资两重性的矛盾，避免产能过剩，才是真正可持续的。正是对生产力新质态的强调，丰富了高质量发展的内涵。

4. 新质生产力为中国式现代化奠定了生产力基础

新质生产力与新型生产关系相互适应和相互促进，两者统一于高质量发展和中国式现代化的伟大实践之中。新质生产力作为新技术革命条件下的生产力质态，必将为中国式现代化奠定生产力基础。在一定时间范围内，一个国家、地区、行业等的生产力发展水平是有结构性差异的，有些是先进的、有些是落后的。作为先进生产力典型形式，新质生产力是引领数智时代新科技和新产业发展趋势并推动经济社会快速发展的革命性力量。当前正在快速发展的人工智能、生命科学、新工业材料、新能源、量子通信、核利用等都是引领未来发展并深刻影响人类社会的新技术。新质生产力在

---

① 习近平：《论把握新发展阶段、贯彻新发展理念、构建新发展格局》，中央文献出版社2021年版，第80—81页。

整个社会生产力系统中占比越高，一个社会的生产力发展速度就越快，发展水平就越高。当一个社会的生产力发展水平积累到某个临界值以后，就会把一个社会从低发展阶段提升到中高阶段。国家统计局的统计公报显示，经过初步核算，2023年我国人均GDP为89358元，中国已经进入了中高收入国家行列。要实现发展水平的进一步跃升，达到更高的人均GDP，建成中国式现代化强国，必须加快发展新质生产力。

新质生产力论揭示了在大国竞争的背景下实现中国式现代化的战略路径。当今世界正面临百年未有之大变局，单边主义、保护主义、霸权主义抬头，全球治理体系和国际秩序面临一系列严峻的挑战。在上述背景下，科技创新特别是原创性、颠覆性创新成为大国竞争的焦点和战略决胜点。加快发展新质生产力，是推动我国经济转型升级、最终建成现代化强国的战略路径，也是我国从容应对国际形势风云突变的底气所在。

二、正确处理三对矛盾的关系，加快发展新质生产力

唯物辩证法认为，矛盾是推动事物发展的源泉和动力。加快发展新质生产力，需要深刻认识并处理好生产力内部的矛盾、生产关系内部的矛盾以及生产力与生产关系之间的矛盾。

1. 正确处理生产力系统内部的矛盾

生产力系统的内部矛盾及其解决是推动生产力发展的根本动因。[1] 可以从三个维度考察生产力系统的内部矛盾。首先，劳动的主观条件和客观条件之间存在矛盾。这体现在生产资料的技术要求与劳动者技能水平的矛盾，生产资料的复杂性与劳动者认知能力的矛盾，等等。其次，劳动资料和劳动对象之间存在矛盾。新的劳动资料要求有新的能源和原材料，反之，新的能源和原材料的发展也要求劳动资料的变革。当劳动资料和劳动对象在

---

[1] 平心：《论生产力问题》，三联书店1980年版；马昀、卫兴华：《用唯物史观科学把握生产力的历史作用》，《中国社会科学》2013年第11期。

技术上不适应或不匹配时，生产效率就会降低。最后，是生产力的技术维度与社会维度之间的矛盾。平心曾深刻地指出，在马克思那里，生产力所体现的不仅仅是人和自然的关系，也包含着生产者之间的社会联系，生产力的性质是二重的，既有物质技术属性，也有社会属性，前者指的是劳动资料和劳动对象的数量、性能以至来源，以及与之对应的劳动生产率与一般技术水平，后者指的是"一定历史阶段劳动者的社会地位、生活面貌与精神机能，一般的劳动性质，生产的社会性质，劳动组织性质，生产资料使用的目的性与社会作用，生产力诸因素新陈代谢的特点以及生产力变化和发展的各种社会条件，所有这一切综合起来，标志着一定社会经济形态的生产力的社会属性"①。因此，必须将新质生产力的技术属性和社会属性相结合，克服两者之间的各种矛盾，以推动新质生产力的发展。要指出的是，在平心那里，生产力的技术属性和社会属性的矛盾并不是生产力系统内部的一种矛盾，而被看作生产力系统内部矛盾的最终概括，因而具有格外重要的意义。

2. 正确处理生产关系内部的矛盾

习近平总书记指出："生产关系必须与生产力发展要求相适应。发展新质生产力，必须进一步全面深化改革，形成与之相适应的新型生产关系。"② 构建新型生产关系，必须正确处理生产关系内部的矛盾。张闻天曾指出，生产关系可以区分为生产关系一般和生产关系特殊，前者指的是协作分工等劳动关系，后者指的是服务于剩余的占有或利用的所有关系。在他看来，劳动关系具有直接表现和适应生产力的特点，甚至就是生产力的一部分，所有关系则不一定必然表现和适应生产力。这样一来，生产力和生产关系的矛盾，就是通过生产关系两重性之间的矛盾表现出来的。张闻天指出："生产关系内这两方面的对立统一关系，这种一般和特殊的关系，内容和形式的关系，这就是我们所说的生产关系的两重性。""在一定的历

---

① 平心：《论生产力问题》，第 59—61 页。
② 《加快发展新质生产力 扎实推进高质量发展》。

史条件下，所有关系对生产关系一般的发展，起促进的作用；但是到一定的发展阶段，这种所有关系又阻碍这种发展。""显然，这里被消灭的是生产关系的特殊，即所有关系，而不是生产关系一般；那表现生产力的生产关系一般不但不能消灭，而且还要继续保存和发展下去，不过要在另一种所有关系……中表现出来而已。"[1] 表 1 概括了张闻天的观点，并对其作了进一步补充。依照该表的分类，劳动关系不仅表现和适应生产力，也可能服务于对剩余的占有或利用，反之，所有关系也不仅仅服务于对剩余的占有，也可能表现和适应生产力。

表 1 两种生产关系及其双重功能：四种组合

类型	表现生产力	服务于对剩余的占有和利用
劳动关系	（1）	（3）
所有关系	（2）	（4）

资料来源：孟捷《历史唯物论与马克思主义经济学》，社会科学文献出版社 2016 年，第 12 页。

要指出的是，表 1 不仅是一个单纯的分类，也为我们提示了几种不同的生产关系变革路径。第一种路径是变革从（1）开始，即出现一种新的表现生产力的劳动关系，继而引起（2）的改变，造成一种新的表现生产力的所有关系。这事实上是传统的生产力一元决定论所指示的路径。第二种路径是变革由（2）开始，即形成一种新的表现生产力的所有关系，继而引起（1）的改变。第三种路径是由（4）开始，即形成一种新的影响剩余的占有和利用的所有关系，但最终却没有引起（1）的变化。后两种路径都强调了生产关系变革的某种自主性。[2]

发展新质生产力、构建新型生产关系，必然会面临张闻天所指的上述两类生产关系的矛盾，以及表 1 所指涉及的生产关系变革的几种不同路径。

---

[1] 张闻天：《关于生产关系的两重性问题》，载《张闻天社会主义论稿》，中共党史出版社 1995 年版，第 211—214 页。
[2] 孟捷：《作为方法的中国特色社会主义政治经济学》，复旦大学出版社 2023 年版，第 61 页。

改革以来,通过第二种路径改变生产关系,进而解放和发展生产力,或可看作中国经济社会发展的主导趋势。而在新质生产力蓬勃发展的条件下,第一条路径是否会占据主导,需要我们进一步考察。

3. 正确处理生产力与生产关系之间的矛盾

在现实中,存在着表现或适应新质生产力的生产关系,以及不表现或不适应新质生产力的生产关系(其中既有分工协作关系,也有所有关系)。发展新质生产力,需要把握和运用好生产力与生产关系的矛盾运动规律,不断构建表现和适应新质生产力的新型生产关系。

20世纪80年代以来,演化经济学家佩蕾丝试图提出一个分析框架,这个框架对于我们深化理解生产力和生产关系的矛盾及其协同演化具有借鉴价值。佩蕾丝关注的问题是,一场技术革命最终如何带动整个经济的变化,掀起一次所谓"发展的巨潮"。佩蕾丝在其理论中进一步发展了多西首倡的"技术-经济范式"这一概念。按照她的定义,技术-经济范式是一个最佳惯行做法的模式(a best-practice model),它由一套普遍的、通用的技术原则和组织原则所构成,代表着一场特定的技术革命得以运用的最有效方式,以及利用这场革命重振整个经济并使之现代化的最有效方式。一旦得到普遍采纳,这些原则就成了组织一切活动和构建一切制度的常识基础。[1]

佩蕾丝认为,技术革命总是率先发生在个别部门,新技术此时还无力证明自己有能力将整个社会经济全盘改造。和技术革命相伴而生的技术-经济范式则不同,从一开始它就具有普遍的示范意义。这样一来,一次潜在的技术革命能否成为真正意义上的革命,就取决于技术-经济范式被普遍接纳的程度。在技术革命和技术-经济范式这两个概念的基础上,佩蕾丝进一步定义了所谓"发展的巨潮",它是"一次技术革命及其范式在整个经济中得以传播的过程,这一过程不仅在生产、分配、交换和消费方面产生出结构性变化,而且也在社会中产生了深刻的质的变化"。[2]

---

[1] 佩蕾丝:《技术革命与金融资本:泡沫与黄金时代的动力学》,第21页、第25页。
[2] 佩蕾丝:《技术革命与金融资本:泡沫与黄金时代的动力学》,第21页、第25页。

根据佩蕾丝的观点，在新范式的传播得以造就一次发展的巨潮之前，整个社会需要经历一场深刻的制度变革，她将其称作"制度的创造性毁灭"。在她看来，既有的制度具有惰性，过度适应于旧的技术－经济范式，并倾向于拒斥新范式。因此，在新技术和旧的制度框架之间就存在一个不相匹配或结构性调整的阶段。佩蕾丝就此写道："社会制度框架适应着每一种范式，进而影响着技术潜能得以展现的方向，以及这一潜能的成果被分配的方式。但是，这种深度适应对于下一次技术革命的引进和扩散会逐渐地成为一个障碍。一个已经建立了无数常规、习惯、准则和规章的社会，为了适应前一次革命的条件，会发现难以消化新的革命。因此，一场制度的创造性毁灭过程就发生了，在拆毁旧框架的同时，逐渐建起新的。"[①]

制度的创造性毁灭这一概念，首先有助于纠正熊彼特长波理论中的技术－经济决定论倾向。[②] 在熊彼特或传统熊彼特派那里，技术创新的成批出现会自动带来一次扩张性经济长波。而制度的创造性毁灭表明，技术革命即新质生产力的传播过程，并不是自动实现的。在不同国家，为推动制度的创造性毁灭会表现出各自不同的能力。这种制度变革能力的差异，会极大地影响新质生产力的发展过程。这一结论警示我们，要充分发挥新型生产关系对新质生产力的促进作用，就必须全面深化改革，从破和立两个方面积极构建新型生产关系，有效推动新质生产力的发展。一方面，要加速变革不适应新质生产力发展要求的旧生产关系；另一方面，要谋划和构建促进新质生产力发展的新型生产关系。

其次，制度的创造性毁灭这一概念有助于我们进一步深化对历史唯物主义以及新质生产力论的理解。生产力和生产关系的矛盾，植根于生产力系统的内在矛盾。平心提出，正是生产力系统内部的矛盾，带来了所谓生

---

① 佩蕾丝：《技术革命与金融资本：泡沫与黄金时代的动力学》，第165页（译文有修改）。弗里曼和卢桑曾指出，佩蕾丝关于技术革命和社会制度框架之间矛盾的描述，展现出和历史唯物主义的某种相似性。参见弗里曼等《光阴似箭：从工业革命到信息革命》，沈宏亮主译，中国人民大学出版社2007年版，第154—155页。

② 对佩蕾丝的进一步评论，参见孟捷、高峰《发达资本主义经济的长波：从战后"黄金年代"到2008年金融—经济危机》，格致出版社2019年版，第1章。

产力自行增殖原理，解释了生产力的发展，进而造成了生产力和生产关系的矛盾。张闻天提出，生产力与生产关系的矛盾同时表现为两类不同生产关系的矛盾，以及不同社会阶层或阶级的矛盾。在这里，生产力和生产关系的矛盾事实上成为前述两对矛盾的综合，是这些矛盾相互联系、相互转化的结果。佩蕾丝笔下的技术-经济范式以及制度的创造性毁灭等概念，对于我们进一步理解这些矛盾错综复杂的关系，是有一定帮助的。在她那里，制度是一个跨界的概念，用她的话来说："制度领域是每一阶段的政治、意识形态和社会的一般思维地图所盘踞的地方。它也是标准、法律、规则、监督机构和负责社会治理的整个结构所组成的网络。作为社会的体现，制度领域在某种程度上包含着另外两个领域。"① 这种意义的制度，作为影响人的行为的各种规则、准则和习俗，与当代制度经济学的定义是一致的。不难发现，在佩蕾丝那里，技术-经济范式本身也是一个制度概念，它被界定为经济决策者的思维地图、常识或思维定式。② 笔者认为，如果使用得当，这种制度概念或可用于描述如下现象：那些原本属于物质生产领域以外的制度，因承担生产关系的职能而成为经济基础的一部分。为了借鉴佩蕾丝表达的制度经济学观点，我们可以画出图 1。在图 1 中，生产力和生产关系这两个系统互有交集，这一交集的存在符合平心与张闻天的观点：一方面，在生产力系统中，这一交集代表生产力的社会维度；另一方面，在生产关系系统中，这一交集代表表现和适应生产力的劳动关系。在这两个系统之外，图 1 增加了代表上层建筑的第三个系统，该系统与前两个系统也有交集。在社会主义市场经济乃至现代市场经济中，国家具有两重性，一方面是纯粹意义的上层建筑（如外交、国防），另一方面也在物质生产领域直接发挥协调分工、担负投资的职责等多方面作用，从而解释了上述交集存在的原因。③ 在图 1 中，位于三个系统交集中的制度，具有直接表现和

---

① 佩蕾丝：《技术革命与金融资本：泡沫与黄金时代的动力学》，第 169、22、26 页。
② 佩蕾丝：《技术革命与金融资本：泡沫与黄金时代的动力学》，第 169、22、26 页。
③ 关于国家两重性理论的发展，参见孟捷《作为方法的中国特色社会主义政治经济学》，复旦大学出版社 2023 年版。

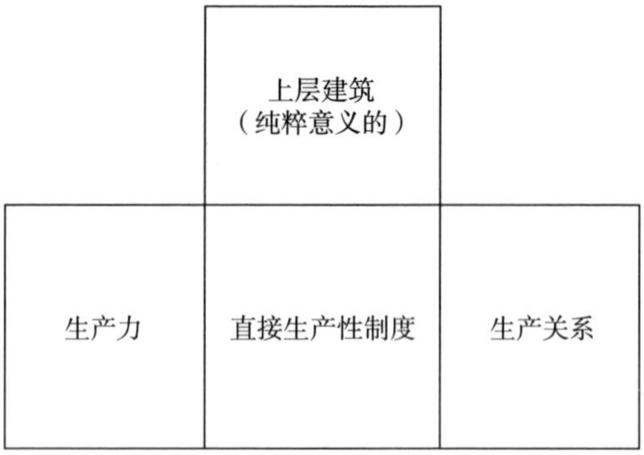

图1　生产力、生产关系、上层建筑的交集：直接生产性制度

适应生产力的功能，为简单起见，可以称之为直接生产性制度。借鉴佩蕾丝的观点，制度的创造性毁灭，是那些表现和适应技术革命的直接生产性制度与其他不能表现和适应技术革命的制度——或可称之为非生产性制度——相冲突，并将后者改造为表现和适应生产力的制度的过程。由于这里的直接生产性制度所指宽泛，涵盖了通常所说的经济、政治等各个领域的制度，因而制度的创造性毁灭，抑或构建与新质生产力相适应的新型生产关系的过程，并不只是传统意义的生产关系变革过程，而是一个遍及全社会即具有整体性的变革过程。

（本文源自《经济研究》2024年第3期）

历史唯物主义视域中的新质生产力

郝 戈[*]

新质生产力这一重大理论创新，具有鲜明的科学性、时代性、先进性和实践性，是习近平经济思想的原创性成果，是马克思主义生产力理论的最新发展。习近平总书记在主持二十届中央政治局第十一次集体学习时强调："高质量发展需要新的生产力理论来指导，而新质生产力已经在实践中形成并展示出对高质量发展的强劲推动力、支撑力，需要我们从理论上进行总结、概括，用以指导新的发展实践。"以历史唯物主义基本原理和方法论来透视新质生产力，对于深刻理解新质生产力的科学内涵、理论逻辑和实践路径，进一步发展马克思主义生产力理论，具有重要的理论和现实意义。

一、新质生产力之"新质"的多维透视

从马克思关于生产力、社会化大生产、生产的科学化、"总体工人"、"一般智力"的历史唯物主义观点出发，可以深刻把握新质生产力的科学内涵及其多方面体现。

第一，新质生产力是先进生产力的当代发展形态。马克思在对机器大工业的研究中揭示了生产力是多要素组合的复杂结构系统，包含劳动者、

---

[*] 郝戈，中国人民大学马克思主义学院院长，中国人民大学习近平新时代中国特色社会主义思想研究院研究员。

劳动资料和劳动对象等主客体及其中介结构，先进生产力首先就体现在这一要素及系统的全面发展上。新质生产力不是对传统生产力的简单优化与量变迭代，而是形成一套新型的生产力要素结构系统，从要素本身、要素间关系、关系形成的结构、结构所发挥的系统功能等方面，都体现出了生产力的先进性、创新性和引领性。新质生产力在生产要素方面发生了"质"的、结构性的变化，不仅包括劳动者、劳动资料和劳动对象等实体性要素的技术提升，还将科学技术、信息数据、经济管理、人文经济等能动性要素全方位渗透融入生产力系统中的各个环节，迸发出强大的改造世界的现实力量。

第二，新质生产力是社会化大生产的技术赋能形式。马克思揭示了资本主义生产方式内蕴的"自否定"力量即生产的社会化，并科学预言了社会生产力的全面发展将为催生新的需要、新的社会关系和交往方式提供关键物质基础。新质生产力意味着生产的社会化水平得到了显著提升。具体来看，新质生产力推动了生产技术的创新和升级，将智能化、信息化的生产设备广泛应用于各个领域，从而形成了更加紧密的社会性分工和协作、更大范围的生产资料和劳动力的社会化集中、更高水平的规模化生产的组织化，使社会生产过程各环节形成一个灵活、弹性的有机整体，为生产社会化水平的可持续发展提供了有力保障。

第三，新质生产力是"生产的科学化"趋势的最新成果。马克思注意到，从工业革命以来，生产过程就日益表现出科学化趋势，科学技术日益成为最具革命性的生产力要素。而新质生产力则体现了生产科学化趋势的最新成果，意味着科技直接成为生产力的趋势发展到了新的水平，不仅内在改变了劳动方式及分工协作方式，还重塑了中介着生产力与生产关系矛盾运动的具体生产方式。新质生产力与战略性新兴产业和未来产业紧密相关，是科技创新密集型的生产力，是原始创新作为核心推动力的生产力，是生产科学化的创新潜能充分释放的生产力。发展新质生产力意味着，智能化、自动化的生产设备系统地取代传统的机械设备，人工智能、大数据、云计算、虚拟现实等新技术在生产过程中发挥着越来越突出的引擎和中介作用。这种转变不仅提高了劳动生产率,更重要的是激发了人的能动性和创造力,使生产活动更加依赖人类科技素养和集体创新能力的普遍提升。

第四,新质生产力是"总体工人"的最新体现。马克思揭示了机器大工业中劳动的社会结合方式,将劳动者的社会结合称为"总体工人"。所谓"总体工人",是指参与到生产过程中各个环节的劳动者结合而成的社会性整体,包括直接从事生产的工人以及间接参与生产的科研人员、管理人员等。"总体工人"包含简单劳动与复杂劳动的结构性结合、体力劳动与脑力劳动的中介性结合、物质劳动与非物质劳动的差异性结合等。而新质生产力体现了"总体工人"及劳动社会结合的水平得到极大提高、内涵得到极大丰富。随着知识经济的兴起、信息技术的发展和人工智能的创新,越来越多的劳动者从事知识创造、技术创新等复杂劳动。这些创新型劳动者作为"总体工人"的中坚力量,不仅具备高度的专业技能和知识水平,而且能够灵活运用新技术、新方法解决生产、分配、流通、消费中的复杂问题,在劳动能力中体现出综合性、创造性能力的全面发展。

第五,新质生产力是"一般智力"的合理发展形式。马克思揭示了机器大工业中"一般智力"的形成发展。所谓"一般智力",是指现代生产科学化趋势中从劳动过程中分离出来、相对独立化并被公共使用的智力因素,在狭义上体现为劳动社会化分工协作中的公共性智力因素,而在广义上则扩展至智力对象化产物的集合体,包括知识、科学、技术、机器、信息、数据等。"一般智力"源于资本主义劳动过程,受制于资本价值增殖和资本主义私有制,因而表现出相对于个体劳动者的异己对抗性质。而在社会主义条件下,合理发展的"一般智力"则能够成为发展新质生产力的关键条件。劳动者不再仅仅直接依靠自身习得的知识技能来进行劳动并参与生产过程,而是更多地通过共建、共有、共享的信息网络的中介来进行劳动并参与生产过程。当前,生成式人工智能正在催生和引领新一轮科技革命和产业变革,数字技术全方位渗透融合多种生产要素,"一般智力"的社会化、公共化趋势也日益采取数字化形式,因而,信息数据综合能力尤其是数字素养与技能成为劳动者的必备素质。相应地,新质生产力之"力"

也主要表现为从以往热力、电力、信息力到"算力"的升级,而这种全球规模的云计算"算力"正是"一般智力"的最新体现。

二、发展新质生产力与塑造新型生产关系

习近平总书记强调:"发展新质生产力,必须进一步全面深化改革,形成与之相适应的新型生产关系。"在历史唯物主义基本原理中,生产力是推动社会进步最活跃、最革命的因素,是推动社会发展的最终决定力量;生产关系一定要适应生产力发展的要求。而在先进生产力发展的推动下,生产关系成为具有高度弹性和可塑性的因素。在新的历史起点上推动高质量发展,必须科学把握生产力与生产关系的矛盾运动规律,进一步全面深化改革,加快塑造与新质生产力发展相适应的新型生产关系,形成与新质生产力和新型生产关系发展相适应的管理体制和运行机制,让各类先进优质生产要素向发展新质生产力顺畅流动,让一切创造人民财富的源泉充分涌流。

新质生产力对生产关系提出了新的发展要求:加快塑造与新质生产力发展相适应的新型生产关系。这里的新型生产关系,当然是社会主义生产关系的体现形式,但在生产关系的具体体制机制和要素环节中具有一系列新特征、新结构、新功能。第一,新质生产力要求生产关系更加具有弹性和可塑性。我们要深化经济体制、科技体制等改革,着力打通束缚新质生产力发展的堵点、卡点,建立更加灵活、弹性、高效的创新机制和市场机制,优化生产要素配置方式,让劳动、知识、技术、管理、资本和数据等各类先进优质生产要素在发展新质生产力中充分发挥活力。第二,新质生产力要求生产关系更能保障公平公正和可持续发展。在新质生产力的影响下,科技创新驱动日益强劲,经济发展提质增效,社会财富增长速度加快。这就更需要通过完善分配制度、加强社会保障体系建设等方式,确保人民群众能够共享社会发展成果,通过完善劳动主体的"再生产"机制,不断保护和激发人民群众的主体性和创新力,推动经济社会可持续发展。第三,

新质生产力要求生产关系更加促进开放包容和共同发展。在当前经济全球化条件下，各国间的经济联系、信息共享、科技交流、文明互鉴日益紧密，这就使得新质生产力的发展条件需要全球整合。因此，要为发展新质生产力营造良好的国际环境，扩大高水平对外开放，加强文明交流互鉴，推动构建人类命运共同体，推进世界现代化和人类文明共同发展。

在塑造新型生产关系的进程中，新质生产力和资本之间的关系是不能回避的重要问题。按照马克思对资本主义生产方式的科学分析，资本是居于支配地位的生产关系和经济权力。资本的实质就是资本主义生产关系在特定生产要素上的体现，因而它一方面极大激发了生产力的解放和发展，另一方面也将社会生产力转化为资本自身的力量反过来对劳动者进行统治和剥削，不断榨取劳动者生存发展的时间条件和物质前提。而在社会主义条件下，社会主义生产关系制约着主要作为生产要素的资本，规定其存在形式和比例比重，并改造其内在特性，从根本上决定着资本的特性和行为规律，以或直接或间接的不同方式支配着公有或非公有的各类资本，使之服务于人与社会全面发展。由此，新质生产力和资本之间是既相互依存又相互制约的复杂关系。一方面，资本在推进中国式现代化中仍然发挥着显著的积极作用。社会主义市场经济体制下，资本可以作为一种高度能动性的生产要素，激发高效、灵活、创新的资源配置，促进资源的合理利用和经济的高效发展。另一方面，需要警惕资本的逐利性及其野蛮生长对发展新质生产力可能存在的负面影响。《资本论》早就揭示了，资本具有盲目追求利润的本性，这可能导致一些企业过度追求短期效益，而忽视技术创新和可持续发展。此外，野蛮生长的资本还可能通过垄断市场、压低劳动力成本、破坏生态环境等手段，阻碍新质生产力的广泛应用和普及。因此，我们需要依法规范和引导资本健康发展，确保其在发展新质生产力中发挥积极作用。

新质生产力是以人民为中心的先进生产力，与以资本为中心的生产力有着本质的区别。只有坚持以人民为中心发展新质生产力，才能确保新质生产力在推进中国式现代化中发挥最大效能，为社会主义现代化强国建设

提供有力支撑。

三、发展新质生产力与推进中国式现代化

从历史唯物主义基本原理来看，先进生产力是现代社会发展的关键动力因素、现代文明成就的内核。由此，发展先进生产力，是人类实现现代化的一般规律。

习近平总书记强调："发展新质生产力是推动高质量发展的内在要求和重要着力点，必须继续做好创新这篇大文章，推动新质生产力加快发展。"新质生产力的发展为中国式现代化提供了强大的动力支持和丰富的文明内涵，中国式现代化则为新质生产力的发展提供了广阔的空间。在中国式现代化进程中，新质生产力可以推动技术创新、产业升级、社会发展和人的发展等方面的进步，为全面建成社会主义现代化强国提供坚实的物质基础和强劲的新动能。

发展新质生产力可以促进中国式现代化的内涵丰富和形式创新。新质生产力不仅推动以生产效率为核心的物质文明的发展，还蕴含着以劳动者能力素质为核心的精神文明的提升。在中国式现代化的实践中，我们在发展物质生产力的基础上，也在不断解放文化生产力：不断推进"两个结合"，传承弘扬中华优秀传统文化，吸收借鉴世界优秀文明成果，努力建设中华民族现代文明。新质生产力的发展可以为中国式现代化提供更加丰富的文明内涵、更加多样的文化形式。

发展新质生产力体现中国式现代化的现代化一般规律与中国特色的辩证统一。中国式现代化既遵循现代化的一般规律，又结合中国具体实际和中华优秀传统文化，从而具有鲜明的中国特色。新质生产力作为现代化进程中的重要驱动力量，既具有人类文明进步的普遍特征，又体现了中国特色的创新发展。在推进中国式现代化中，我们要充分发挥新质生产力的推动力和引领力，继续深化现代化一般规律与中国特色的有机结合。

发展新质生产力对实现人的现代化具有根本推动作用。生产力在本质上就是人类改造世界的现实力量，人本身的能力素质尤其是创新能力的发展就是最大的生产力。习近平总书记指出，"现代化的本质是人的现代化"。推进中国式现代化的落脚点，在于人的现代化与自由全面发展。只有人民群众的主体性和创造力才是发展新质生产力的根基。发展新质生产力的一个关键方面，在于提升劳动者的科技水平，推动劳动者自身能力素质与物质生产力一体化发展。从社会发展趋势来看，发展新质生产力从根本上有助于形成"普遍的社会物质变换、全面的关系、多方面的需要以及全面的能力的体系"，有助于人的社会性潜能趋向创造性、全面化和个性化，从而推动人的自由全面发展。

（本文源自《光明日报》2024年6月28日）

形成与新质生产力相适应的新型生产关系

胡 莹[*]

习近平总书记在二十届中央政治局第十一次集体学习时强调，生产关系必须与生产力发展要求相适应。发展新质生产力，必须进一步全面深化改革，形成与之相适应的新型生产关系。要深化经济体制、科技体制等改革，着力打通束缚新质生产力发展的堵点、卡点，建立高标准市场体系，创新生产要素配置方式，让各类优质生产要素向发展新质生产力顺畅流动。同时，要扩大高水平对外开放，为发展新质生产力营造良好国际环境。[①] 马克思指出："为了进行生产，人们相互之间便发生一定的联系和关系；只有在这些社会联系和社会关系的范围内，才会有他们对自然界的影响，才会有生产。"[②] 生产者借以互相交换其活动和参与全部生产活动的条件，根据生产力发展的状况而有所不同。形成与新质生产力相适应的新型生产关系，是推动新质生产力发展的重要条件。

一、生产力决定生产关系的理论机制

马克思和恩格斯所理解的唯物主义，之所以不同于包括费尔巴哈在内

---

[*] 胡莹，中山大学马克思主义学院教授、博士生导师，广东省习近平新时代中国特色社会主义思想研究中心特约研究员。
① 《加快发展新质生产力　扎实推进高质量发展》，《人民日报》2024年2月2日。
② 《马克思恩格斯文集》第1卷，人民出版社2009年版，第724页。

的所有唯物主义,原因就在于它是突出人的"实践"即"历史"的唯物史观。从叙述的语境和结构看,《德意志意识形态》"费尔巴哈"章一方面批判以费尔巴哈的思想为代表的意识形态不理解历史、臆想历史,另一方面论证在生产力发展中实现共产主义革命的必然性。同时,马克思和恩格斯沿着从抽象到具体的叙述理路,完成了基于生产力逻辑的唯物史观的阐发。

1. 通过生产力来把握感性世界和谋求人类解放

马克思和恩格斯认为,真实的感性世界只能如其所是地呈现于感性活动之中。他们从感性活动出发,实际上就是从生产力出发,指出囿于感性直观的费尔巴哈没有看到"他周围的感性世界决不是某种开天辟地以来就直接存在的、始终如一的东西,而是工业和社会状况的产物,是历史的产物,是世世代代活动的结果,其中每一代都立足于前一代所奠定的基础上,继续发展前一代的工业和交往,并随着需要的改变而改变他们的社会制度"①。既然感性活动从来就是生产力改变和塑造了整个感性世界,那么我们就应当通过生产力来把握感性世界。

生产力决定自然界的历史面貌,使自在的自然界转变为属人的、历史中的自然界。"工业和商业、生活必需品的生产和交换,一方面制约着分配、不同社会阶级的划分,同时它们在自己的运动形式上又受着后者的制约。"② 人的认识能力和生存发展的根基在生产实践。马克思和恩格斯指出:"这种活动、这种连续不断的感性劳动和创造、这种生产,正是整个现存的感性世界的基础,它哪怕只中断一年,费尔巴哈就会看到,不仅在自然界将发生巨大的变化,而且整个人类世界以及他自己的直观能力,甚至他本身的存在也会很快就没有了。"③ 感性世界通过市民社会的运动特别是通过资本运动的方式呈现出来,这种从抽象上升到具体的叙述逻辑,揭示了如何通过生产力来把握感性世界的客观实情。马克思和恩格斯基于感性

---

① 《马克思恩格斯文集》第 1 卷,第 528 页。
② 《马克思恩格斯文集》第 1 卷,第 529 页。
③ 《马克思恩格斯文集》第 1 卷,第 529 页。

活动分析而确立的生产力范畴具有深刻的历史意义。生产力这种感性活动不仅包含原初的历史的关系，而且在它再生产的过程中，还把整个社会生活即市民社会纳入自己运动的逻辑之中。为此，生产力覆盖了全部社会生活。

在《德意志意识形态》"费尔巴哈"章中，马克思和恩格斯以生产力发展为主轴，以交往形式为社会内容，以共产主义革命为最终结论。生产力采取旧式分工的异化形式，只有当这种异化充分发展之后才可能破除异化和实现共产主义。只有生产力的充分发展才能保证社会革命摆脱野蛮化。我们必须坚定地站在唯物主义所强调的生产力理论立场上，并付诸以改变现实的革命谋求人类解放。生产力发展促进人们的普遍交往，而普遍交往又反过来推动生产力的矛盾运动，为共产主义革命创造有利条件。"只有在现实的世界中并使用现实的手段才能实现真正的解放；没有蒸汽机和珍妮走锭精纺机就不能消灭奴隶制；没有改良的农业就不能消灭农奴制；当人们还不能使自己的吃喝住穿在质和量方面得到充分保证的时候，人们就根本不能获得解放。"[①] 于是，人类解放问题的提出和彻底解决被归结为现实世界中的客观生产力和相应的共产主义革命要求。

2. 生产关系的内涵及"交叉"问题

《德意志意识形态》已经包含社会经济形态这一重要概念，并对历史上相继更替的各经济形态的基本特点进行了简要分析。但在《德意志意识形态》中，某些基本概念仍采用不太确切的术语来表达，后来用更为确切地表达这些概念内容的另一些术语来代替这些术语。例如，生产关系这一概念在《德意志意识形态》中是用"交往方式""交往形式""交往关系"等术语来表达；《德意志意识形态》中提出的"所有制形式"这一术语实际上包含着社会经济形态这个概念。马克思和恩格斯写道，"分工的每一个阶段还决定个人在劳动材料、劳动工具和劳动产品方面的相互关系"[②]，其

---

① 《马克思恩格斯文集》第1卷，第527页。
② 《马克思恩格斯文集》第1卷，第521页。

时常被视作《德意志意识形态》对生产关系的结构的认识。在马克思主义经典著作中，生产关系有狭义和广义之分：狭义的生产关系指的是直接生产过程中的关系；广义的生产关系又称为经济关系，它包括生产资料所有关系（所有制）、人们在直接生产过程中的相互关系以及产品的交换关系和分配关系。这说明与新质生产力相适应的新型生产关系具体表现为以上四种关系。马克思主义经典著作对这四种关系时常会从不同角度来表述，从而在概念上体现出直接生产关系和交换关系的"交叉"、生产资料所有关系和分配关系的"交叉"、产品的交换关系和分配关系的"交叉"等容易混淆的问题，造成对生产关系的结构认识模糊。

马克思在《〈政治经济学批判〉导言》中曾提到，"在生产本身中发生的各种活动和各种能力的交换，直接属于生产，并且从本质上组成生产"①。此外，马克思在《雇佣劳动与资本》中写道："人们在生产中不仅仅影响自然界，而且也互相影响。他们只有以一定的方式共同活动和互相交换其活动，才能进行生产。"② 马克思在这两处的表达是有区别的：前者并不是作为广义生产关系中的第四种关系即交换关系出现，而是"直接属于生产并且构成生产的本质的东西"，指的是广义生产关系中的第二种关系，即人们在直接生产过程中的相互关系；后者比前者的口径更宽，既包括生产本身中活动的交换，也包括生产结束之后劳动产品的交换，这就是说，既包括广义生产关系中的第二种关系，也包括广义生产关系中的第三种关系。《〈政治经济学批判〉导言》中所说的"活动与能力的交换"侧重的是，直接生产过程中的相互关系在经济运行的实践中主要表现为微观、具体的劳动过程中人与人的相互关系，而《雇佣劳动与资本》中所说的"互相交换其活动"还强调劳动产品的交换关系，主要表现为市场交换中的社会关系。对直接生产关系和交换关系"交叉"问题的分析启示我们，劳动过程和市场交换是分析形成与新质生产力相适应的新型生

---

① 《马克思恩格斯文集》第 8 卷，第 22—23 页。
② 《马克思恩格斯文集》第 1 卷，第 724 页。

产关系的两个重要环节,要构建社会主义和谐劳动关系,建立高标准的市场体系。

在谈到分配关系由生产资料所有制决定时,马克思曾把生产资料所有制称为在生产物的分配之前的一种分配关系。他说:"照最浅薄的理解,分配表现为产品的分配,因此它离开生产很远,似乎对生产是独立的。但是,在分配是产品的分配之前,它是(1)生产工具的分配,(2)社会成员在各类生产之间的分配(个人从属于一定的生产关系)——这是同一关系的进一步规定。这种分配包含在生产过程本身中并且决定生产的结构,产品的分配显然只是这种分配的结果。"[1] 这就是说,广义生产关系中的第一种关系即所有制决定了第四种关系即产品的分配关系,但所有关系也可以被视为一种"分配关系",这是一种先于产品分配的生产资料的分配。这种"分配关系"直接由生产力的性质决定。例如,在马克思生活的年代,第一次工业革命导致机器大生产取代手工工场,生产资料集中到少数人手中,这样的生产力条件导致劳动者与其生产资料分离,破产的小手工业者和失去了土地的农民都成为雇佣劳动者的来源,整个社会日益分裂为两大对立的阵营——无产阶级和资产阶级,这就是当时的生产力对第一种关系即所有制提出的要求。对生产资料所有关系和分配关系"交叉"问题的分析启示我们,在发展新质生产力的条件下,要根据新质生产力的发展要求对所有制形式进行调整,按要素分配方式的完善首先在于生产工具尤其是数据等新型生产要素所有权的明晰和所有制形式的完善。

除了生产资料的分配和产品的分配之外,还有第三种含义的分配,它指的是通过交换将各种产品从生产者或所有者手中转移到消费者手中,这实际上是一种交换行为。对于社会主义条件下有计划、有组织的交换,马克思主义经典作家常将其称为分配。在《哥达纲领批判》中,马克思为了批判拉萨尔的"劳动所得应当不折不扣和按照平等的权利属于社会一切成

---

[1] 《马克思恩格斯文集》第8卷,第20页。

员"①和所谓"公平的分配"等论点，指出要从全部社会产品中扣除三项基金。这里的三项基金的扣除，实际上是为使积累和消费保持一定的比例所作出的第三种含义的"分配"，体现了社会主义条件下积累基金和消费基金的分配关系。列宁在《俄共（布）纲领草案》中写道："在分配方面，苏维埃政权现时的任务是坚定不移地继续在全国范围内用有计划有组织的产品分配来代替贸易。"②列宁在这里所说的分配，指的是要用社会主义性质的"商业"机构负担起城乡居民所需的生活资料的供应工作以及各种工农业产品的交换工作，他之所以把它说成分配，是因为当时的交换是按照苏维埃对产品的统一分配计划进行的。对生产资料所有关系和分配关系"交叉"问题的分析启示我们，要发挥党的集中统一领导优势，发挥新型举国体制优势，处理好政府和市场的关系，重视政府在发展新质生产力过程中的作用，即政府要引领科技创新方向，面向前沿领域做好产业政策布局。

3. 生产力作用于生产关系的中介

在《德意志意识形态》中，马克思和恩格斯第一次阐述了生产力和生产关系发展的一般性规律。《德意志意识形态》"费尔巴哈"章指出了在不同的历史发展阶段上，个人之间的相互关系根据个人与"劳动材料、劳动工具和劳动产品"③的关系而不断地改变，强调了所有制的各种历史形式如何相互更替。马克思和恩格斯揭示了这些所有制形式之间的差别，同时指出了社会发展的承续性，这种承续性主要表现在新的一代继承着先辈遗留下来的生产力。马克思和恩格斯指出，一定的生产关系（交往形式）的总和是在一定时期的生产力基础上产生的，它适合于生产力的性质并构成生产力发展的条件，其后又逐渐成为阻碍生产力进一步发展的桎梏，并与生产力发生矛盾。解决这个矛盾的办法就是"已成为桎梏的旧交往形式被适应于比较发达的生产力，因而也适应于进步的个人自主活动方式的新交

---

① 《马克思恩格斯文集》第3卷，第429页。
② 《列宁选集》第3卷，人民出版社2012年版，第748页。
③ 《马克思恩格斯文集》第1卷，第521页。

往形式所代替"。① 这里已经表明了马克思和恩格斯所发现的生产关系必须适应生产力这一规律的基本原理,这一规律在马克思的《〈政治经济学批判〉序言》中得到了经典表述。

作为生产力作用于生产关系的中介之一,分工是最为核心的概念,生产力的发展往往表现为分工的发展,而所有制等生产关系无非是分工的结果。"分工的各个不同发展阶段,同时也就是所有制的各种不同形式。"② 分工作为能够深入民族和国家内部的核心概念,是理解城乡关系、产业部门分化和体现社会权力的经营方式的思想主线。《德意志意识形态》指出:"占有就必须带有同生产力和交往相适应的普遍性质。对这些力量的占有本身不外是同物质生产工具相适应的个人才能的发挥。"③ 生产工具作为生产力的显性物质外观,是生产力作用于生产关系的直观中介。"分工从最初起就包含着劳动条件——劳动工具和材料——的分配,也包含着积累起来的资本在各个所有者之间的劈分,从而也包含着资本和劳动之间的分裂以及所有制本身的各种不同的形式。分工越发达,积累越增加,这种分裂也就发展得越尖锐。劳动本身只能在这种分裂的前提下存在。"④ 分工作为生产力作用于生产关系的中介和桥梁,其作用主要通过生产工具的发展得以实现。马克思指出:"在劳动资料本身中,机械性的劳动资料(其总和可称为生产的骨骼系统和肌肉系统)远比只是充当劳动对象的容器的劳动资料(如管、桶、篮、罐等,其总和一般可称为生产的脉管系统)更能显示一个社会生产时代的具有决定意义的特征。"⑤ 马克思和恩格斯在《德意志意识形态》中,对以"自然产生的生产工具"为特征的小生产和"由文明创造的生产工具"为特征的社会化大生产做了区别。"在前一种情况下,交换主要是人和自然之间的交换,即以人的劳动换取自然的产品,而在后一种情况下,主要是人与人之间进行的交换。在前一种情况下,只要具备普通常

---

① 《马克思恩格斯文集》第1卷,第575—576页。
② 《马克思恩格斯文集》第1卷,第521页。
③ 《马克思恩格斯文集》第1卷,第581页。
④ 《马克思恩格斯文集》第1卷,第579页。
⑤ 《马克思恩格斯文集》第5卷,第210页。

识就够了，体力活动和脑力活动彼此还完全没有分开；而在后一种情况下，脑力劳动和体力劳动之间实际上应该已经实行分工。"① 由此可见，生产工具的发展是促使分工演进的驱动力。将生产力决定生产关系的理论机制具体化为生产工具和分工状况这两种生产力作用于生产关系的中介，是运用理论指导实践的前提条件。根据《德意志意识形态》"费尔巴哈"章的主要内容，我们可从新质生产力发展过程中的生产工具和分工状况出发，分析其对新型生产关系提出的新要求，从而为形成与新质生产力相适应的新型生产关系指明路径。

二、新质生产力条件下的生产工具对新型生产关系提出的要求

马克思以生产工具为出发点，强调了对手工业发展的一定阶段来说私有制是必要的，在采掘工业中私有制和劳动还是完全一致的。"在小工业以及到目前为止的整个农业中，所有制是现存生产工具的必然结果；在大工业中，生产工具和私有制之间的矛盾才是大工业的产物，这种矛盾只有在大工业高度发达的情况下才会产生。因此，只有随着大工业的发展才有可能消灭私有制。"② 马克思和恩格斯指出："那种一开始就以机器，尽管还是以具有最粗陋形式的机器为前提的劳动，很快就显出它是最有发展能力的。"③ 例如，机器的出现使织布成为一种不需要很高技能并很快分化成无数部门的劳动，这一特性使织布业开始抵制行会的束缚。"随着摆脱了行会束缚的工场手工业的出现，所有制关系也立即发生了变化"④，商业和工场手工业产生了大资产阶级，而集中在行会里的小资产阶级则必须屈从于大商人和工场手工业主的统治。正如当时机器大生产带来的生产关系变革一

---

① 《马克思恩格斯文集》第1卷，第555页。
② 《马克思恩格斯文集》第1卷，第556页。
③ 《马克思恩格斯文集》第1卷，第560页。
④ 《马克思恩格斯文集》第1卷，第561页。

样，新质生产力条件下新型生产工具的出现也对我国生产关系的调整提出了新的要求。

1. 数智化生产工具的共享融合要求进一步完善所有制形式

新一轮科技革命和产业变革推动世界进入创新密集时代，催生出颠覆式、爆发式的知识增长。工具变革在生产力发展史上始终处于重要地位，其革新带来了效率提升和成本下降。这样的例子有很多，比如 EUV 光刻机的出现让 7 纳米、5 纳米芯片制造成为可能，新能源汽车制造中的一体化压铸成型技术，让新车的制造成本大幅下降等。在马克思看来，"各种经济时代的区别，不在于生产什么，而在于怎样生产，用什么劳动资料生产"①。生产工具是区分不同经济时代的依据，也是区分不同生产力的质的依据。在发展新质生产力的条件下，数字技术的加快发展使得传统生产工具与数智化生产工具融合升级，智能化放大、叠加传统劳动资料的性状极大提升了劳动效率。传统机械为主的生产工具发生颠覆性变化，生产工具具有虚拟与真实的交织共在性，既包括高速泛在、天地一体、云网融合、智能敏捷、绿色低碳、安全可控的智能化综合性数字信息基础设施，也包括现代计算中心和数据处理中心、电子信息设备设施和各种通信工具等通用性设备，还包括适用于不同领域、行业和群体的商业软件、硬件设施及应用。数智化技术革命使得生产工具发生了质变。传统的生产要素如土地、资本等具有排他性，而数智化的生产工具和数据要素则更具有公共产品的性质，较少或不具有排他性。新质生产力的发展使得大量异质性的企业可以借助大数据和互联网紧密融合在一起形成共生的价值循环体系，推动不同行业之间实现业务交叉、数据联通、运营协同，形成新的产业融合机制和社会协同平台。产业生态的融合性重塑是新质生产力所带来的生产方式进一步社会化的新表现。新质生产力所推动的资源共享和协同创新集中表现出一种社会融合效应，这就要求在所有制形式上进一步实现数智化生产资料和数据要素的共享与

---

① 《马克思恩格斯文集》第 5 卷，第 210 页。

融合。

在传统生产方式中，人们拥有并独占某种生产工具，不与他人分享这种生产工具。而在新质生产力的条件下，人们对数智化生产工具拥有所有权，但把生产工具的部分使用权出让给他人以获得利益，这改变了传统的商品交换方式和个人财产的属性。共享共有意味着非排他性、互换与合作，一定程度上反映了"按需经济"的功能和价值，这一功能的实现来自数字经济对所有权的弱化和对使用权的强化。由所有权转向使用权导致的结果是：消费的形态和路径都发生了蜕变，从"购买才能拥有"转变为"订阅即可使用"。云端已经呈现出某种社会公共财产的属性，公有制将在数字经济的条件下展现出新的生命力。公有制经济和非公有制经济都是社会主义市场经济的重要组成部分，是我国经济社会发展的重要基础。毫不动摇巩固和发展公有制经济，毫不动摇鼓励、支持、引导非公有制经济发展，是坚持和完善我国社会主义基本经济制度的重要内容。坚持"两个毫不动摇"，加快建设高效规范、公平竞争、充分开放的全国统一大市场，是我国发展新质生产力的经济制度基础。要着力破除各种形式的市场壁垒和地方保护，畅通生产、分配、流通、消费各环节，提高市场运行效率，让市场需求引导创新要素资源有序流动和优化配置，完善自主创新成果市场化应用体制机制，支撑科技创新和新兴产业发展，推进新质生产力的发展。

2. 数据生产要素的发展要求明晰数据产权和按数据分配

数据需要经历信息数据化、数据商品化和数据要素化的阶段才能成为数据要素。某种资源能否成为生产要素，并不仅仅从资源的具体形态、有用性或加工程度来进行判定，而是需要结合社会生产关系的具体情况加以区分。《数据要素白皮书（2022）》指出，"数据要素"一词是面向数字经济、在讨论生产力和生产关系的语境中对"数据"的指代，是对数据促进生产价值的强调，即数据要素是根据特定生产需求汇聚、整理、加工而成的计算机数据及其衍生形态，如投入生产的原始数据集、标准化数据集、各类数据产品以及以数据为基础产生的系统、信息和知识均可纳入数据要素的讨论范畴。① 数据生产力是生产者借助智能工具，以"数据+算力+算法"为生产基础，基于能源、资源及数据等生产要素所构建的认识、适应和改造自然的新能力。数据生产力是新质生产力的重要表现。"数据+算力+算法"构筑认识和改造世界的新模式，推动了生产力核心要素的升级、改造和充足。2019年，党的十九届四中全会首次将数据增列为生产要素，关于数据资源整合共享、开发利用、安全治理、市场化配置等方面的数据要素体系化顶层设计正式启动。近年来，《关于构建更加完善的数据要素市场化配置体制机制的意见》《"十四五"数字经济发展规划》《关于构建数据基础制度更好发挥数据要素作用的意见》《数字中国建设整体布局规划》等文件相继出台，数据要素政策体系架构初步形成。

马克思和恩格斯指出："每当工业和商业的发展创造出新的交往形式，例如保险公司等等，法便不得不承认它们都是获得财产的方式。"② 数据是一种新型的生产要素，但目前我国关于数据所有权的法律界定还不明晰，数据产权仍然存在一定的争议。从数据的所有权来看，数据大致可划分为个人隐私数据、生产经营数据、中间数据和公共数据。个人隐私数据指所有权完全归个人所有，主要是个人在日常生活过程中产生的各类数据，如个人U盘、私人相册、通讯录、电话短信等数据。生产经营数据是企业在生产经营过程中所产生的数据，这类数据的所有权归企业所有，如企业的销售数据、生产数据、人员录用情况等数据。中间数据是处于个人数据和企业生产经营数据之间难以确定产权的数据，这类数据是由个人使用企业所开发的平台软件产生的，但这类数据产生之后常常由企业对其开发挖掘，为企业的生产经营活动提供支持。在现实生活中，这类数据的产权极其模糊，数据收益分配和数据安全等问题都尚未得到解决。公共数据是指由政府或公共非营利性机构所开发的各类数据，这类数据虽然不是由企业自己开发的，但由于数据的非排他性，企业可利用这些数据获得一定的收益，

---

① 中国信息通信研究院：《数据要素白皮书（2022）》，http://www.caict.ac.cn/kxyj/qwfb/bps/202301/t20230107_413788.htm。
② 《马克思恩格斯文集》第1卷，第586页。

政府和企业之间对该类数据的收益应如何分配还无定论。① 从分配形式来看，遵循市场经济体制下的按要素分配原则，投入技术的企业参与了传统产业数字化转型后新增利润的分配，而且新兴产业的平均利润率高于传统产业。数据等更多的生产要素开始参与收益分配，而且是以更便捷（如线上参与）的方式获得收益。数据要素的市场化首先需要对其进行顶层设计，促进市场交易流通的技术取得突破性进展，同时需要明确数据要素所有权，推动数据治理的制度建设。数据要素的定价涉及如何评估数据要素的价值问题，健全数据要素的评估和定价机制对完善数据要素市场、推动数据生产力的发展具有重要作用。

3. 数字平台对劳动过程的重塑要求完善社会主义和谐劳动关系

广义生产关系中的第二种关系即"人们在直接生产过程中的相互关系"集中体现在劳动过程之中。马克思在《资本论》中指出："生产力当然始终是有用的、具体的劳动的生产力。"② 生产力是指劳动的生产力，而不是"资本的生产力"或"土地的生产力"。劳动者、劳动对象和劳动资料作为生产力的三个因素，也是劳动过程的三个基本因素，劳动过程是生产力和生产关系相互作用的结合点。数字平台是指大数据、人工智能、移动互联网、云计算、区块链等一系列数字化技术组成的为用户提供交互服务的数字空间。在发展新质生产力的条件下，数字平台已然成为一种新型的生产工具。例如，工业互联网平台在为企业数字化转型提供服务的实践过程中，能够持续对工业生产过程的经验、数据和模型进行提炼、沉淀、迭代、拓展和丰富。依托工业互联网平台，工业生产的某个领域能够实现资源的快速汇聚、信息的快捷互通，使生产、分配、流通、消费之间的链条更加顺畅，产业协同模式得到创新，产业集聚效应得到进一步增强，发展变得更可持续。又如，从十年前的电商平台、社交平台就业，到如今逐渐火热的依托直播平台、内容平台、生活平台的就业模式，数字平台带动就业创业

---

① 刘伟杰、周绍东：《非雇佣数字劳动与"数字化个体"——数字经济下资本主义生产关系的嬗变及启示》，《西部论坛》2021年第5期。
② 《马克思恩格斯文集》第5卷，第59页。

比重上升，仅美团平台上因新业态而产生的新职业就超过 70 种，包括网约配送员、数字化运营师等。① 数字平台加速了人们网络活动的商品化过程、劳动技能的数字化过程、劳动方式的平台化过程和用户集体智慧的无酬劳动化过程。平台通过实现资源共享和协同创新促进了产业生态的重塑。无论是需求方还是供给方，这些不计其数的市场经济活动的参与者，都被融入平台经济体之中，这有助于克服传统经济体因信息不完全造成的供需不平衡问题，促进产消的精准匹配，进一步减少信息流动障碍，提升实体经济的运行效率和全要素生产率。

从劳动控制方式来看，对于平台劳动者来说，劳动的组织、计量与控制越来越多地依靠数字平台，劳动过程的数字化监测满足了科学管理的愿望。许多当代技术的设计首先是为了使别人的劳动——不管是个体的劳动还是更广泛的社会劳动得到适当利用。算法管理集中部署在平台自身的运行和对劳动过程的控制之中，其有效控制了生产成本，提升了劳动效率，有利于促进经济效率的提高。从劳动关系来看，数字平台的新型用工方式是雇佣外部化的进一步体现，劳动关系在这一过程中变得更加不稳定，也更具有模糊性。平台化劳动并不是技术发展的必然，而是资本发展的结果，技术的开发及其在工作场所中的应用受制于资本积累的逻辑。从劳动过程中人的发展来看，对于平台劳动者群体来说，休闲的劳动化与劳动的休闲化同时并存，劳动在出现新异化的过程中向自由劳动趋近。"对生产工具一定总和的占有，也就是个人本身的才能的一定总和的发挥……各个人的自主活动受到有局限性的生产工具和有局限性的交往的束缚，他们所占有的是这种有局限性的生产工具，因此他们只是达到了新的局限性。"② 竞争、分化、工作任务的原子化以及被称作"数字泰勒主义"的算法管理，都是在平台劳动者身上出现的新异化。但是，随着科技的进步和物质富裕的逐步实现，劳动过程本身所要求的专业性分工虽然会继续存在，甚至会越来

---

① 美团研究院：《2020 年生活服务业新业态和新职业从业者报告》，https://mri.meituan.com/research/report。

② 《马克思恩格斯文集》第 1 卷，第 581 页。

越精细化、专业化，但是由于高度发达的生产力使得个人将整个物质生产劳动移交给自动化、智能化的生产工具体系去完成，人本身可以从自发性社会分工中超脱出来，充沛的自由时间使人能够涉猎社会活动的众多领域。平台经济体是一种在分散式网络市场基础上发挥功能的经济体系，对经济发展的协同性提出了更高的要求，体现出对自由与协作的价值追求。作为生产工具的数字平台的发展使人们的分工协作方式和产业结构升级面临新的局面。

马克思和恩格斯在《德意志意识形态》中指出："随着工场手工业的出现，工人和雇主的关系也发生了变化。"[①] 随着数字平台中新型生产工具所推动的新质生产力的发展，我国的劳动过程呈现出多元化、复杂化的特点，其中既有积极的方面，又有一些新的矛盾和问题。平台资本不仅取得了独立的形态，而且逐渐向产业资本和金融资本等传统资本形态渗透。数字平台的超强渗透力可以使原本看似无关的行业连接在一起，通过数字平台打通上下游，使各行业之间实现高效便利的协作，这样一来，第一、二、三产业间的去边界化趋势更加明显，产业之间开始在数字平台的整合下交织发展。为了规范平台资本的行为，需要构建起以政府为主导，政府、行业、工会等多方主体共同参与的平台资本协同治理体系。共享发展成果、公平分配利益是构建我国和谐劳动关系的主要方式，政府在和谐劳动关系的构建中发挥主导作用。具体来看，构建新质生产力发展进程中的社会主义和谐劳动关系，在经济基础方面，要通过坚持公有制的主体地位和实现数据共享来保障劳动者的主人翁地位；在制度设计方面，要进一步完善相关劳动关系法律保护和协调机制；在企业管理方面，要落实劳动者的民主管理权利，完善民主协商机制，进一步畅通职工表达合理诉求的渠道；在价值观方面，要在全社会大力弘扬劳模精神、劳动精神、工匠精神，大力宣传劳动模范和其他典型的先进事迹，引导广大人民群众树立辛勤劳动、诚实劳动、创造性劳动的理念。

---

① 《马克思恩格斯文集》第 1 卷，第 562 页。

三、新质生产力条件下的分工状况对新型生产关系提出的要求

生产工具的发展是生产力发展的显性标志，直接引发了社会分工状况的发展。《德意志意识形态》指出："一个民族的生产力发展的水平，最明显地表现于该民族分工的发展程度。任何新的生产力，只要它不是迄今已知的生产力单纯的量的扩大（例如，开垦土地），都会引起分工的进一步发展。"① 理性的经济进化是从分工开始的。分工作为生产力采取的历史形式推动了历史的发展。就"生产力、社会状况和意识"② 之间的关系而言，"分工包含着所有这些矛盾"③。作为生产力历史形式的分工，它的历史运动决定着社会结合的类型及相应的意识形态的变迁，人类历史因之先后呈现为家庭和国家两种结合类型以及与之相适应的意识形态观念。"受分工制约的不同个人的共同活动产生了一种社会力量，即成倍增长的生产力。"④ 新质生产力条件下的分工状况对生产关系变革提出了新的要求。

1. 劳动技能的分化要求完善再分配体系

在发展新质生产力的过程中，产业链上的虚拟集聚开始替代地理空间集聚，供应链上的全球布局转向区域化、本土化与全球布局相结合，全球价值链将因全球资本流动、制造业分工和消费市场的分化与重塑出现新分化和新垄断。新技术的持续进步与广泛应用重塑了社会劳动分工，不断调整劳动者的分布结构：一方面，社会对中高技能劳动者的需求持续增长，其数量、规模和类型成为发展的重点；另一方面，许多低技能的职业岗位正在不断收缩，或是进入新的生活性服务业领域，甚至有可能被自动化取

---

① 《马克思恩格斯文集》第1卷，第520页。
② 《马克思恩格斯文集》第1卷，第535页。
③ 《马克思恩格斯文集》第1卷，第535页。
④ 《马克思恩格斯文集》第1卷，第537—538页。

代。这两种情况将会提高整体就业市场的弹性,提升服务业就业的比重。随着数字技术被广泛地引入劳动过程,以数据、算法为核心的智能化技术逐渐取代传统技能,部分劳动变得更为智能化,而另一些劳动则因此变得更为简单化,劳动变化呈现出两种截然不同的趋势。同时,数字技术的深度研发导致劳动者的分化,部分具有创造性的智力劳动者将成为劳动过程数字化的受益者,而部分劳动者作为数字指令的简单执行者,受到超视距的数字化监控,其利益诉求更容易被社会忽略。

分工决定阶级基础。"分工使精神活动和物质活动、享受和劳动、生产和消费由不同的个人来分担这种情况不仅成为可能,而且成为现实。"[1] 分工"以家庭中自然形成的分工和以社会分裂为单个的、互相对立的家庭这一点为基础的。与这种分工同时出现的还有分配,而且是劳动及其产品的不平等的分配(无论在数量上或质量上);因而产生了所有制"[2]。劳动者内部日益分化为两个阵营:占人口少数的技能型劳动者和占人口多数的低技能、无技能劳动者。随着劳动者非正式性、临时性或非全日制特征的不稳定雇佣方式对原有的长期雇佣方式的替代,越来越多的低技能劳动者将面临就业的不稳定,这对劳动者的收入产生了影响,需要政府进一步完善再分配制度予以保护。再分配制度构成分配关系的内容,是在初次分配结果的基础上各收入主体之间通过各种渠道实现现金或实物转移的收入再次分配过程。为此,我国要建立全国统筹的社保机制和数据库,破除制约非正式性劳动者参保的瓶颈问题。全国社保数据库的建立,有利于劳动者突破地域、户籍、身份的限制,在就业地自由参保并领取其福利、待遇。政府还要通过完善税收等再分配制度和规范收入分配秩序,加大对初次分配结果的调节,弥补初次分配的不足。此外,要把低技能劳动者群体作为促进共同富裕的重点帮扶保障人群,加大转移支付力度,促进基本公共服务均等化,有效减轻困难家庭的负担。

---

[1] 《马克思恩格斯文集》第 1 卷,第 535 页。
[2] 《马克思恩格斯文集》第 1 卷,第 535—536 页。

2. 生产与交往之间的分工要求建立高标准市场和实现高水平开放

现实的生产是在人与人之间的交往中实现的,《德意志意识形态》从生产和交往相统一的逻辑高度来叙述历史。交往形式的概念从抽象到具体的生成次序是交往形式、生产关系和交往关系。由交往形式发展到生产关系概念,要处理的核心问题是如何把握现实的个人在市民社会中的生产,由此交往形式的规定性生成为生产劳动的社会性质。当交往形式概念发展到交往关系逻辑时,生产和交往活动都成为现实的个人实现自由全面发展的现实内容,推进现实的个人及其生产力形态在交往活动和交往形式中统一起来。我们暂且停留在生产关系概念的层面来把握生产与交往之间的分工。

马克思和恩格斯指出:"分工的进一步扩大是生产和交往的分离,是商人这一特殊阶级的形成。……这样就产生了同邻近地区以外的地区建立贸易联系的可能性。""城市彼此建立了联系,新的劳动工具从一个城市运往另一个城市,生产和交往之间的分工随即引起了各城市之间在生产上的新的分工,不久每一个城市都设立一个占优势的工业部门。最初的地域局限性开始逐渐消失。"[①] 生产与交往之间的分工造成了商品价值实现环节的独立化,是私人劳动转化为社会劳动的社会交换过程,凸显了广义的生产关系中的第三种关系,即产品的交换关系的重要性。在发展新质生产力的条件下,交往中的商业模式和市场标准都有了新的发展。技术创新不仅带动生产模式的创新,也带来商业模式的创新。要高度重视商业模式创新在培育战略性新兴产业发展中的作用,发展商业性的增值服务新业态。从市场交往方式来看,科技创新与市场体系紧密相关、相互促进。科技创新为建设高标准市场体系提供技术基础,能够孕育出颠覆性的创新产品,推动企业之间、消费者之间以及企业和消费者之间形成新型互动。这将催生新的数据分析和处理方法,推动市场营销战略、策略、模式、工具等方面的创新,更好实现产需精准对接。高标准市场体系要求形成高质量的产品服务

[①] 《马克思恩格斯文集》第 1 卷,第 559 页。

供给、高水平的生产技术投入、高效率的供需对接。建设高标准市场体系，有利于创新资源的优化配置，激励各方投入创新、推进创新。

马克思和恩格斯指出："在历史发展的最初阶段，每天都在重新发明，而且每个地域都是独立进行的。……只有当交往成为世界交往并且以大工业为基础的时候，只有当一切民族都卷入竞争斗争的时候，保持已创造出来的生产力才有了保障。"[1] 新质生产力的提出，不仅为国内经济发展注入了新动力，也为全球发展与合作提供了新契机。"各民族之间的相互关系取决于每一个民族的生产力、分工和内部交往的发展程度。这个原理是公认的。然而不仅一个民族与其他民族的关系，而且这个民族本身的整个内部结构也取决于自己的生产以及自己内部和外部的交往的发展程度。"[2] 我国经济已深度融入世界经济体系，充分利用国内国际两个市场、两种资源必然要求高水平开放。高水平开放是推动改革向纵深发展的催化剂，对于破解全国统一大市场建设和双循环新发展格局构建中的堵点、卡点具有关键作用。

3. 城乡数字鸿沟要求推进对农村生产关系的调整

分工造成城乡分离。"物质劳动和精神劳动的最大的一次分工，就是城市和乡村的分离。……城乡之间的对立是个人屈从于分工、屈从于他被迫从事的某种活动的最鲜明的反映，这种屈从把一部分人变为受局限的城市动物，把另一部分人变为受局限的乡村动物，并且每天都重新产生二者利益之间的对立。"[3] 从我国整体的发展水平来看，新质生产力已经在实践中形成了。推动新质生产力从更快地发展向更高水平发展、在全国各地更全面地发展，这是摆在我们面前的重要任务。生产力的发展在城乡之间、区域之间并不平衡。例如，数字经济作为发展新质生产力的典型领域，在我国城乡之间的发展是不平衡的。比如在产业发展方面，互联网企业集中在一线、新一线城市的趋势愈发突显，地理聚集特征显著。另外，大部分省

---

[1] 《马克思恩格斯文集》第 1 卷，第 560 页。
[2] 《马克思恩格斯文集》第 1 卷，第 520 页。
[3] 《马克思恩格斯文集》第 1 卷，第 556 页。

会城市在信息通信技术的获取、使用及技能方面表现较好，信息通信技术发展状况优于全国平均水平且明显高于乡村。这在一定程度上也说明中心城市并没有将信息化优势溢出到临近乡村，反而凭借自身优势产生"极化效应"，加剧了城乡的数字鸿沟。这就说明，城乡的生产力发展水平是存在差距的。

要因地制宜地发展农村的生产力，走城乡融合发展的道路，在一些制约城乡融合的关键问题上取得突破。土地是重要的生产资料，在土地制度上，要推动土地制度从权利博弈转向利益均衡，完善城乡统一的土地市场体系，探索村级工业园改造的合适路径，为制造业当家提供空间支撑。要畅通人、地、钱、技术、管理、信息等要素下乡进村，在保持村庄传统文化、风貌、社会关系的前提下兼容和吸纳新质生产要素。在农业现代化中，要摒弃第一产业的传统思维，坚持大农业观、大食物观，在水产养殖和预制菜、特色农产品规模化种养、现代种业、农文旅融合等优势领域构建农业全产业链，大幅提高农业的市场竞争力和盈利能力。数字技术因渗透效应较强、物理接入限制较小的优势，打破了经济机会在城乡地理上分布不均的障碍。要利用数字技术手段打通连接渠道，进一步促进资本等要素的合理化、均等化配置，构建高度互联互通的城乡一体化经济生态系统，推动城乡之间经济机会平等化和公共服务均等化。

我国基本经济制度和农村基本经营制度确保了公有制特别是农村集体所有制在农村生产关系体系中的核心地位和重要作用。由于所有制决定分配关系，农村集体经济可以确保发展收益更好地为农村集体成员所共享。互联网促进分散的小农户集中连片，通过建立数字农业信息平台，提升了农业企业、家庭农场、合作社等规模化生产主体的产销对接水平，形成了"农户＋企业＋合作社"的现代农业组织形式，推动了农业生产劳动组织方式和发展方式的变革，有利于进一步发挥新型农村集体经济的优越性，通过集体共同奋斗实现乡村振兴。利用数字化手段进一步发展和巩固农村集体经济，有助于促进农民富裕。

四、结语：突破束缚新质生产力发展的制度藩篱

马克思指出："各个人借以进行生产的社会关系，即社会生产关系，是随着物质生产资料、生产力的变化和发展而变化和改变的。生产关系总合起来就构成所谓社会关系，构成所谓社会，并且是构成一个处于一定历史发展阶段上的社会，具有独特的特征的社会。"① 广义的生产关系即经济关系包括生产资料所有关系（所有制）、人们在直接生产过程中的相互关系以及产品的交换关系和分配关系。为适应新质生产力的发展要求，在所有制方面，我国要在坚持"两个毫不动摇"的基础上，明晰数据产权，进一步实现数智化生产资料和数据要素的共享和融合，促进生产关系的合理调整；在直接生产过程中人们的相互关系方面，要进一步完善社会主义和谐劳动关系，规范和引导资本的健康发展，保障劳动者的主人翁地位；在交换关系方面，要建立高标准市场体系，推进高水平开放；在分配关系方面，要实行按数据要素分配，完善社会保障等再分配制度。与新质生产力发展相适应的新型生产关系，体现了中国特色社会主义在生产关系体系上的新特征，表现为人民至上性、社会融合性、集体协作性和分配多元性。与新质生产力相适应的新型生产关系必须坚持以人民的利益作为发展新质生产力的出发点和落脚点，通过激发劳动者的主体积极性、促进科技创新和管理水平的提升、推动分工协作和生产组织的现代化等方式推动新质生产力的发展。要突破束缚新质生产力发展的制度藩篱，利用新质生产力创造的巨大财富促进全体人民共同富裕的实现。

需要指出的是，生产关系对生产力发展的反作用并不意味着生产关系决定生产力，生产关系并不是生产力发展的决定性力量。生产力是最革命、最活跃的因素，生产力发展的根本动力在生产力内部，生产力诸要素的内在矛盾和解决是生产力发展的重要源泉。习近平总书记指出："发展新质生

---

① 《马克思恩格斯文集》第 1 卷，第 724 页。

产力是推动高质量发展的内在要求和重要着力点。"① 新质生产力理论是运用马克思主义唯物史观分析新时代我国生产力发展的理论机制和实践路径，是分析我国生产力发展的根本动因和现实条件的理论产物。新质生产力理论根据新时代的经济发展实践，对马克思主义关于生产力要素的内涵作出了新的拓展和深化，对马克思关于"生产力中也包括科学"的概括实现了新的发展和具体化，丰富和发展了马克思主义关于生产力与生产关系的基本原理，成为马克思主义生产力理论中国化时代化的最新成果。

[本文系国家社会科学基金重大项目"中国共产党领导中国式现代化的历程与经验研究"（23&ZD031）、广东省哲学社会科学规划项目"唯物史观视域下中国式现代化对西方现代化的超越研究"（GD24YMK09）阶段性研究成果。本文源自《上海师范大学学报（哲学社会科学版）》2024年第3期]

---

① 《加快发展新质生产力　扎实推进高质量发展》。

新型生产关系的特点和形成路径

王琛伟[*]

习近平总书记在2023年底召开的中央经济工作会议上指出："要以科技创新推动产业创新，特别是以颠覆性技术和前沿技术催生新产业、新模式、新动能，发展新质生产力。"随后，又在二十届中央政治局第十一次集体学习时强调："发展新质生产力，必须进一步全面深化改革，形成与之相适应的新型生产关系。"近年来，我国经济体制改革、科技体制改革全面发力、多点突破、纵深发展，经济发展活力持续增强，科技创新成果不断涌现，改革激发的强大活力正在逐步彰显。同时也要看到，全球新一轮科技革命势头强劲，正在引发国际产业分工重大调整，重塑国际竞争格局、改变国家力量对比。在这一大背景下，我国既面临跨越赶超的难得机遇，也面临差距拉大的严峻挑战。新形势下，深化体制机制改革，形成新型生产关系，全面增强科技创新能力，进一步激发科技创新活力，引导各类先进优质生产要素向发展新质生产力方向顺畅流动，推动新质生产力在更高水平上进一步实现跨越式发展，已成为迫在眉睫的重要任务。

一、新质生产力是生产力发展的必然产物

新质生产力的生成逻辑主要源于两个方面，一是马克思主义经典作家的生产力理论，二是当今时代新一轮科技革命、产业变革加速推进，以及

---

[*] 王琛伟，中国宏观经济研究院经济体制与管理研究所宏观体制研究室主任、研究员。

我国经济向高质量发展阶段转变的现实背景。新质生产力是生产力从量变到质变跃迁的必然产物，习近平总书记关于新质生产力的重要论述是马克思主义生产力理论的新发展，是在深刻认识当今时代国内外形势变化，把握新一轮科技革命发展特点和趋势的基础上，将马克思主义基本原理同中国具体实际相结合的最新理论创新；是在深刻理解传统生产力概念基础上，我们党对生产力本质属性的又一次重大认识突破，为新时代全面把握新一轮科技革命、产业变革突破方向，加快推动高质量发展，全面推进中国式现代化建设提供了科学的理论指导和行动指南。

马克思主义政治经济学认为，生产力是人类社会存在和发展的基础，是推动历史前进的决定力量，也是推动人类历史不断向前发展的最活跃、最革命的实践力量。生产力客观反映和体现着人类自身与对象性活动中外在客观对象之间的关系和力量。"人们不能自由选择自己的生产力——这是他们的全部历史的基础，因为任何生产力都是一种既得的力量，是以往的活动的产物。"[①] "随着新的生产力的获得，人们便改变自己的生产方式，而随着生产方式的改变，他们便改变所有不过是这一特定生产方式的必然关系的经济关系。"[②]

马克思在《政治经济学批判（1857—1858年手稿）》中指出"生产力中也包括科学"。科技创新贯穿劳动者、劳动资料和劳动对象三要素，是推动生产力进步的核心所在。马克思在《资本论》第1卷中指出"生产力是随着科学和技术的不断进步而不断发展的"。伴随科技的进步和发展，先进技术不断融入生产过程，生产力的存在方式和作用状态也随之发生变化，最终科学技术成为推动经济社会发展的重要力量，并由此引发生产关系和社会形态的变革。

新质生产力不仅源于创新，而且源于颠覆性技术创新，进而由技术创新引领生产要素创新性配置，深度推动产业升级和产业变革，由此带来劳

---

① 《马克思恩格斯全集》第27卷，人民出版社1972年版，第477页。
② 《马克思恩格斯全集》第27卷，第479页。

动者、劳动资料、劳动对象及其相融合的整个生产方式的系统化升级，推动全要素生产率大幅提升，最终摆脱传统经济增长方式和生产力发展路径，呈现出高科技、高效能、高质量的特征，成为符合新发展理念的新的生产力质态。由此可见，新质生产力不仅是生产力的一部分，而且是生产力中最先进、最具活力的部分，是先进生产力的关键主体，引领生产力的发展方向，催生生产力的系统性变革，成为推动高质量发展的新动能。

新质生产力体现出有别于传统生产力的突出特点。新质生产力虽然仍属"生产力"范畴，但是已经不再局限于"劳动者、劳动资料、劳动对象"的传统形态，而是成为以颠覆性技术和前沿技术催生的新技术、新业态、新模式、新动能为核心，符合新发展理念而有别于传统生产力的生产力新质态。

新质生产力的"新"体现在劳动者、劳动资料、劳动对象三个要素上。一是劳动者转变为新型劳动者。在数字技术加持下，相较于传统生产力的劳动者，新质生产力的劳动者已经实现科技知识和劳动技能的质的飞跃，创新人才成为新质生产力的主力军。"简单劳动"已经很难支撑新质生产力发展，饱含高技术的"复杂劳动"成为推动新质生产力发展的主体力量。二是新型劳动资料呈现出数字化、智能化的核心特征。人工智能、互联网、大数据、云计算等新一代数字技术成为驱动新型劳动资料的主要力量。数据成为继劳动、资金、技术、土地之后的一种新型要素，能源资源逐渐向饱含高技术的新能源、新材料方向发展，高技术催动生产资料出现质的变化。三是新型劳动对象出现非实质化趋向。传统劳动对象逐渐融入数字化因素，高技术化、非物质化趋向明显。互联网、大数据、区块链等非实质化的劳动对象，凸显出新质生产力不同于传统生产力的突出特点。

新质生产力是新生事物，蕴藏着顽强的生命力和强大的竞争力。新质生产力的特点是创新，其发展依靠的也是创新，在技术上主要体现为前沿技术和颠覆性技术，表现为不同于以往的新的发展路径和增长方式。大力发展新质生产力既是推动高质量发展、增强国家竞争力的内在要求，又是我国实现高水平科技自立自强，构建自主可控、安全高效产业链供应链的重要支点。努力塑造新质生产力发展新优势,也是加快解决关键核心技术"卡脖子"问题,突破美国等西方国家在经济科技领域对我国的围堵、打压、遏制乃至"脱钩断链"的关键所在。

二、新质生产力发展迫切需要形成新型生产关系

1. 科技革命与生产关系变革

从马克思主义政治经济学的视角看,生产力决定生产关系,生产关系反作用于生产力,生产力的突破提升必然要求生产关系发生深刻变革。从人类发展的历史进程看,每一次重大科技进步都伴随着生产力的大幅提升,而生产力大幅提升又催动生产关系的系统性变革。最为典型的是时至今日人类社会所经历的前三次科技革命,乃至目前正在经历的第四次科技革命。每次科技革命都有一个从技术进步到产业变革,到转化为生产力,再到生产关系变革的历史循环。

18世纪60年代,第一次科技革命推动人类进入蒸汽时代,蒸汽机在当时是一种颠覆性技术,蒸汽机所提供的动力使生产活动摆脱了对水力、风力、畜力等自然力的依赖,提供了"一种大工业普遍应用的发动机",为工业生产的快速发展创造了新动力、新条件,推动了以商品生产为主的商品经济取代自给自足的自然经济的历史进程,由此资本主义生产关系开始全面取代封建社会生产关系,生产关系由此发生革命性变革。19世纪70年代到20世纪初,第二次科技革命推动了电力的突破和内燃机的出现,这种颠覆性技术又一次带来工业生产的动力变革和产品创新,石油、电气、化工、汽车、航空等新兴工业部门相继出现,整个工业生产活动迫切需要向全世界范围内扩展,企业借助银行资本扩大生产规模,形成卡特尔、辛迪加、康采恩、托拉斯等垄断组织,金融资本则通过参股、控股、兼并等方式加快推动生产集中并成为金融寡头,最终使资本主义从自由竞争阶段过渡到垄断阶段,生产关系又一次发生革命性变革。20世纪40—50年代,第三次科技革命以电子计算机应用为主要标志,推动人类进入"电子时代",电子

计算机、原子能、空间技术和生物工程等颠覆性技术再一次大幅提高生产效率，跨国公司大量出现并在全球布局，进一步扩大了生产的社会化程度，各国国家力量更加深入地参与到全球产业竞争中，加剧了国家间的产业竞争，也加剧了各国发展的不平衡，资本主义各国国际地位发生重大变化，国际生产关系发生深刻调整。

21世纪初，数字技术、人工智能等颠覆性技术的出现，拉开了第四次科技革命的序幕。新一轮科技革命较之前的科技革命，呈现出一些独有的特点，5G通信技术、量子技术、生物科技和人工智能等新兴技术快速发展并大规模产业化，形成了代表先进生产力发展方向的新质生产力。新质生产力特点是创新，关键是质优，是颠覆性技术和前沿技术推动形成的生产力新质态。对于传统生产力而言，新质生产力是包括发展标准、技术水平、体制机制、增长动力、产业结构等在内，整个生产力体系的多层次、多领域、系统化升级，标志着以数字技术为核心的新一轮科技革命带动生产力水平取得极大突破。

2. 新型生产关系需为新质生产力创新发展"准备"四个方面的条件

"新"的生产力质态推动生产力水平大幅提高，同时也体现出推动生产关系变革的迫切需要，要求形成与之相适应的新型生产关系，只有更为科学合理的生产关系才能助推生产力向更高层次纵深突破。新质生产力在劳动者、劳动资料、劳动对象三个要素上体现出的"新"以及有别于传统生产力的"质"，决定了新型生产关系必须适应新质生产力的特点，并为新质生产力创新发展"准备"四个方面的条件。

一是培育一批高水平创新主体，形成高质量的创新链、产业链，为新质生产力准备创新主力军。新一轮的科技创新已经改变了原来以单个创新主体"单打独斗"为主的创新模式，形成了包括科学发现、技术研发、成果转化、产品开发、市场推广等多个环节的有序衔接，产业链链主企业、专精特新企业、高校和科研院所等创新主体合力研发和转化，科技创新、制度创新、管理创新集成发力的整个创新链、产业链。科技创新和转化的模式变化要求生产关系作出相应调整，为更高水平、更大规模的科技创新铺平道路。二是打造高水平创新人才队伍，形成生生不息的人才梯队，为新质生产力发展培育全新劳动者。新质生产力各要素中，"人"是第一位的。新质生产力发展需要大量高水平科技人才、熟练掌握新型生产工具的高水平操作技术人才以及能够综合运用各类前沿技术的高水平管理人才。这就需要新型生产关系能够突出人才的地位和作用，推动这部分人才成为新质生产力的实际承担者和主体力量。三是推动构建高标准、超大规模的全国统一大市场，形成生产要素市场化高效配置的成熟模式，为新质生产力创造发展条件。每一次新技术革命都会带来生产力的大幅提升和大幅扩张，新质生产力的快速发展需要以生产要素的高效供给为支撑，特别是需要数据、算力等新型要素的深度融入。新型生产关系应形成适应生产要素形态变化、规模化投入的新型市场化配置模式，满足新质生产力发展需要。四是塑造人与人工智能的新型关系，形成人与人、人与人工智能的价值伦理，为新质生产力逐步升级拓展空间。伴随技术进步和人工智能不断升级，"人与人工智能之间的关系"将越来越重要。新型生产关系有可能拓展生产关系的概念内涵，在"人与人之间的关系"的基础上，再包含"人与人工智能之间的关系"。构建人与人工智能的新型伦理关系，是新质生产力发展对新型生产关系提出的迫切要求。

三、适应新质生产力的新型生产关系具有四个新特点

生产关系是指人们在物质资料生产过程中形成的人与人之间的社会关系，主要包括生产资料所有制关系、产品分配形式及人们在生产中的地位和相互关系等。新质生产力对新型生产关系提出的新要求，决定了适应新质生产力发展的新型生产关系必然具有有别于从前的四个新特点。

第一，新型生产关系有可能部分重构原有的经济、科技体制机制框架。伴随新质生产力的创新发展，数字技术深度融入经济社会发展的各个领域，生产关系的主要内容已经表现出不同于以往的新特点。作为所有制核心内容的产权，在数据要素领域出现模糊化趋势，数据要素很难划分出清晰的

产权。收入分配也不仅局限于传统的按劳分配、按所有制分配、按要素分配，而是表现出按工作流程、按上下游关系、按在生产中是否处于支配地位等多样化新型分配关系。市场失灵领域的范围出现重要变化，传统信息不对称领域逐渐缩小但数据要素领域的信息不对称却逐渐凸显，平台经济领域出现"赢家通吃"的新型垄断，经济活动的外部性也在互联网的加持下更加凸显。这些变化都要求社会主义市场经济体制在原有框架下作出相应调整，所有制结构、收入分配方式以及应对垄断、信息不对称等市场失灵的相应体制机制都要适应新质生产力变化而作出相应改变，社会主义市场经济体制也将由此走向更加成熟的发展阶段。

第二，新型生产关系不仅调整生产过程中人与人之间的关系，还要进一步拓展到调整人与人工智能之间的关系。人工智能的出现已经在改变人与机器的关系，人工智能本质上是蕴含高技术的复杂劳动的产物，但是又在一定程度上独立于人而存在，将来也不排除产生独立智能、摆脱人的控制的可能。基于人工智能的相对独立性，在生产力诸要素中，人工智能既可以是劳动资料、劳动对象，也可以是独立的劳动者。人工智能治理表现出较强的复杂性、多元性，特别是对人们普遍关心的隐私保护、数据产权，以及"是人使用机器，还是机器支配人"等诸多伦理问题，还需进行深入研究，再以法案的形式明确下来。在这方面，欧美等发达国家已经走在前面。2019年，欧盟就发布了《可信赖的人工智能伦理准则》；2024年3月，欧洲议会表决通过欧盟《人工智能法案》；2022年10月，美国发布《人工智能权利法案的蓝图》，都在探索调整人与人工智能的伦理关系。目前，我国已经成立国家科技伦理委员会、工信部科技伦理委员会、工信领域科技伦理专家委员会，在未来的新型生产关系构建中，将对人与人工智能之间的关系进行深度研究和调整。

第三，新型生产关系必然高度符合科技创新活动的规律。科技是第一生产力，新质生产力的特点就是创新，科技创新一旦成功，就会对经济社会发展产生重大推动作用。科技水平及科技人才水平已经成为推动新质生产力发展的决定性因素，这就决定了新型生产关系必须满足科技创新的需要，充分尊重科学研究活动的规律，创造宽松自由的科研环境、科研成果转化应用机制、科研服务和保障机制、激励创新的科研评价机制，全方位营造让科研人员潜心研究的科研生态，创造适合科技创新的物质条件。同时，科技创新也面临着极大风险和不确定性，巨大投入并不必然产生预期的科研成果。因此，新型生产关系既要有利于为科技人才创新突破提供坚强的物力支持和体制机制保障，又要能够有效防范和化解可能产生的创新风险。

第四，新型生产关系不仅包括适应新质生产力发展的科技体制，也包括更高效的新型生产要素配置体制机制和新型生产组织方式。伴随劳动资料、劳动对象的质的变化，生产组织方式也在发生根本性变化，生产运营线上线下协同组织，数字经济与实体经济融合程度越来越深。要素配置越来越精准化、协同化、系统化，数字技术提升了要素供求的匹配度，数据网络提高了供需信息的透明度，数字平台大大加快了要素配置的效率。由此，新型生产关系也越来越凸显出数字化、市场化的特点，能够更加高效地协调生产过程中人与人之间的社会关系。

四、形成新型生产关系迫切需要解决两方面主要问题

形成新型生产关系的主要目的在于打通制约新质生产力的堵点、卡点，扫除束缚新质生产力发展的一切障碍，构建所有制、分配、市场主体、要素配置、市场建设等领域适应新质生产力发展的体制机制，让各类优质生产要素高效、顺畅地向新质生产力流动，提升劳动者、劳动资料、劳动对象的整体水平，让新质生产力充分发挥关键引领作用，带动生产力大幅提升并促进经济高质量发展。对照新质生产力对新型生产关系的主要要求以及新型生产关系应具备的主要特点，构建新型生产关系迫切需要解决"创新"和"质优"两方面制约新质生产力发展的体制机制问题。

一是关于"创新"：科技创新赋能新质生产力发展方面，仍然存在一些深层次体制机制问题，制约了科技创新步伐，难以适应新质生产力发展的

要求。近年来，我国科技体制改革全面发力、多点突破、纵深发展，一系列重大科技创新成果彰显了改革激发的强大活力。但是也要清醒地看到，当前，我国原创性技术、颠覆性创新成果仍然不足，基础研究还比较薄弱，一些领域的关键核心技术还受制于人，科技人才仍然短缺。科技创新领域诸多问题的产生，归根到底还是科技创新体制机制不完善造成的，科技领域的生产关系还未能适应科技创新快速推进的形势要求，主要表现为科技、产业、资本循环不通畅，教育、科技、人才循环不通畅，人与人工智能的伦理关系尚未理顺，人与人工智能协同作用的体制机制尚未构建起来，相关联动衔接体制机制存在堵点、卡点，难以支撑新质生产力的持续发展。具体而言，国家创新体系整体效能还不强，科技创新对经济社会发展的"新动力"作用仍未充分发挥；科技创新多头管理问题突出，科技部、工信部、发展改革委、教育部等各部门科技管理职能交叉与职能空白并存；科技创新主体能动性不强，科技创新激励机制还不完善；科技投入的产出效益不高，科技成果转化、实现产业化、带动生产力提升的能力不足；科技创新资源分散、重复、低效的问题还未从根本上得到解决。目前，亟须通过深化科技体制改革，进一步打通科技创新和经济社会发展之间的通道，将科技创新的"新动能"作用充分释放出来。

二是关于"质优"：新质生产力引领高质量发展方面，仍然存在一些突出问题，使新质生产力作为先进生产力关键主体的作用难以充分发挥。问题总体可以概括为两大类：一类是市场主体发育问题，特别是产权制度改革滞后，既阻碍了国资国企改革的进一步深化，也不利于非公有制经济发展；另一类是市场体系建设问题，市场与政府的作用边界仍不清晰，要素市场建设相对滞后，垄断现象仍然存在。具体表现为：一些地方政府干预依然偏多，政府直接或间接影响资源配置的问题仍不同程度存在；市场体系仍不完善，难以真正形成公平竞争的市场环境，电信、电力、交通、金融、能源资源领域还存在部分垄断现象，市场对资源配置的决定性作用还没有充分发挥；全国统一的生产要素市场建设还面临一些行政壁垒和人为障碍，区域和城乡要素分割依然比较突出；一些国有企业存在的活力不足、效率不高等问题仍未根本解决，国企委托代理难题仍未破解，国有经济布局结构仍需优化，国资管理体制仍需完善；非公有制经济公平发展和平等竞争依然存在诸多障碍，"玻璃门""弹簧门"之类的所有制歧视仍然存在；产权制度仍不健全，距离市场经济体制对现代产权制度的要求还有一定差距，一些领域产权保护体系仍需完善；教育、医疗等公共服务领域市场资源配置错位，政府与市场的作用边界仍不清晰。

五、抓住创新、质优两个关键词形成新型生产关系

新质生产力的特点是创新，关键在质优。新型生产关系是新质生产力发展的必然结果，最终还是要适应新质生产力的特点和要求，以实现极大地解放和发展生产力。形成适应新质生产力的新型生产关系，关键是要进一步深化经济体制改革、科技体制改革，着力解决束缚新质生产力发展的突出问题，加快形成高效的新型要素配置方式、新型生产组织方式，构建保障和促进新质生产力发展的新型体制机制。

1. 打造充满活力的新型科技创新生态

充分遵循科技创新规律、科技管理规律和人才成长规律，进一步发挥市场机制作用，激发创新主体活力，增强创新驱动发展的能力。一方面，在科研成果不能市场化或难以市场化的原创性基础研究领域，要构建"让科研人员舒心的科研生态"，创造宽松自由的环境、尊重信任的氛围、广阔充分的前景、服务科研的机制、激励创新的制度、科学评价的导向、丰富易得的资源和无后顾之忧的保障，不仅要留住科研人员的"人"，更要留住科研人员的"心"，让科研人员充满希望地、满怀热情地、宽松自由地进行科学研究活动。另一方面，在科研成果具备市场化价值的应用研究领域及部分基础研究领域，要完善"以市场激励为导向的高效管理体制机制"，进一步依靠市场机制配置科技资源，加快建立主导产业技术创新体制机制。建立以企业为主体，生产、教育、科研深度整合，有利于科技成果转化的市场化技术创新体系。

2. 集中力量突破受制于人的关键领域核心技术

一方面，充分发挥新型举国体制优势，以国家重大科技项目和体现国家战略意图的现代化重大创新工程为牵引，在重要领域加快打造高水平的国家实验室，着力突破关键领域核心技术，不断提高重大创新工程建设效益，协同实现整体性能最优、综合效益最大的发展目标。政府要加大支持、协调和引导力度，用好国家科技重大专项和重大工程等抓手，集中力量抢占科技创新战略制高点。另一方面，集中资金、技术、人才力量，破除制约创新驱动发展的体制机制瓶颈。紧密围绕国家重大战略需求，明确战略重点和主攻方向，着力在关键领域、"卡脖子"的问题上下功夫，努力构建适应新质生产力发展需要的科技创新体制机制。

3. 构建数字化、市场化的新型要素配置方式

一方面，推动数字技术赋能要素配置。针对数字技术使要素匹配更加精准、供需信息更加透明、配置效率更加高效的新变化、新特点，构建数字技术赋能的新型要素配置方式。特别是加快推进以互联网、大数据、云计算等为代表的数字基础设施建设，打破数据和信息壁垒，推动不同主体间、不同区域间、不同领域间数据资源安全开放共享，强化数字平台的常态化、制度化监管，在确保安全的基础上，最大限度地提高数字平台的资源配置效率。另一方面，以要素市场化配置为重点，健全现代市场体系，充分发挥市场在资源配置中的决定性作用，更好发挥政府作用，着力打破影响要素自主有序流动的体制机制障碍，以要素市场化配置改革为抓手，引导各类先进优质生产要素向发展新质生产力方向顺畅流动，全面提高要素协同配置效率。

4. 形成适应数字技术快速升级趋势的新型产权关系

一方面，加快探索数字产权等新型产权确权授权方式，优化多元主体数据产权配置结构，建立科学合理的数据产权登记制度，确保数据要素市场有序运行，切实保障数据权益，实现数据高效流通，预防数据产权纠纷。在此基础上，构建兼顾效率与公平的数据产权收益分配制度，实现数据开放、利益共享。另一方面，强化知识产权保护，建立与国际接轨、适应我

国发展需要的全国统一的知识产权行政管理体制。整合现有行政管理资源，成立集专利、商标、版权等知识产权于一体的综合行政管理部门。改革和完善知识产权刑事案件的司法鉴定制度，不断加强审判队伍的专业知识储备，增强专业化的审判力量，建立和完善人民法院的知识产权专业审判组织，有条件的地区尽快成立知识产权法院。

5. **塑造更加高效、和谐、符合科技伦理的社会关系**

一方面，在所有制、收入分配等生产关系的主要领域，研究探索数据要素产权、隐私保护、数字伦理等数字治理领域的核心问题，明确产权模糊化的数据要素领域收入分配方式，通过法律形式塑造新的生产力质态下的主要社会关系框架。另一方面，在规范新型生产关系秩序方面，还要加快推动加强和完善对技术创新的监管。技术创新速度之快，已经超出传统监管体系的约束能力。规范技术创新带来的秩序问题，已经成为保障新质生产力发展的当务之急。伴随技术进步的快速推进，要有针对性地推动监管技术突破，动态查找传统监管手段难以达到的"监管难点"，规范和解决数字技术使用中的透明度、安全性和问责制等关键问题，逐步塑造适应新质生产力发展的新型生产关系秩序。

[本文系国家社会科学基金重大项目"2035年基本实现社会主义现代化的主要标志和重要指标研究"（23ZDA026）阶段性研究成果。本文源自《人民论坛·学术前沿》2024年第9期]

唯物史观视域下新质生产力基本命题再探讨

包炜杰[*]

发展新质生产力已成为当前学界广泛讨论的热点议题。2023年7月以来，习近平总书记在四川、黑龙江等地考察调研时，提出"要整合科技创新资源，引领发展战略性新兴产业和未来产业，加快形成新质生产力"[①]，并在多个场合对"新质生产力"这一概念进行阐发。2023年12月，中央经济工作会议提出，"发展新质生产力"[②]。2024年1月，习近平总书记在二十届中央政治局第十一次集体学习时再次强调，要"加快发展新质生产力"，"扎实推进高质量发展"[③]。伴随这一过程，学界围绕新质生产力的内涵特征、实现路径、理论定位等议题涌现了许多研究成果[④]，形成了涵盖"新质生产力与现代化产业体系""新质生产力与新型生产关系""新质生产力与中国式现代化"等在内的问题域。在此基础上，对于新质生产力这一马克思主义政治经济学中国化时代化的重大创新，基于马克思主义整体

---

[*] 包炜杰，复旦大学马克思主义学院副教授。
[①] 习近平：《开创我国高质量发展新局面》，《求是》2024年第12期。
[②] 《中央经济工作会议在北京举行》，《人民日报》2023年12月13日。
[③] 《加快发展新质生产力 扎实推进高质量发展》，《人民日报》2024年2月2日。
[④] 相关成果涉及新质生产力研究的多维视角：关于新质生产力的内涵特征（周文等），新质生产力的理论、历史、现实逻辑（高帆、李政等），新质生产力的实现路径（韩喜平、周绍东、胡莹等），新质生产力下产业发展方向（洪银兴、刘志彪等）等的研究；此外，还有关于新质生产力与高质量发展（沈坤荣等）、教育对形成新质生产力的贡献（程恩富、李奕等）、新质生产力的指标构建与时空演进（王珏等）等的研究。

性原则，进一步将其置于唯物史观视域下审视其基本命题，探讨其出场逻辑与深刻意涵，有助于深刻理解蕴含其中的创新理论。

一、新质生产力在何种意义上与高质量发展命题内在契合？

"新质生产力为何出场"，这既是诸多研究者的研究起点，又是社会大众对于党的创新理论的思考关切。马克思在《〈黑格尔法哲学批判〉导言》中指出，"理论在一个国家实现的程度，总是取决于理论满足这个国家的需要的程度"①。当前，我国正面临着"有效需求不足、部分行业产能过剩、社会预期偏弱"② 等阶段性问题。因此，现阶段政策制定与理论创新势必要求回应这些现实问题，即有效回应当前和今后一个阶段中国经济面对的风险挑战与可持续发展问题。2023 年的中央经济工作会议提出，"必须把坚持高质量发展作为新时代的硬道理"③。高质量发展作为新时代中国经济社会发展主题再次凸显。2024 年 1 月，习近平总书记在二十届中央政治局第十一次集体学习时强调："发展新质生产力是推动高质量发展的内在要求和重要着力点。"④ 新质生产力与高质量发展内在契合的关系命题由此生成。在唯物史观分析框架下，有必要追问这样一个基本命题，即新质生产力在何种意义上与高质量发展命题内在契合？

1. 理论前提：基于唯物史观考察新时代我国社会主要矛盾得出高质量发展是新时代我国经济社会发展主题的基本判断

高质量发展是坚持唯物史观的必然要求。党的二十大报告明确提出："高质量发展是全面建设社会主义现代化国家的首要任务。"⑤ 高质量发展

---

① 《马克思恩格斯选集》第 1 卷，人民出版社 2012 年版，第 11 页。
② 《中央经济工作会议在北京举行》。
③ 《中央经济工作会议在北京举行》。
④ 《加快发展新质生产力 扎实推进高质量发展》。
⑤ 习近平：《高举中国特色社会主义伟大旗帜 为全面建设社会主义现代化国家而团结奋斗——在中国共产党第二十次全国代表大会上的报告》，人民出版社 2022 年版，第 28 页。

的具体内涵、特征内容及其逻辑前提有待进一步阐释，而唯物史观恰好提供了一条清晰的解释路径。唯物史观深刻揭示了生产力与生产关系、经济基础与上层建筑的矛盾运动是社会历史发展的动力。因此，根据社会主要矛盾变化进行社会历史分析是马克思主义研究的重要方法。进入新时代，我国社会主要矛盾的变化，特别要求关注"人民日益增长的美好生活需要"和"不平衡不充分的发展"的问题。从政治经济学角度来考察，新矛盾的根源主要表现为生产力（供给侧）与生产关系（需求侧）之间的矛盾。由此，就可以明确解决问题的基本思路："不充分的发展"要求通过进一步解放和发展生产力实现"更充分的发展"，而更进一步解放和发展生产力则落脚于"创新驱动发展战略"；"不平衡的发展"要求进一步解决区域、城乡、行业之间的发展不平衡问题，而解决这种不平衡则落脚于"共同富裕"；"人民日益增长的美好生活需要"在总体意义上包含物质生活和精神生活等方面需要，又可具体分为经济、政治、文化、社会、生态等方面内容。满足这种需要既切合"社会主义生产目的"的必然要求，又与"共同富裕"这一社会主义本质要求相一致。因此，无论是"创新"还是"共同富裕"，都是"高质量发展"的题中之义。

2. 学理阐释：高质量发展是对马克思主义"政治经济学重视生产"理论的进一步探索

坚持高质量发展是新时代的硬道理，直接对应着改革开放以来形成的"发展是硬道理"的基本价值共识。"发展"一词在政治经济学中，意味着工业生产能力和生产体系边界的不断拓展。若进一步将其置于马克思主义整体性视域下加以考察会发现，辩证唯物主义是中国共产党人的世界观和方法论，揭示了"物质第一性"。这一辩证唯物主义基本原理进入社会历史领域即强调物质资料的生产是全部人类社会生活的前提和基础。这种世界观和方法论在马克思主义政治经济学中表现为"政治经济学重视生产"[①]。

[①] 需要指出的是，针对那些责备"政治经济学家过于重视生产"并认为"分配也是同样重要的"的庸俗观点，马克思在《〈政治经济学批判〉导言》中作出了回应，即分配是与生产紧密联系的，而不是"与生产并列的独立自主的领域"。

正如马克思在《〈政治经济学批判〉导言》中指出的,"摆在面前的对象,首先是物质生产"①。因此,马克思主义政治经济学的一个基本观点就是从生产端、供给侧方面来解决问题。我们所说的"发展"一词实际上对马克思主义"政治经济学重视生产"理论进行了在地化的话语转化,即"高质量发展"是"生产"话语的当代转化、"发展"话语的新进阶,内嵌了对经济发展动力、路径、目标的新要求。相较于高速度增长阶段,高质量发展阶段更加注重创新驱动发展、摆脱单一要素路径依赖,更加注重推动经济实现质的有效提升和量的合理增长,以更好满足人民日益增长的美好生活需要。结合新时代我国经济体制领域的改革来看,"供给侧结构性改革""现代化经济体系""新发展格局"等实质上都是围绕"高质量发展"展开或铺陈的。

3. 现实层面:高质量发展不仅有新发展格局的战略部署,而且厚植于生产力基础

高质量发展归根到底还是必须要发展,要发展就必须有载体。围绕高质量发展这一主题,加强顶层设计和战略部署成为新时代中国经济发展的重要突破方向。从党的二十大报告明确提出"加快构建新发展格局,着力推动高质量发展"②,到二十届中央政治局第二次集体学习以"新发展格局"为主题,再到二十届中央政治局第十一次集体学习以"高质量发展"为主题并落脚在发展新质生产力,这一过程清晰地勾勒出了高质量发展的两条主线。那就是,面对"狂风暴雨、惊涛骇浪"③式的国内外错综复杂的政治经济形势,要以新发展格局作为发展战略,进一步把发展立足点放在国内,更好利用国内国际两个市场两种资源;面对新的发展环境,特别是内需方面的新特点,转变既有思路,立足于国民经济良性循环,坚持将扩大内需作为战略基点,并同深化供给侧结构性改革、高质量供给、创新

---

① 《马克思恩格斯选集》第 2 卷,第 683 页。
② 习近平:《高举中国特色社会主义伟大旗帜　为全面建设社会主义现代化国家而团结奋斗——在中国共产党第二十次全国代表大会上的报告》,第 28 页。
③ 习近平:《加快构建新发展格局把握未来发展主动权》,《求是》2023 年第 8 期。

驱动有机结合,在国民经济循环层面实现社会总供给与社会总需求在更高水平上的动态平衡,这是实现高质量发展的重要举措。从宏观战略到微观基础,高质量发展、新发展格局需要以坚实的生产力作为基础和支撑。高质量发展对生产力发展提出了更高要求,内在地要求生产力发展适应我国产业转型升级的需要,回应"创新"和"共同富裕"等时代课题,确保中国在日益激烈的国际竞争中取得比较优势、赢得发展先机。因此,从"高质量发展"再次回到"生产"的理论原点,"新质生产力"呼之欲出。理论演绎至此,可以得出这样一个判断:高质量发展需要新的生产力理论指导。

4. 时代要求:发展新质生产力是推动高质量发展的内在要求和重要着力点

在回答了为什么高质量发展需要新的生产力理论作为指导的基础上,还需进一步明确以新质生产力推动高质量发展的主攻方向。当前,学界关于中国经济现实问题解决路径的争论集中在究竟是投资导向还是消费导向。[1] 就发展新质生产力而言,其基本思路在于培育新产业、催生新模式、形成新动能,因此从根本上来说,新质生产力也是从生产端、供给端、投资端发力,由技术革命突破、生产要素创新性配置、产业深度转型升级催生而来,其特点是创新,有力地回答了内嵌于高质量发展中的"创新"命题,以及如何解决"做大蛋糕"的问题。那么,高质量发展的另一内容即共同富裕问题是否也是新质生产力发展所要解决的问题呢?当前,我国经济转型要求实现"由大而强"的转变,即在中等收入群体达到一定规模的基础上,切实提高人均可支配收入,"提低""调高""扩中",构建初次分配、再分配、第三次分配相协调的分配制度体系,形成更加合理的分配结构,这是确保国民经济良性循环的"需求牵引供给、供给创造需求"原则的内在要求,更是高质量发展所内嵌的"有效

---

[1] 张杰:《如何科学认识当前中国经济增长动力源泉和改革突破口》,《学术月刊》2024 年第 4 期。

需求牵引高质量供给、高质量供给创造有效需求"的内在要求。今天，推动高质量发展既需要从与"新质"直接对应的生产力（特别是创新）方面发力，又需要从与新质生产力相适应的新型生产关系（特别是共同富裕）方面发力。正如马克思从未脱离特定生产关系来抽象讨论生产力的发展一样，关于新质生产力的讨论同样也不能脱离新型生产关系进行。由此，在新型生产关系条件下发展新质生产力是推动高质量发展的内在要求和重要着力点。

二、新质生产力在何种意义上发展了马克思主义生产力理论？

生产力的发展状况标志着人类社会发展水平以及人类改造、利用自然的广度和深度。就理论本身而言，新质生产力丰富和发展了马克思主义生产力理论。学界已经对此展开研究。如有研究从生产力要素角度提出，新质生产力对马克思主义关于生产力要素的内涵作出了新的拓展和深化等，为进一步从唯物史观视角进行考察奠定了基础。区别于旧唯物主义或唯心主义，唯物史观的根本特征在于见"物"、见"人"、见"实践"，这一特征在生产力方面表现为两个层次：作为结果事实的生产力与作为行为过程的生产力。由此，马克思主义生产力理论揭示了这样一条基本原理，生产力包含生产力水平和生产力能力。基于此，新质生产力从"静"与"动"两个方面丰富和发展了马克思主义生产力理论。

1. 从静态视角来看，新质生产力从要素层面丰富和发展了马克思主义生产力理论的内涵

基于劳动过程的展开，生产力的经典定义包含三要素即劳动者、劳动资料和劳动对象。马克思立足于他生活的时代，完成了对工场手工业转向机器大工业的历史考察，并对生产方式的历时性变迁如何推动人类社会形态更新进行了系统揭示。"手推磨产生的是封建主的社会，蒸汽磨产生的是

工业资本家的社会。"①唯物史观揭示了人类社会发展规律和社会形态更新图谱：以采集、狩猎为主的原始社会生产力水平低下；铁器的发明应用带来的生产力进步，推动了农业文明的发展；而蒸汽动力的生产力革命带来了第一次工业革命。马克思、恩格斯在《共产党宣言》中指出，"资产阶级在它的不到一百年的阶级统治中所创造的生产力，比过去一切世代创造的全部生产力还要多，还要大"②。马克思在《资本论》中更进一步指出，"各种经济时代的区别，不在于生产什么，而在于怎样生产，用什么劳动资料生产"③。在唯物史观视域下，不同社会发展阶段对应着不同的劳动资料和相应的生产力发展水平，揭示和阐明不同阶段的生产力要素的具体内涵，同时也阐明了不同历史阶段生产力的发展状况。

循着这一思路，新质生产力对马克思主义生产力理论的丰富和发展，关键在于"新质"。因此，讲清楚"新质"的内涵，特别是要素的"新质"，才能更好地认识和理解新质生产力对马克思主义生产力理论的发展意义。习近平总书记在主持二十届中央政治局第十一次集体学习时强调，新质生产力"以劳动者、劳动资料、劳动对象及其优化组合的跃升为基本内涵"④。具体来看，新质生产力包含"新质态要素"，即高素质劳动者（如战略型、创新型人才等）、高科技劳动资料（如高端制造设备等）和新型劳动对象（如数智化设施等）。

实际上，新质生产力已经在现实生产活动中呈现出丰富样态，"新质态要素"也已展现其面貌。以人工智能、量子科学、5G技术等为代表的新科技革命正在深刻改变生产方式，推动形成新质生产力。以数字经济为例，相较于马克思主义经典作家所处的工业经济时代，数字经济时代的数据、算法、算力正在推动形成一种"数字生产力"，其中包含的数字劳动者和平台网络，正在推动传统产业链的重塑。从要素层面来看，数字经济中的数

---

① 《马克思恩格斯选集》第1卷，第222页。
② 《马克思恩格斯选集》第1卷，第405页。
③ 《马克思恩格斯选集》第2卷，第172页。
④ 《加快发展新质生产力　扎实推进高质量发展》。

字劳动者、数字化的劳动资料和劳动对象，都可以视为相较于传统物质形态而言的"新质态要素"。

不仅如此，基于唯物史观的考察，要素不仅内嵌于生产力结构中，而且还是推动生产力发展的关键"变量"。伴随着社会形态的历时性变迁，对于关键变量，可以大致梳理出"自然生产力—劳动生产力—资本生产力—科技生产力"的演进历程。这一历程一方面反映了生产力所指向的人与自然的关系，另一方面也体现了马克思关于"生产力中也包括科学"①的经典论断。从这一历程出发，狭义上的新质生产力指的是当今新科技带来的生产力，广义上的新质生产力则是指生产力及其推动力的变迁。唯物史观的具象化要求深入结合时代特征阐释"科技生产力"的丰富内涵，从而助益新质生产力更好地推动中国经济可持续发展和人类社会文明进程。

2. 从动态视角来看，新质生产力从技术层面丰富和发展了马克思主义生产力理论的内涵

生产力不仅是一系列要素构成，更重要的是反映了人与自然的关系，即人改造自然的能力。不同社会形态下的生产力水平是不同的，由低级向高级进阶是生产力发展的客观趋势。新质生产力在本质上是先进生产力，契合了马克思主义强调的"劳动生产率的提高"②，并坚持"创新是第一动力"③。马克思所揭示的"劳动生产率的提高"的基本规律是在考察"剩余价值的生产"时提出的，即"一切在这个基础上生长起来的提高社会劳动生产力的方法，同时也就是提高剩余价值或剩余产品的生产的方法"④。但是，商品、市场、资本并非资本主义社会的特有产物，而是社会化大生产的结果，"劳动生产率的提高"为我们深入理解新质生产力提供了有效理论视角，从一定程度上来说，新质生产力是马克思"劳动生产率的提高"在

---

① 《马克思恩格斯全集》第46卷（下），人民出版社1980年版，第211页。
② 《马克思恩格斯全集》第43卷，人民出版社2016年版，第332页。
③ 《习近平著作选读》第2卷，人民出版社2023年版，第213页。
④ 《马克思恩格斯文集》第5卷，人民出版社2009年版，第720页。

现时代的具象化。

具体而言，新质生产力对新型生产要素的优化组合促成了"劳动生产率的提高"，其中技术起到了"穿针引线"的作用。对于劳动生产率提高的原因，马克思指出，"或者是由于增加了一定时间内劳动力的支出，也就是提高了劳动强度，或者是由于减少了劳动力的非生产耗费"①。"劳动生产率不仅取决于劳动者的技艺，而且也取决于他的工具的完善程度。"② 新质生产力同样适用上述基本原理。以数字技术为例，数字经济是基于数字技术产生的新的经济形态，数字技术的应用增加了同一单位时间的劳动产出，能显著提高劳动生产率。正如马克思在《资本论》中指出的，"劳动生产力的提高和劳动强度的增加，从一方面来说，起着同样的作用。二者都会增加任何一段时间内所生产的产品总额"③。

三、新质生产力在何种意义上需要与之相适应的新型生产关系？

讨论新质生产力，必然要求阐释新型生产关系对马克思主义生产力"外延"即"生产关系"的发展。马克思并非孤立地讨论生产力发展问题，而是联系特定的生产关系展开讨论。唯物史观揭示了生产力与生产关系是社会生产中不可分割的两个方面，生产力决定生产关系，一定的生产关系要与生产力发展状况相适应。那么，这种新型生产关系的内容指向是什么？新质生产力和新型生产关系共同生成的、新的生产方式所推动形成的新的社会形态又是什么？这些问题都值得进一步探究。

1. 内涵新论：新型生产关系应突破既有生产关系"三分法"框架

按照传统的界定，传统生产关系理论包括生产资料所有制关系、分配关系、人与人之间的经济关系三方面内容。唯物史观揭示了从原始社会的

---

① 《马克思恩格斯全集》第42卷，第348页。
② 《马克思恩格斯选集》第2卷，第212页。
③ 《马克思恩格斯文集》第5卷，第605页。

自然关系到奴隶社会的工具关系和从封建社会的人身依附关系到资本主义社会的雇佣劳动关系。伴随生产关系的历时性更替，社会形态也随之变迁。这里呈现出了传统生产关系"三分法"的适用性。习近平强调，"生产关系必须与生产力发展要求相适应。发展新质生产力，必须进一步全面深化改革，形成与之相适应的新型生产关系"①。由此，建构新型生产关系呼之欲出。

对于新型生产关系，应当从广义上加以理解。在社会主义制度条件下进一步调整生产关系，使之与新质生产力发展要求和发展状况相适应，必然要求从"生产-分配""制度-体制"等方面进一步改革。党的二十大报告提出的社会主义现代化进程中教育、科技、人才一体推进就是理顺生产关系的有力举措。习近平总书记在参加十四届全国人大二次会议江苏代表团审议时指出，要"完善落实'两个毫不动摇'的体制机制"，"深化科技体制、教育体制、人才体制等改革"②。这些改革举措都是为了从生产关系层面打破束缚新质生产力发展的痛点、堵点、卡点，从而让各类先进优质生产要素向发展新质生产力顺畅流动和高效配置。

其中包含着一条逻辑链条。党的二十大报告指出，"教育、科技、人才是全面建设社会主义现代化国家的基础性、战略性支撑"，"必须坚持科技是第一生产力、人才是第一资源、创新是第一动力"③。这是基于"科技创新—产业革命—新质生产力"的逻辑理路，并以此为基础要求实现"高质量发展"，进而构成的广义的生产力基础。因此，教育、科技、人才三者同样可以被视为广义的生产关系的构成要素。这三者之中，教育是根本，科技是关键，人才是基础（相关逻辑关系见图1）。

---

① 《加快发展新质生产力　扎实推进高质量发展》。
② 《因地制宜发展新质生产力》，《人民日报》2024年3月6日。
③ 习近平：《高举中国特色社会主义伟大旗帜　为全面建设社会主义现代化国家而团结奋斗——在中国共产党第二十次全国代表大会上的报告》，第33页。

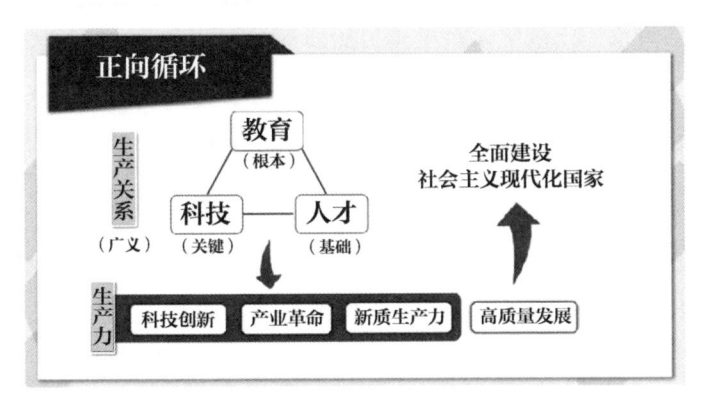

图1　新质生产力与新型生产关系形成正向循环的逻辑链条

2. 本质属性：新型生产关系内在要求新质生产力摆脱"生产力的资本属性"而还原为"社会生产力"

西方资本主义国家有没有科技创新、有没有新质生产力？这个问题需要辩证分析。在面对共同的发展情境时，提高生产力是必然选择。但是，当面对"发展生产力为了谁"这个根本问题时，资本主义和社会主义就表现出了截然不同的逻辑链条。在资本主义条件下，其发展的逻辑链条是"社会劳动生产率提高—劳动力价值降低—必要劳动时间缩短—剩余劳动时间相对延长"，即发展生产力从根本上来说是为了获得更多的剩余价值。那么，在全社会劳动生产率提高的前提下，在创新和竞争作为客观事实、获取超额剩余价值作为私营企业主观动机的情况下，应如何探索每个人自由而全面的发展、物质生活和精神生活的共同富裕呢？这就要求生产力发展摆脱"生产力的资本属性"，进而还原其"社会生产力"的本义。

新质生产力就是这样一种克服了"生产力的资本属性"的社会生产力。恩格斯在《社会主义从空想到科学的发展》中揭示资本主义生产方式的弊端时指出，"猛烈增长着的生产力对它的资本属性的这种反作用力，要求承认生产力的社会本性的这种日益增长的压力，迫使资本家阶级本身在资本关系内部可能的限度内，越来越把生产力当做社会生产力看待"[1]。"社会

---

[1] 《马克思恩格斯选集》第3卷，第808页。

生产力"的出场,还原了新质生产力的社会属性,其理论意义在于,揭示了新质生产力和新型生产关系的社会主义属性。在现实的经济活动中,面对供给侧和需求侧两方面的约束条件,单一的解决方案往往难以取得实效,这就要求以新型生产关系凸显新质生产力的社会主义属性,使之与统筹扩大内需的战略基点相契合,与"提高人均可支配收入""形成有支付能力作支撑的有效需求"等具体政策导向相契合。

新型生产关系的价值导向在"殖"与"值"的对比中得到了充分体现。在资本主义条件下,资本生产力追求"资本增殖";在社会主义条件下,还原了社会生产力本质的新质生产力追求"保值增值"。"殖""值"之差,实际上反映的是生产目的的根本不同,因为生产目的离不开生产关系的导向性作用。因此,发展新质生产力固然重要,却也须臾离不开新型生产关系与之相适应。

3. 目标导向:新型生产关系与新质生产力合力推动全面建成社会主义现代化强国

新型生产关系与新质生产力结合,将有力推动新"两步走"战略目标顺利实现,特别是推动全面建成社会主义现代化强国。

我们强调的新型生产关系推动新质生产力发展,最终指向建设社会主义现代化国家。发展新质生产力不是为了发展生产力而发展生产力,而是要以新质生产力、新型生产关系共同推动高质量发展、建设社会主义现代化国家。面向新征程,要形成新质生产力的合力,就须积极调整优化生产关系,进一步健全新型举国体制,强化国家战略科技力量,优化配置创新资源,优化国家科研机构、高水平研究型大学、科技领军企业定位和布局。

新型生产关系有助于破除束缚新质生产力发展的堵点卡点,进一步解决在"做大蛋糕"基础上"分好蛋糕"的问题。新技术时代的到来带来了一系列新问题。以前述数字技术和数字经济为例,面对生产资料的数字化转型以及数据的生产资料化,"数据所有权"作为新型生产关系中的一个理论概念,其所界定的价值生产和价值分配环节,对于数字生产力的可持续发展势必起到促进循环的作用。

总而言之，发展新质生产力是推进高质量发展的重要着力点，在厘清"高质量发展"与"发展新质生产力"逻辑关系的基础上，进一步思考新质生产力需要何种与之相适应的新型生产关系，是马克思主义政治经济学中国化时代化进程中必须回答清楚的重要命题。

四、结语

新质生产力研究是一个开放式的命题。一个基本结论是：伴随着人类社会历史的展开，生产力发展、生产关系调整推动着社会形态更新。当前，学界关于新质生产力的必要性论证和合理性阐释已经较为充分。接下来，在遵循经济发展规律的基础上如何更好推动培育新质生产力、促进科技创新、推动经济高质量发展、更好服务社会主义现代化国家建设，将成为更为迫切且务实的研究议题。

[本文系国家社科基金项目"数字经济时代马克思主义所有制理论的新发展研究"（23CKS016）阶段性研究成果。本文源自《毛泽东研究》2024年第3期]

第二部分

新型生产关系的科学内涵与重要特征

加快形成与新质生产力相适应的新型生产关系：理论逻辑与现实路径

周　文　李雪艳[*]

2023年，习近平总书记在地方考察时提出"新质生产力"这一富有前瞻性的概念，强调要"积极培育新能源、新材料、先进制造、电子信息等战略性新兴产业，积极培育未来产业，加快形成新质生产力，增强发展新动能"[①]。中国特色社会主义现代化建设迈入新阶段，加快形成和发展新质生产力对我国而言既是发展命题，也是改革命题。在新一轮科技革命与产业变革的大背景下，我国要塑造国际竞争新优势，一方面要以新质生产力推动自身发展质量的提升，筑牢中国式现代化的物质基础；另一方面，虽然生产关系为生产力的性质所客观地决定，但由于生产关系具有相对稳定性，生产力的提高并不会直接改变生产关系。新质生产力是由原创性关键性技术的重点突破不断推动形成的，但其长期发展同样需要生产关系的调整和社会制度的支撑。然而，制度变革通常与科学技术、经济社会领域的变革不完全同步，由此形成束缚新质生产力发展的堵点卡点。因此，推动新质生产力加快发展，就必须不断深化体制机制改革，形成与新质生产力相适应的新型生产关系，以更好发挥先进生产关系对生产力发展的促进作用。

---

[*] 周文，复旦大学特聘教授；李雪艳，复旦大学马克思主义研究院博士研究生。
[①] 《牢牢把握东北的重要使命　奋力谱写东北全面振兴新篇章》，《人民日报》2023年9月10日。

一、生产力与生产关系：理论阐释及历史回溯

"生产力"和"生产关系"既是贯穿历史唯物主义的哲学概念，又是至关重要的政治经济学范畴，在马克思主义理论体系当中具有基础性地位。生产力理论是唯物史观和剩余价值学说的链接点，也是我国在现阶段加快发展新质生产力、形成新型生产关系的根本理论遵循。因此，有必要明晰生产关系的概念界定，把握生产力生产关系相互作用的基本原理，梳理新中国改革完善生产关系的历史进程，为在现阶段加快形成新型生产关系以促进新质生产力发展提供理论与历史支撑。

1. 生产关系的概念界定

生产关系是贯穿马克思主义理论体系的重要范畴，故应循着马克思开展研究与思想转变的轨迹对其进行概念界定。1845年，马克思和恩格斯在《德意志意识形态》中首次提出作为独立概念的生产关系。但此时，马克思、恩格斯仅从一般生产过程中的人与人之间的关系这一层面来理解生产关系，将其界定为"生产中的交往形式"或"生产的社会关系"，并指出生产关系是生产资料所有制结构形成的原因。[1] 1846年，马克思在致帕维尔·瓦西里耶维奇·安年科夫的信中将生产关系界定为"特定生产方式的必然关系的经济关系"[2]，凸显了资本主义生产关系的交换属性及生产关系与生产方式的一致性。到了1847年的《哲学的贫困》中，马克思在将生产关系作为核心概念展开分析时使用了"分工、信用、货币等资产阶级生产关系"[3] 的表述，可见他此时尚未突破从交换角度来理解生产关系的思维定式。直到1857年前后，马克思认识到资本主义经济危机的本质是工业危机而不是商业危机，才开始真正从生产的社会性质而不是交换方式的社会

---

[1] 《马克思恩格斯文集》第1卷，人民出版社2009年版，第523—524页。
[2] 《马克思恩格斯文集》第10卷，第44页。
[3] 《马克思恩格斯文集》第1卷，第598页。

性质的角度来理解生产关系概念之内涵。① 因此，马克思在 1859 年的《〈政治经济学批判〉序言》中明确指出，"人们在自己生活的社会生产中发生一定的、必然的、不以他们的意志为转移的关系，即同他们的物质生产力的一定发展阶段相适合的生产关系"②，生产关系由此成为超出交换领域的、决定于生产力发展状况的概念范畴。

此后，斯大林以马克思恩格斯的生产关系思想为基础，在《苏联社会主义经济问题》一书中将生产关系概括为以下三个层面：生产资料所有制形式；由此产生的各种社会集团在生产中的地位以及他们的相互关系，或如马克思所说的"互相交换其活动"；完全以他们为转移的产品分配形式。③ 斯大林的界定曾被看作对生产关系内涵的科学说明，但其事实上存在片面强调生产资料所有制的决定作用等诸多疑义。而且，本文考察新型生产关系的重点在于剖析其与新质生产力的逻辑关联，进而探讨如何调整生产关系以适应生产力发展新状况。新质生产力作为传统生产力的跃迁，其发展涉及生产活动的方方面面，因此本文选择在更广的范围上使用生产关系这一概念，将其界定为在产品生产、交换、分配、消费各个社会再生产环节中形成的社会关系。

2. 生产力与生产关系的逻辑关联

随着研究的不断深入，马克思经历了从侧重批判异化交换关系到剖析生产力生产关系矛盾运动规律的理论转向。这种转变使马克思避免了脱离生产力发展谈论生产关系的抽象分析，也使历史唯物主义具备了更加坚实的政治经济学根基。

生产关系是历史唯物主义和政治经济学的重要范畴，它与生产力、生产方式密不可分。关于三者的关系，学界主要有"统一说"与"中介说"两种观点。"统一说"认为，生产方式是生产力与生产关系的对立统一；在生产方式这一矛盾体内部，生产力决定生产关系，但与此同时，生产关系

---

① 唐正东：《马克思生产关系概念的内涵演变及其哲学意义》，《哲学研究》2011 年第 6 期。
② 《马克思恩格斯文集》第 2 卷，第 591 页。
③ 斯大林：《苏联社会主义经济问题》，人民出版社 1961 年版，第 58 页。

对生产力也具有反作用。这种观点起源于斯大林的《论辩证唯物主义和历史唯物主义》，他在该书中指出："生产、生产方式既包括社会生产力，也包括人们的生产关系，而体现着两者在物质资料生产过程中的统一。"① 斯大林的这一论断曾长期被视为关于生产力、生产关系、生产方式的科学认识，但也有学者质疑其并不符合马克思、恩格斯的原意。譬如，持"中介说"的学者认为，生产方式并非生产力与生产关系的统一，而是连接两者的中间范畴，在生产力和生产关系之间，"生产方式即在特定方式下进行的生产活动是必不可少的中介"②。首次提出"中介说"的吴易风还通过文本考察得出"生产力—生产方式—生产关系原理贯穿于马克思从40年代到70年代的著作"③ 的结论以论证其观点的科学性，但这一观点仍受到卫兴华、吴宣恭、奚兆永等学者的质疑。④

总体而言，学者们关于生产力、生产关系、生产方式三大范畴的看法不尽相同，但比较普遍的观点是，生产力与生产关系的矛盾运动是马克思生产力理论的核心内容，是推动生产力发展所必须遵循的科学规律。一方面，生产力作为人类在劳动生产过程中利用和改造自然的能力，是生产关系的物质内容，在社会生产活动中具有基础性和决定性地位，决定着生产关系的性质。在1847年的《雇佣劳动与资本》中，马克思便指出："各个人借以进行生产的社会关系，即社会生产关系，是随着物质生产资料、生产力的变化和发展而变化和改变的。"⑤ 另一方面，生产关系作为在生产活动中形成的人与人之间的社会关系，是生产力的社会形式。同时，生产关系具有相对独立性与相对稳定性，对生产力的发展具有或促进、或阻碍的反作用。而且，"生产力和生产关系的矛盾，是社会生产的基本矛盾，这种

---

① 《斯大林选集》下卷，人民出版社1979年版，第442页。
② 孟捷：《马克思主义经济学的创造性转化》，经济科学出版社2001年版，第56页。
③ 吴易风：《论政治经济学或经济学的研究对象》，《中国社会科学》1997年第2期。
④ 卫兴华：《关于〈资本论〉基本理论问题的辨析——〈马克思与《资本论》〉前言》，《东南学术》2019年第2期；吴宣恭：《论作为政治经济学研究对象的生产方式范畴》，《当代经济研究》2013年第3期；奚兆永：《对有关〈资本论〉研究对象的其他几种观点的评论——关于〈资本论〉的研究对象的研究之二》，《当代经济研究》1998年第5期。
⑤ 《马克思恩格斯文集》第1卷，第724页。

基本矛盾是决定社会生产，从而也是决定生产力发展的基本原因"①。

在马克思的分析框架中，生产力决定生产关系，生产关系的性质必须适应生产力的现时状况和发展水平才能进一步激发社会生产的活力；反之，超前或落后于当前生产力发展状况的生产关系则将阻碍生产力发展水平的进一步提升。正如马克思在《〈政治经济学批判〉序言》中所指出的，"社会的物质生产力发展到一定阶段，便同它们一直在其中运动的现存生产关系或财产关系（这只是生产关系的法律用语）发生矛盾。于是这些关系便由生产力的发展形式变成生产力的桎梏。那时社会革命的时代就到来了。随着经济基础的变更，全部庞大的上层建筑也或慢或快地发生变革"②。也即是说，随着社会生产活动的开展，生产力水平不断提升，与原有经济条件相适应的社会制度可能束缚生产力的进一步发展。因此，当生产关系难以适应生产力发展需要时，应积极变革旧有制度，建立符合当前生产力发展状况的新制度。

在传统生产力向新质生产力跃迁的过程中，由于生产关系的相对稳定性，各项体制机制可能无法及时调整以适应生产力发展新状况。因此，应当以马克思主义的生产力生产关系矛盾运动规律为指引，通过全面深化改革的方式变革束缚新质生产力发展的旧制度，以形成新型生产关系，为新质生产力提供更加广阔的发展空间。

3. 新中国成立以来我国生产关系改革完善的历史进程

发展是党执政兴国的第一要务，是解决我国一切问题的基础和关键。新中国成立以来，中国共产党为促进生产力发展进步，不断变革生产关系以充分激发社会生产活力。总体来看，新中国改革完善生产关系的历史进程大致可以分为以下三个阶段。

第一阶段是 1949 年至 1977 年，即清除封建社会的旧生产关系、确立社会主义公有制与计划经济体制的探索时期。1952 年 9 月，毛泽东根据当

---

① 卫兴华：《科学把握生产力与生产关系研究中的唯物史观——兼评"生产关系决定生产力论"和"唯生产力标准论"》，《清华政治经济学报》2014 年第 1 期。

② 《马克思恩格斯文集》第 2 卷，第 591—592 页。

时我国的生产力生产关系状况制定过渡时期总路线，要求在发展生产力的同时积极变革生产关系，即"逐步实现国家的社会主义工业化，并逐步实现国家对农业、对手工业和对资本主义工商业的社会主义改造"①，从而"使生产资料的社会主义所有制成为我国国家和社会的唯一的经济基础"②。在该路线的引领下，我国于1956年建立起以公有制为基础、以按劳分配为原则的社会主义基本经济制度，并于1957年提前完成"一五"计划，为恢复和发展社会生产力提供了良好条件。然而，由于党当时在开展社会主义建设方面缺乏经验、急于求成，自1958年起先后发动忽视经济规律的"大跃进"运动、盲目追求"共产"的人民公社化运动和将阶级斗争扩大化的"文化大革命"，犯了忽视生产力发展水平片面追求"一大二公"、人为"拔高"生产关系的错误。而且，这一时期放弃按劳分配原则，吃"大锅饭"的平均主义倾向更严重影响人民的生产积极性，阻碍了生产力发展水平的进一步提升。

第二阶段是1978年至2011年，即实行改革开放、探索和建立社会主义市场经济体制的新时期。1978年12月，党的十一届三中全会胜利召开，邓小平领导开展全面拨乱反正工作，并作出实行改革开放的伟大决策。此后，我国在农村地区实行家庭联产承包责任制，并推动国有企业改革，使以往为旧生产关系所束缚的生产活力得到逐步释放。1992年，党的十四大正式提出"建立社会主义市场经济体制"③的目标。1997年，党的十五大确立了"坚持公有制为主体、多种所有制经济共同发展的基本经济制度，坚持按劳分配为主体、多种分配方式并存的分配制度"④，充分调动了各方发展生产力的积极性。2002年11月，党的十六大提出"必须毫不动摇地巩固和发展公有制经济""必须毫不动摇地鼓励、支持和引导非公有制经

---

① 谢明干、罗元明：《中国经济发展四十年》，人民出版社1990年版，第6页。
② 中共中央文献研究室：《建国以来重要文献选编》第4册，中央文献出版社1993年版，第702页。
③ 《中国共产党第十四次全国代表大会文件汇编》，人民出版社1992年版，第22页。
④ 中共中央文献研究室：《十五大以来重要文献选编》（上），人民出版社2000年版，第808页。

发展"①，并"确立劳动、资本、技术和管理等生产要素按贡献参与分配的原则"②，进一步完善了已有生产关系。总体而言，这一时期，我国在坚持社会主义制度的前提下，不断调整生产关系以适应生产力发展新状况，促进了社会生产力的极大发展。

第三阶段是 2012 年至今，即全面深化改革、坚持和完善社会主义基本经济制度的新时代。2012 年 11 月，党的十八大重申"两个毫不动摇"，并强调"保证各种所有制经济依法平等使用生产要素、公平参与市场竞争、同等受到法律保护"③。2013 年 11 月，党的十八届三中全会开启了全面深化改革的新时代，强调以处理好政府和市场的关系为核心推动经济体制改革，开创了以公有制为主体，多种所有制经济共同发展的新局面。2019 年 10 月，党的十九届四中全会进一步把"按劳分配为主体、多种分配方式并存"及"社会主义市场经济体制"上升为基本经济制度，并于 2020 年 10 月召开的党的十九届五中全会上首次提出构建高水平社会主义市场经济体制的新战略目标。此外，习近平总书记还在 2020 年提出"加快形成以国内大循环为主体、国内国际双循环相互促进的新发展格局"④，以使我国的生产关系适应在新发展阶段促进生产力进步的新要求。

新中国成立七十余年的发展历程印证了马克思主义生产力理论的科学性，充分证明了生产关系要适应生产力状况才能推动生产力发展进步。因此，在发展新质生产力的关键历史时期，应当不断调整生产关系中不适应新质生产力发展的方面，以破除阻碍新质生产力发展的制度藩篱，让各类优质生产要素朝着发展新质生产力的目标顺畅流动，从而充分发挥新质生产力在应用新技术、发展新产业、重塑新动能等方面的突出价值。

---

① 江泽民：《全面建设小康社会　开创中国特色社会主义事业新局面——在中国共产党第十六次全国代表大会上的报告》，人民出版社 2002 年版，第 25 页。
② 江泽民：《全面建设小康社会　开创中国特色社会主义事业新局面——在中国共产党第十六次全国代表大会上的报告》，第 28 页。
③ 胡锦涛：《坚定不移沿着中国特色社会主义道路前进　为全面建成小康社会而奋斗——在中国共产党第十八次全国代表大会上的报告》，人民出版社 2012 年版，第 21 页。
④ 《习近平谈治国理政》第 4 卷，外文出版社 2022 年版，第 154 页。

二、新型生产关系与新质生产力相适应的内在逻辑

马克思在分析生产力时是将其与生产关系密切联系在一起的，他在强调生产力决定作用的同时，也指明了生产关系对生产力发展的反作用。在马克思主义生产力理论的引领下，习近平总书记结合我国生产力发展最新实际作出加快形成与发展新质生产力的战略决策。从理论逻辑来看，新质生产力的发展有赖于与其新特点、新要求相适应的生产关系。从历史逻辑考察，生产力的跃升既有赖于科技创新驱动，也离不开体制机制变革。习近平总书记强调，新质生产力"由技术革命性突破、生产要素创新性配置、产业深度转型升级而催生，以劳动者、劳动资料、劳动对象及其优化组合的跃升为基本内涵"①。目前，新质生产力已经在实践中形成并展示出对高质量发展的推动力、支撑力，②但与之相适应的新型生产关系却尚未完全建立起来，制约着新质生产力的进一步发展。因此，应当建立并完善有利于推动技术革命性突破、优化生产要素配置、促进产业现代化、培养新型劳动者的新型生产关系，以促进新质生产力进一步发展。

1. 技术革命性突破是加快形成和发展新质生产力的关键

新质生产力以高科技为突出特征，强调以关键性颠覆性技术突破驱动生产力质量与效能提升。在培育和发展新质生产力的进程中，科技创新具有主导性、引领性作用，是促进传统生产力向先进生产力跃升的底层驱动力量。究其本源，马克思主义认为，生产力是"人们在劳动生产中利用自然、改造自然以使其满足人的需要的客观物质力量"③。因此，生产力实现新旧更迭的理论前提在于人的这种物质力量，即劳动能力，始终处于发展变化之中。对此，马克思指出，"劳动生产力是随着科学和技术的不断进步

---

① 《加快发展新质生产力 扎实推进高质量发展》，《人民日报》2024年2月2日。
② 《加快发展新质生产力 扎实推进高质量发展》。
③ 徐光春：《马克思主义大辞典》，崇文书局2017年版，第58页。

而不断发展的"①。也即是说，科学技术是促使生产力实现持续性量变与阶段性质变的内在动因，将科技纳入生产力范畴符合客观历史规律。

沿着马克思强调科学技术推动社会生产发展的逻辑进路，习近平总书记对于新质生产力的界定也着重凸显科技创新在生产力跃迁过程中的主导作用。具体而言，新质生产力既不同于第一次工业革命之前由自然资源与人类劳动相结合而形成的传统生产力，也有别于第一次、第二次工业革命时期依托机器设备与产业资本而发展的新兴生产力，②是由数字智能技术的革命性突破催生的、适应新时代高质量发展要求与中国式现代化战略部署的先进生产力质态。

鉴于新质生产力的"技术－经济"特点，应积极调整现有生产关系，推动形成有利于促进科学发展与技术突破的体制机制，为培育新质生产力创造良好的制度环境。但目前，我国高等学校的学科设置还不够合理、人才培养模式还不够完善，适应新质生产力发展要求的高端科技人才还比较紧缺。而且，由于科学发展的渐进累积性与人才培养的长期复杂性，我国的原始创新、集成创新能力还有待提升，难以在短期内完全突破某些西方大国的技术封锁，仍然面临关键核心技术"卡脖子"难题。此外，现阶段我国的科技体制还存在科研管理制度不够合理、科技创新评价标准不够完善、知识产权保护机制不够健全、科研成果转化率较低等亟待改革之处，国有科研体系行政化、官僚化、效率低的问题仍然比较突出。这既影响科研人员开展创新活动的积极性，也不利于企业及时将新技术引进生产过程之中，是新质生产力培育过程中的突出堵点卡点。为此，应健全新型举国体制以充分调动各方力量进行关键核心技术攻关，并开展教育、科技、人才领域的综合改革，以适应发展新质生产力的要求。

2. 生产要素创新性配置是加快形成和发展新质生产力的必要条件

技术革命性突破是形成新质生产力的关键，但科学技术只有在与生产

---

① 《马克思恩格斯文集》第5卷，第698页。
② 《马克思恩格斯文集》第8卷，第5页。

活动紧密结合的过程中才能转化为物质生产力。虽然马克思承认科学技术是生产力进步的重要驱动力,但他也强调科学技术作为"社会发展的一般精神产品"[①]不具备独立的物质形式,因而只是一种潜在的物质生产力。科学技术要由精神生产力转变为物质生产力,必须与"劳动过程的简单要素",即劳动者、劳动资料和劳动对象相结合。[②]因此,从广义上来说,发展新质生产力所要求的科技创新并不限于技术系统本身的创新,更重要的是把科技成果引入生产过程所导致的劳动力、资本、知识等生产要素的优化与创新性配置。

在加快形成和发展新质生产力的过程中,一方面,关键性颠覆性技术突破的产生源于劳动者、劳动资料和劳动对象及其优化组合跃升,客观上要求劳动者成为集体力、知识与创新能力于一身的新型劳动者,劳动资料的内涵不断拓展、劳动对象的范围不断扩大;另一方面,关键性颠覆性技术突破要求调整生产组织方式与利益分配格局,以充分发挥政府、市场、社会等不同主体的积极作用,实现技术、资本、劳动等生产要素的创新性配置和生产效率的提高。

由此,拥有高素质、高技能的智力工人成为催生新质生产力的新型劳动者,由关键核心技术物化而成的高端精密仪器和智能设备成为培育新质生产力的新型劳动资料,新能源、新材料、数据信息等成为发展新质生产力的主要劳动对象。这种要素条件的改进和配置状况的优化促使全要素生产率大幅提升,传统生产力向新质生产力的跃迁得以逐步实现。

在调整生产组织方式与利益分配格局以提升要素配置效率、培育新质生产力的过程中,生产关系也必须不断变革、完善才能适应生产力的发展与生产方式的转变。具言之,发展新质生产力需要大量具有前沿知识、技术能力与创新思维的高素质人才,相应要求教育体制改革;资本将在发展新质生产力的政策导向之下更多流入科创领域,相应要求在管控风险的前

[①] 《马克思恩格斯全集》第48卷,人民出版社1985年版,第41页。
[②] 周文、许凌云:《论新质生产力:内涵特征与重要着力点》,《改革》2023年第10期。

提下充分发挥金融对于科技创新与新兴产业、未来产业发展的支撑作用；科技创新成果向新质生产力的转化需要与其他生产要素有机结合，相应要求建立高标准市场体系，让各类优质生产要素向着发展新质生产力的目标顺畅流动。

3. 现代化产业体系是加快形成和发展新质生产力的重要载体

新质生产力是充分发挥科技创新在物质生产活动中主导作用的先进生产力，其摆脱了传统的增长路径，符合产业转型升级与高质量发展的迫切要求。产业是生产力的具象化，生产力由低级向高级演化跃迁的历史进程突出表现为产业发展的不同阶段。新质生产力以高科技、高效能、高质量为突出特征，但正如马克思所指出的，"发明和发现在一些情况下是提高了劳动生产力（但在许多情况下也不见得是这样，世界上一切专利局的大量档案废纸就是证明）"[1]。也即是说，关键性颠覆性技术只有作为渗透性要素融入生产活动的每一个环节并与劳动等其他生产要素有机结合，才能转化为现实的新质生产力，进而提升经济运行效率。而且，只有现代化的产业体系才能有效承接由关键性技术突破而催生的新质生产力，否则这一先进生产力质态便将成为无本之木、无源之水。关于科技创新、生产力变革与产业发展之间的联系，习近平总书记也曾强调："创新必须落实到创造新的增长点上，把创新成果变成实实在在的产业活动。"[2] 由此可见，科技成果的产业应用将为生产力变革提供重要的载体平台。由于关键性颠覆性技术在生产过程中的广泛运用，旧有生产方式将发生全方位变革，新质生产力也将随产业现代化的深入推进而不断发展。

新质生产力同新兴产业、未来产业关联紧密，涉及技术含量高、发展前景广阔、机遇与风险并存的新领域，因此尤其需要与之相匹配的体制机制以及与之相适应的发展环境。在加快发展新质生产力的过程中，尽管政府是推动关键性颠覆性技术突破的重要力量，但科学技术向生产力的转化

---

[1] 《马克思恩格斯选集》第3卷，人民出版社2012年版，第603页。
[2] 《中央经济工作会议在北京举行》，《人民日报》2014年12月12日。

仍然需要依托高度开放的市场环境与稳固完善的产业链、供应链。当前，我国在科技创新领域仍然存在创新项目融资较难、企业准入门槛过高、行政审批流程复杂、产业政策落实不到位等突出问题，影响了作为市场主体的企业在培育新质生产力方面的活力与创造力。而且，我国的社会主义市场经济体制还不够完善，在一定程度上限制了高端科技通过市场高效对接产业创新，束缚了新质生产力的发展。

4. 新型劳动者是加快形成和发展新质生产力的第一资源

新质生产力以劳动者、劳动资料、劳动对象及其优化组合的跃升为基本内涵，① 因此，加快发展新质生产力需要高层次人才的支撑。劳动者、劳动资料和劳动对象这三个要素构成了生产力，其中劳动者的因素是最活跃、最能动、最革命因此也是最重要的因素。② 正如舒尔茨所指出的，"人类的未来不是预先由空间、能源和耕地所决定，而是要由人类的智识发展来决定"③。当前新质生产力的发展便很好地印证了这一判断。与传统的主要依靠物质要素投入的生产过程不同，代表未来发展方向的新质生产力以人类所取得的技术革命性突破为关键动能、以现代化产业体系为重要载体，而关键性技术突破与产业转型升级都高度依赖劳动者的人力资本与智力资本等非物质要素。可见，拥有高人力资本的新型劳动者是发展新质生产力的第一资源。

然而，当前我国的人才队伍还不够强大、结构还不够合理，高层次人才投身新质生产力领域的比例还不够高。在人才培养方面，启发式教育与职业教育尚不完善，具有较强创新能力与实践技能的专业人才比较短缺。在人才管理方面，尚未确立完善的评价体系、选拔方法与激励办法，人才的长期发展仍然受限。在人才流动方面，存在高素质人才因薪资待遇、工作强度等问题而流出的现象，且我国工作环境对外来人才的吸引力还较为

---

① 《加快发展新质生产力 扎实推进高质量发展》。
② 肖巍：《从马克思主义视野看发展新质生产力》，《思想理论教育》2024 年第 4 期。
③ 西奥多·舒尔茨：《论人力资本投资》，吴珠华等译，北京经济学院出版社 1990 年版，第 42 页。

有限，导致适应新质生产力发展需要的新型劳动者相对不足。因此，一方面，需要以教育、科技、人才体制的变革促进劳动者专业技能与综合素质的提升，以推动知识的创造、传播和产业应用；另一方面，需要完善产权、分配等制度安排，为人力资本所有者提供足够的激励，以激发其推动关键核心技术攻关与产业转型升级的主体能动性，从而促进新质生产力加快发展。

新质生产力是我国在新的历史条件下推动高质量发展的内在要求，其核心是创新、载体是产业。但现阶段，我国的劳动者技能提升、生产工艺改进以及生产要素组合方式优化等，在很多方面已经不能很好地适应社会生产力的发展状况，尤其是在实现关键性技术突破上存在着瓶颈制约。在这种情况下，遵循马克思主义的生产力与生产关系矛盾运动规律，加快形成适应技术革命性突破需要的新型生产关系，以破除束缚新质生产力发展的体制机制障碍，推动社会经济形态和发展阶段的更替，生产力质态的跃迁才能顺利完成。

三、加快形成新型生产关系的重要着力点

纵观人类社会的演进历程，生产力的长期发展与制度变革密切相关。适应生产力发展新状况的制度能够引领新技术的研发攻关与产业运用，是新质生产力发展的重要推动力。改革开放以来，我国经济社会发展取得重大成就，根本原因就在于通过深化改革不断完善生产关系以适应经济规律，激发社会生产活力与创造力。现阶段，形成和发展新质生产力不仅需要科技创新与产业创新，而且涉及发展方式转换与体制机制调整。如果不通过全面深化改革形成新型生产关系，便难以推动新质生产力的长期发展，这一先进生产力当中所蕴含的发展新动能也难以得到充分释放。原因在于，与传统生产力相比，新质生产力具有技术研发周期长、市场环境要求高、产业转型升级难、金融支持需求大、人力资本占比重等突出特点和要求。发展新质生产力的重要着力点在于推动实现关键性颠覆性技术突破，而重

大技术进步需要由政府和市场合力推动，需要以高质量教育培养高素质人才以及完善的金融服务与更加广泛的国际合作。因此，应从高水平社会主义市场经济体制、科技金融体制、教育科技人才体制、科技创新国际合作机制等方面着手，加快形成适应新质生产力发展需要的新型生产关系，以破除制度藩篱、疏通机制梗阻，打通束缚新质生产力发展的堵点卡点。

1. 加快构建高水平社会主义市场经济体制

发展新质生产力有赖于技术革命性突破、生产要素创新性配置及产业深度转型升级。因此，既要健全社会主义市场经济条件下的新型举国体制，为开展关键核心技术攻关提供制度支持，又要持续深化经济体制改革，以高标准市场体系为生产要素的优化配置与新兴产业、未来产业的发展创造良好条件。

其一，健全科技攻关新型举国体制，加快实现高水平科技自立自强。现代科学技术革命的本质是创新的体制化，推进现代科学技术革命要求建立健全国家创新体系。① 在以关键性颠覆性技术突破推动新质生产力培育和发展的过程中，要发挥中国特色社会主义集中力量办大事的独特优势，形成产学研用一体化发展的科技创新新型举国体制，以提升政府与市场协同开展关键核心技术攻关的体系化能力，顺利达成发展新质生产力的战略目标。一方面，由于新质生产力所依托的关键性颠覆性技术大多属于基础性、前沿性的，往往需要的研发投入比较多、回报周期比较长、不确定性风险比较大，因此，政府理应加快转变科技管理职能，助力关键核心技术攻关，在发展新质生产力的同时强化国家的战略科技力量；另一方面，发展新质生产力是涉及教育、科技、人才、产业等方方面面的系统工程，客观上要求以新型举国体制构建政府、企业、高校、科研机构等多元主体共同参与的科技攻关协同体系，以推动跨界合作和资源共享，实现关键核心技术研发自主化，为发展新质生产力提供充足动力。

---

① 包炜杰：《从"举国体制"到"新型举国体制"：历史与逻辑》，《社会主义研究》2021年第5期。

其二，持续深化经济体制改革，建立高标准市场体系。在加快发展新质生产力的过程中，要促进有效市场与有为政府的有机结合，以提升资源配置效率与治理效能。① 既应发挥好政府在推进技术攻关与产业发展过程中的引领性作用，也应充分发挥市场在资源配置中的决定性作用。具体而言，一方面，政府要在继续优化公共服务的基础上为科创企业提供财政支持与税收优惠，并通过出台产业政策等方式做好统筹协调与组织动员，引导各地结合自身产业基础与资源禀赋精准培育、发展新质生产力，避免一哄而上开展低效能重复建设；另一方面，应加快构建全国统一大市场以充分发挥规模效应与集聚效应，并不断完善市场准入、公平竞争、产权保护等市场经济的基础性制度，以促进技术、数据、人才等各类优质创新资源的畅通流动与高效配置，从而打通束缚新质生产力发展的堵点卡点。

2. 优化完善金融服务科技创新的体制机制

发展新质生产力需要开展关键核心技术攻关、推动现代化产业体系建设，而两者都需要充足的资金支持。因此，应畅通"科技—产业—金融"的良性循环，促进科技创新、产业升级与金融支持的深度融合，使金融资本服务于科技发展、科技发展服务于产业变革，共同助力加快新质生产力的形成与发展。

具体而言，应合理利用资本市场，为推动实现关键性颠覆性技术突破提供充足资金、管理潜在风险、优化资源配置。落实到体制机制层面，发展科技金融的制度安排尤其要重视政府的引导性投入，② 以科学的顶层设计与良好的制度环境激发各类主体发展科技金融的内生动力。一要推动建立政府领导下的金融机构与科研部门协调合作的工作机制，进而提升金融支持关键核心技术攻关的服务效能。二要完善知识产权保护、交易、转让机制与科技创新成果的产业转化机制，以激发金融资本支持关键核心技术攻关与产业转型升级的积极性，促进新质生产力由潜在形式向现实形式的转

---

① 周文、李吉良：《新质生产力与中国式现代化》，《社会科学辑刊》2024 年第 2 期。
② 洪银兴：《科技金融及其培育》，《经济学家》2011 年第 6 期。

化。三要建立健全科技创新成果评价机制与专利估值定价体系，积极探索知识产权资产化和资本化的制度路径，以引导和支持科创企业开展知识产权股本化、证券化、融资抵押、交易融资和租赁等活动[1]，从而拓展自身融资渠道。四要健全科创基金运作机制，完善让利机制、风险补偿分摊机制与顺畅退出机制，以使之支持战略性新兴产业和未来产业的发展。五要鼓励金融机构建立以企业创新能力为核心指标的融资评价体系，并执行差异化授信审批机制，从而提升科创企业进行信贷融资的便利性，调动其发展新质生产力的积极性。尤其需要指出的是，在发展新质生产力的过程中，民营企业是技术变革和创新的重要力量[2]，但当前我国民营企业融资难的问题依然存在，有必要通过金融体制改革进一步完善面向科创型民营企业的金融服务。

3. 推进教育、科技、人才领域的综合改革

习近平总书记在党的二十大报告中指出："教育、科技、人才是全面建设社会主义现代化国家的基础性、战略性支撑。"[3] 虽然新质生产力是由关键性颠覆性技术突破推动生产力发展而形成的，但科学技术进步本身需要由人才来推动，而人才的培育又在很大程度上依赖教育水平的提升。教育的目标除了发展文化以外，还可能会提高一个民族的工作能力以及管理各种事务的能力，而人的能力得以提高，又会增加国民收入。[4] 因此，在以新质生产力推动中国式现代化的战略导向之下，应统筹推进教育、科技、人才领域的综合改革，通过完善体制机制促进三者的协同配合、系统集成，从而形成产学研用深度融合的整体性制度框架，使之共同服务于科技创新、产业变革与新质生产力的发展。

---

[1] 彭绪庶：《新质生产力的形成逻辑、发展路径与关键着力点》，《经济纵横》2024 年第 3 期。

[2] 周文、司婧雯：《超越公与私之辩：论民营经济的二重性》，《政治经济学评论》2023 年第 3 期。

[3] 习近平：《高举中国特色社会主义伟大旗帜　为全面建设社会主义现代化国家而团结奋斗——在中国共产党第二十次全国代表大会上的报告》，人民出版社 2022 年版，第 33 页。

[4] 西奥多·舒尔茨：《论人力资本投资》，吴珠华等译，北京经济学院出版社 1990 年版，第 70 页。

在教育体制改革方面，要根据生产力发展新趋势优化高校学科设置与人才培养模式，以生产智力资本提升劳动者的人力资本，培育适应新质生产力发展需要的新型劳动者。其一，要以培养具备创新性思维和创造性能力的高素质人才为导向、以产教融合机制为依托，统筹推进基础教育、职业教育、高等教育与继续教育，为发展新质生产力提供掌握前沿技术、具备工匠精神的新型劳动者。其二，要以满足新质生产力发展需求为目标不断完善学科建设与专业设置机制。具体而言，应不断优化教育领域的顶层设计，构建与新质生产力发展需求相匹配的学科专业体系，通过加强基础学科、新兴学科与前沿交叉学科的协同建设形成多学科联动、共同推进重大科技创新的体制机制。

在科技体制改革方面，要不断完善科研管理体制，以良好的科技创新生态激发科研人员发展新质生产力的积极性。具体而言，应加强科研经费管理、课题项目组织、科研环境保障、知识产权保护、科研成果评价与转化等方面的制度建设，以协调好探索未知领域、前沿技术的基础研究与面向重大现实问题的应用研究，在开展关键核心技术攻关、增强原始创新能力的基础上推动科研成果的产业化应用，为发展新质生产力提供有力支持。

在人才体制改革方面，要建立并完善以创新创业能力为关键目标的人才培养与评价机制、以用人主体需求为核心导向的人才引进与使用方式、以市场调配为主要手段的人才流动方式、以收入分配为具体形式的人才激励机制，以提升人才培养与使用的整体成效，为加快发展新质生产力提供充足的新型劳动者。

4. 持续扩大高水平对外开放

纵观人类社会的历史演进，生产力发展历程与全球开放水平提升是高度吻合、高度同步的，并且伴随世界交流交融深度、广度、强度等的不断深化拓展，生产力传导延伸的场域得以拓宽，生产力演变迭代的周期得以缩短。[1]

---

[1] 黄群慧、盛方富：《新质生产力系统：要素特质、结构承载与功能取向》，《改革》2024年第2期。

因此，要实现加快发展新质生产力的战略目标，我国应在加强关键核心技术攻关以突破技术封锁的同时，以高水平对外开放加强与其他国家的技术交流与合作，为发展新质生产力营造良好国际环境。①

加快新质生产力的形成与发展有赖于技术革命性突破与产业体系现代化，技术研发和产品生产环节的复杂性、前沿性决定了发展新质生产力离不开国际合作。因此，一要建立健全新质生产力领域的开放合作机制，以发展新质生产力为导向制定投资及贸易自由化便利化政策，推行外商投资国民待遇原则与负面清单管理制度，适度放宽新质生产力领域的市场准入限制，提高利用外资的质量和水平，促进国内外科研机构与科技企业联合开展技术研发和产业化推广，以广泛运用创新资源、把握产业发展趋势，精准培育新质生产力。二要在继续扩大要素型开放的同时有序推进制度型开放，既应促进新质生产力发展方面的经贸规则、规制、管理、标准等逐步与国际对接，以使我国深度融入全球新一轮科技革命与产业变革的浪潮，提升产业现代化水平，增强在战略性新兴产业与未来产业方面的国际竞争力，又应在与国际高标准规则交流互动的基础上主动探索创设数字技术、生物医药、量子信息等新兴领域的规则标准，以实现技术研发、标准研制、产业推广的有效衔接，掌握发展新质生产力的主动权。三要完善教育、科技、人才领域的国际交流与合作制度，以加强国内外技术要素与人力资源的整合互动，集中力量突破"卡脖子"技术难题，同时为我国发展新质生产力提供掌握世界前沿知识与先进技术的新型劳动者。

[本文系为研究阐释党的二十大精神国家社会科学基金重大项目"构建高水平社会主义市场经济体制的目标与重点任务研究"（23ZDA030）、教育部哲学社会科学研究重大专项项目"习近平经济思想的萌发、实践来源与重要特征研究"（2024JZDZ005）阶段性研究成果。本文源自《政治经济学评论》2024年第4期]

---

① 《加快发展新质生产力　扎实推进高质量发展》。

加快形成与新质生产力相适应的新型生产关系

蒲清平[*]

立足新一轮科技革命和产业变革，习近平总书记提出"新质生产力"的重大概念，强调发展先进生产力的必要性与紧迫性。高质量发展需要科学理论的指导。2023年9月，习近平总书记在黑龙江省考察调研时指出，要"整合科技创新资源，引领发展战略性新兴产业和未来产业，加快形成新质生产力"[①]。2024年1月，在二十届中央政治局第十一次集体学习中，习近平总书记将新质生产力界定为"创新起主导作用，摆脱传统经济增长方式、生产力发展路径，具有高科技、高效能、高质量特征，符合新发展理念的先进生产力质态。"[②] 2024年3月，习近平总书记在参加十四届全国人大二次会议江苏代表团审议时强调："要牢牢把握高质量发展这个首要任务，因地制宜发展新质生产力。"[③] 对新质生产力的内涵要义、主要特征的诠释，在理论上构筑了马克思主义生产力理论中国化时代化的新里程碑，在实践上为我国塑造发展新动能、新模式、新优势指明了前行方向。如何发展新质生产力由此成为全社会关注的焦点。生产力与生产关系是政治经济学的两大基本范畴，生产力决定生产关系，生产关系能动地反作用于生

---

[*] 蒲清平，重庆大学马克思主义学院教授。
[①] 《牢牢把握在国家发展大局中的战略定位 奋力开创黑龙江高质量发展新局面》，《人民日报》2023年9月9日。
[②] 《加快发展新质生产力 扎实推进高质量发展》，《人民日报》2024年2月2日。
[③] 《因地制宜发展新质生产力》，《人民日报》2024年3月6日。

产力。新质生产力是"由'高素质'劳动者、'新质料'生产资料构成，以科技创新为内核、以高质量发展为旨归，适应新时代、新经济、新产业，为高品质生活服务的新型生产力。"① 新质生产力作为区别于传统生产力的先进生产力质态，必然要求生产关系的转变与革新，只有加快形成与新质生产力相适应的新型生产关系，才能够真正有利于新质生产力的生成与发展。

一、加快形成新型生产关系的必然逻辑

加快形成与新质生产力相适应的新型生产关系，既是生产力与生产关系矛盾运动规律的客观要求，也是妥善处理生产力与生产关系二者关系的历史经验的科学启鉴，更是以生产关系变革推动形成新质生产力的现实诉求。

1. 理论逻辑：对生产力与生产关系矛盾运动规律的根本遵循

马克思主义将目光集中于人类社会的变迁与演进历程，揭示出生产力与生产关系矛盾运动规律。马克思与恩格斯认为："人们所达到的生产力的总和决定着社会状况"②，生产力从根本上决定着生产关系，与生产力的一定发展阶段相适应的生产关系的总和构成经济基础，而经济基础又决定着政治制度、法律体系、思想观念等上层建筑。当生产力发生变化时，"人们改变自己的生产方式，随着生产方式即谋生的方式的改变，人们也就会改变自己的一切社会关系"③，这种社会生产关系的变化将诱发经济基础的变化，使树立其上的上层建筑发生变革，从而引致社会形态的更迭。诚然，在总体趋势上，生产力主导着生产关系，并以此为中介对社会进行整体性形塑，但是，不能否认生产力和生产关系之间其实"有着十分复

---

① 蒲清平、黄媛媛：《习近平总书记关于新质生产力重要论述的生成逻辑、理论创新与时代价值》，《西南大学学报（社会科学版）》2024 年第 1 期。
② 《马克思恩格斯文集》第 1 卷，人民出版社 2009 年版，第 533 页。
③ 《马克思恩格斯文集》第 1 卷，第 602 页。

杂的关系，有着作用和反作用的现实过程，并不是单线式的简单决定和被决定逻辑"①。

生产关系通常无法立即实现同生产力的"对齐"。随着生产力发展到一定阶段，它将与曾经同它相适应的现存的生产关系产生矛盾，这时，现存的生产关系将转变为生产力发展的阻碍和桎梏，只有改变现存的生产关系，代之以适合于生产力状况的新生产关系，使生产力和生产关系之间的关系在由"基本适合"走向"不适合"后，再度走向"基本适合"，实现螺旋式跃变，才能够确保生产力获得解放，为社会输送强大的前进动力。因此，发展新质生产力，必然需要调整现存的生产关系，加快形成与新质生产力相适应的新型生产关系，这是对生产力与生产关系矛盾运动规律的根本遵循。

2. 历史逻辑：对妥善处理生产力与生产关系二者关系历史经验的吸收借鉴

生产力与生产关系的矛盾运动是社会发展的根本动因，妥善处理生产力与生产关系二者之间的关系一直是贯穿人类社会政治经济发展史的重要向度。纵览资本主义发展史，资产阶级在推翻封建社会的过程中发挥过革命性作用，封建的所有制关系的解体为生产力的解放提供了良好的条件，促使资产阶级利用不足一百年的时间创造出"比过去一切世代创造的全部生产力还要多"的生产力②，加速了人类社会由农耕文明向工业文明的过渡。随着生产力的发展，生产的社会化程度不断提高，客观上要求由全社会占有和支配生产资料，以促进国民经济有序运行。然而，由于资产阶级力图"使整个社会服从于它们发财致富的条件"③，以资本主义私有制为基础的资本主义生产关系长期对社会生产行使绝对主导权，导致社会生产经常陷入盲目扩张的无政府状态，从而引发周期性生产过剩危机，屡屡造成

---

① 习近平：《坚持历史唯物主义不断开辟当代中国马克思主义发展新境界》，《求是》2020年第2期。
② 《马克思恩格斯文集》第1卷，第36页。
③ 《马克思恩格斯文集》第1卷，第42页。

社会生产的被迫停滞和生产力的严重破坏。

社会主义作为必然会战胜和取代资本主义的社会制度，有效地破解了这一难题。在新中国成立初期，随着国民经济的恢复和工业化的开启，以个体私有制为基础的农业、手工业和资本主义工商业日益同生产力的发展要求相抵触，为化解工业化和私有制之间的矛盾，我国从这三大领域入手进行生产资料所有制的社会主义改造。但是，由于对社会主义发展阶段作出超前性误判，"三大改造"倒向单一公有制，未能使生产关系满足生产力的发展要求，在一定程度上压制了生产力的活力。改革开放后，我国坚持以"是否有利于发展社会主义社会的生产力"为根本标准，通过优化所有制结构，建立健全社会主义市场经济体制，改革完善分配制度、企业制度和金融制度等手段，推动生产关系适应生产力的发展要求，进而使生产力在40多年间完成质的飞跃。历史从正反两方面证明，只有妥善处理生产力与生产关系之间的关系，使生产关系适应生产力，生产力的蓬勃发展才能够实现。因此，要培育和释放新质生产力，必须高度重视和着力推动生产关系的良性变革，加快形成与新质生产力相适应的新型生产关系。

3. 现实逻辑：对我国的生产关系尚未充分适应新质生产力现实问题的正面回应

习近平总书记强调："发展新质生产力是推动高质量发展的内在要求和重要着力点。"[①] 新质生产力作为拥有新内部结构、沿循新发展模式、需要新发展动力的高端生产力，呼唤与之相适应的新型生产关系。然而，我国当前的生产关系中还存在诸多同新质生产力发展要求不相适应的地方。

在资源配置方面，行政性干预有时"越位"，限制市场在资源配置中发挥决定性作用，可能影响向新质生产力发展领域进行资源配置的迅捷性和准确性。在劳动组织方面，劳动者教育体制创新性与科学性不足，阻碍劳动者有效认识和运用各类新兴劳动资料和劳动对象；劳动者的主体地位未得到充分重视，人与物以及人与人在劳动过程中的结合运作模式不尽合理，

---

① 《加快发展新质生产力　扎实推进高质量发展》。

难以为新质生产力的发展提供坚实支撑。在财富分配方面，创新型人才激励机制不够健全，创新型人才的劳动报酬在初次分配中的比重有待提高，部分创新型人才的收入与贡献脱钩，无法获得同贡献相匹配的收入；针对创新型人才的社会福利保障面临总量不足、分布失衡、结构单调等窘境，制约了创新型人才以创新推动新质生产力发展的主动性。在社会消费方面，供给侧结构性改革不够彻底，绿色产品量与质的双重提升遭遇瓶颈，叠加绿色消费促进政策和配套措施尚未完善，束缚了社会成员以绿色消费刺激绿色生产从而驱动新质生产力发展的潜力。这些生产关系制约新质生产力的形成。必须尊重新质生产力的发展要求，对生产关系进行改造和革新，加快形成与新质生产力相适应的新型生产关系，为高质量发展注入新动能。

二、新型生产关系的应然样态

生产力决定生产关系，生产关系一定要与生产力状况相适应。为赋予新质生产力以充分的发展空间和动力，应当厘清是哪些方面的生产关系在影响新质生产力的发展，才能建立与新质生产力相适应的新型生产关系。

1. 新型资源配置方式

资源配置方式作为按照一定的目的和计划，对劳动者、资金、技术以及实体型和非实体型劳动资料与劳动对象等人力资源、物质资源、知识资源和数字资源进行筛选、调度和投放的手段集合，在很大程度上影响着生产力发展的实际成效。新质生产力是资源向心集聚、协作配合与交融转化的结果，优化资源配置方式，确保资源合理高效配置，是加快形成新质生产力的重要前提。

一是灵活型资源配置方式。灵活型资源配置方式要求提升资源流动的顺畅性。新质生产力是生产力在大量颠覆性技术交叉联动、诸多高端化产业勃兴融合的条件下才能够达到的高级形态，需要以来源广泛、类型丰富的资源为支点与底座。使各种资源能够顺利地流向新质生产力，是新质生产力获得能量供应、实现拔节生长的基础性环节。必须增进资源配置方式的灵活性，保障资源的有序顺畅流动，防止资源陷于僵化固化而无法同新质生产力链接并发挥作用。

二是精准型资源配置方式。新质生产力拥有众多细分领域，如果忽视它们的资源需求差异性，在资源配置时模糊化、随意化操作，导致供需的错位与脱节，那么资源将遭遇闲置与浪费，难以推动新质生产力的发展。因此，必须对标对表新质生产力的各个细分领域的需求，将与之耦合的人力、物质、知识和数字等科技创新和产业创新资源进行精准配置，从而以人才链、资金链、创新链和产业链的有效衔接推动形成新质生产力。

2. 新型劳动组织方式

劳动组织方式是劳动者在参与劳动的过程中，同劳动资料和劳动对象相结合、同其他人相结合而形成的"人－物"关系形态与"人－人"关系形态的总和，它会对劳动者的劳动实践产生结构性影响。劳动者是生产力中最活跃的因素，发展新质生产力，归根结底要依靠劳动者的劳动实践。只有改进劳动组织方式，承认劳动者的中心地位，确保劳动者能够充分发挥主体性、积极性和创造性，才能够使劳动者为新质生产力的发展输送动力。

一是学习型劳动组织方式。人是人类历史的真正主体，新质生产力依赖于劳动者的主体性。随着科技创新对劳动场域的广泛渗透，大量新兴劳动资料和劳动对象加速涌现，发展新质生产力要求劳动者学会利用新兴劳动资料和劳动对象，否则，劳动者的主体性将遭到抑制。为此，必须搭建辅助劳动者投身于学习的支架，帮助劳动者不断提高对新兴劳动资料和劳动对象的认知力和掌控力，以更加完备的知识体系和技能体系驾驭先进的生产资料，盘活新质生产力。

二是平等型劳动组织方式。毛泽东同志认为："人与人的平等关系一旦建立起来，蕴藏在人民群众中的劳动热情、生产积极性就会解放出来，成为无穷无尽的力量。"[①] 劳动者的积极性与人际生态高度相关，必须摒弃统

---

① 中共中央文献研究室：《毛泽东传》第 4 册，中央文献出版社 2011 年版，第 1752—1753 页。

治式、压迫式劳动等级关系，建立以相互尊重为基础的平等关系，承认和强调劳动者的主人翁地位，以主体性激发劳动积极性。

三是合作型劳动组织方式。发展新质生产力是一项具有创新性、艰巨性和复杂性的系统工程，需要劳动者发挥集体创造性，必须建立合作型组织，开展具有组织性的科研和创新活动，引导劳动者在信息共享、知识传递、观点交流、技能互补中协同合作，实现创造性的叠加、倍增与升维。

3. 新型财富分配方式

财富分配方式是以一个或者数个劳动生产周期为计量节点，按照一定的原则、标准和比例，在个体以及群体之间进行财富分发的具体机制与方法。"人们为之奋斗的一切，都同他们的利益有关"①，财富分配方式作为利益分配的重要依托与枢纽，会在社会生产范围内影响各类劳动者的劳动观念与劳动行为，从而影响生产力的发展水平。新质生产力以创新为主导，需要由科技创新、管理创新、教育创新等构成的创新矩阵提供支撑，而创新型人才是创新的主力军。所以，在财富分配时，必须突出尊崇创新、激励创新型人才的导向，对取得重大成果和作出重要贡献的创新型人才予以财富分配倾斜，使创新型人才获得鼓舞，提升自我效能感，进一步增强创新的主动性和积极性，为发展新质生产力贡献不竭的智慧。

4. 新型社会消费方式

社会消费方式是社会成员出于满足自身诸种需求的原因，在选择、购置和使用产品时表现出的思想倾向和行为倾向。虽然，是生产"创造出消费的材料"②，没有生产就没有消费，但是，消费也"创造出新的生产的需要"③，是左右生产的重要推手。在经济活动中，为制造具备市场竞争力的产品，生产主体往往会密切关注和及时跟进社会消费方式的变化趋势，据此部署和调整生产的内容、计划、工艺和流程，从而影响生产力的发展。社会消费方式对社会生产具有较强的介入能力，是影响新质生产力发展的

---

① 《马克思恩格斯全集》第1卷，人民出版社1995年版，第187页。
② 《马克思恩格斯文集》第1卷，第15页。
③ 《马克思恩格斯文集》第1卷，第15页。

重要变量。新质生产力"本身就是绿色生产力"①，如果社会成员能够形成绿色消费方式，那么将有助于倒逼生产主体投入绿色生产，沿着资源节约型和环境友好型的道路进行技术迭代、产品开发、产业改造，推动形成新质生产力。

三、加快形成新型生产关系的实践进路

"世界不会满足人，人决心以自己的行动来改变世界。"② 新型资源配置方式、新型劳动组织方式、新型财富分配方式和新型社会消费方式是与新质生产力相适应的新型生产关系，必须坚持问题导向，遵循客观规律，在实践中加快形成与新质生产力相适应的新型生产关系。

1. 坚持效能导向，优化资源配置方式

增强资源配置的灵活性与精准性，使资源的效能得到充分发挥，是支撑新质生产力形成的基础。一要处理好政府和市场的关系，大力构建高水平社会主义市场经济体制，发挥有效市场在资源配置中的决定性作用，利用具有高度敏感性的市场机制推动资源高效准确配给；同时发挥有为政府的宏观调控作用，依靠集中力量办大事的新型举国体制优势，向风险系数高、风控难度大、投资回报低但是却关乎国计民生的新质生产力发展领域调动各种必需资源。二要排查、更改和废除带有地方、行业与部门保护主义色彩的规则和制度，完善能源、交通、通信等类型的基础设施建设，打破妨碍资源跨地域、跨行业、跨部门顺畅流动的无形壁垒与有形障碍。三要在大数据、云计算、物联网、区块链、人工智能和数字孪生等先进技术的协助下，建立健全资源供需智慧化监测与反馈平台，实现对资源供给去向、资源需求缺口等信息的实时性分析与呈现，为政府和市场提供科学的资源配置决策依据。

---

① 《加快发展新质生产力 扎实推进高质量发展》。
② 《马克思恩格斯文集》第 1 卷，第 183 页。

2. 坚持人本导向，改进劳动组织方式

尊重劳动者的主体地位和在生产力发展中扮演的中心角色，通过促进学习、保障平等和推动合作，改善对劳动者的劳动实践具有显著影响的"人－物"关系与"人－人"关系，使劳动者能够有效提升和释放自身的主体性、积极性和创造性，是发展新质生产力的重要抓手。一要时刻追踪国内外科学研究、技术创新和产业变革的最新进展，以及由此引生的新知识、新理论、新应用和新工具，根据劳动者的专业领域和岗位职责，提供定制化进修培训机会，帮助劳动者在学习中与时俱进地增强适应和运用新兴劳动资料和劳动对象的能力。二要明晰形成和巩固平等型劳动关系的目标，在法律层面观察和溯源劳资矛盾的新变化与新诱因，完善同劳动者权益保护相关的法律法规并加大执行力度，使保护劳动者免遭不平等对待的法治结构得到优化，在用人单位层面制定和实施反歧视、反霸凌政策，营造和谐包容、人人平等的职场文化氛围。三要创设崇尚集思广益、倡导群策群力的合作环境，搭建主体多元、沟通顺畅、保障充分、安全可靠的合作平台，形成聚焦需要设立项目、围绕项目建设团队、依托团队集智攻关的合作机制，使劳动者得以组织起来、开展协同创新。

3. 坚持创新导向，完善财富分配方式

完善激励体系，以财富的合理分配激发创新型人才长期从事创新的热情，是向新质生产力传送强大动能的关键通道。一要实行有助于体现创新贡献率价值的初次分配机制，在企业、高校和科研院所进行薪酬体系改革，以创新型人才的创新贡献率为薪酬计算和发放的核心参考，将薪酬与贡献紧密挂钩，为实现边际薪酬的稳定增长提供可靠保证，使创新型人才的劳动付出得到应有的肯定与回报，防止"劳者不获""多劳少得"等怪象的发生。二要实行有助于促进创新意愿和创新活动生产与再生产的再分配机制，完善创新成果转化激励体系，利用加强知识产权保护、落实股权与分红奖励和提高税收减免力度等手段，确保创新型人才通过推动创新成果由理论建构、实验验证转向产业化开发和市场化应用，获得较为可观的经济收益；建立多元化福利保障体系，立足生活与工作等多重角度，综合考察创新型人才的实际需求，帮助创新型人才在住房安居、医疗康养、子女教育、终身学习和创新条件改善等方面获得充分支持，化解后顾之忧。

4. 坚持绿色导向，变革社会消费方式

推动社会成员形成绿色消费的倾向，是催生新质生产力的必要环节。一要发挥生产对消费的规定性作用，在统筹经济发展要求和社会消费需求的基础上，持续推动供给侧绿色改革，促使节能型、环保型、低碳型绿色产品趋向规模扩大、品类增加、质量提升，实现对消费时空的占有与塑造，从而使社会成员不断嵌入绿色消费场景。二要出台鼓励绿色消费的引导政策和配套措施，通过提供价格补贴、税收优惠、配齐相关服务和软硬件设施，吸引社会成员进行绿色消费。三要以符合社会成员的认知特点和审美偏好的形式，对绿色消费理念的内容和要求作出创新性诠释与呈现，利用线上线下全媒体渠道加以宣传和推广，驱动绿色消费理念入脑、入心。

［本文系中央高校基本科研业务费"伟大建党精神融入思想政治教育的逻辑与路径"（2022CDJSKZX03）阶段性研究成果。本文源自《国家治理》2024年第9期］

以新型生产关系推动新质生产力发展

刘志彪[*]

习近平总书记在二十届中央政治局第十一次集体学习时强调指出,"发展新质生产力,必须进一步全面深化改革,形成与之相适应的新型生产关系"。新质生产力是大量运用大数据、人工智能、互联网、云计算等新技术与高素质劳动者、现代金融、数据信息等要素紧密结合而催生的新技术、新价值、新产业、新动能,这种具有革命性、"毁灭性"、创新性的进步,尤其需要有与之匹配的新型生产关系来保障。为此,习近平总书记提出,要深化经济体制、科技体制等改革,着力打通束缚新质生产力发展的堵点卡点,建立高标准市场体系,创新生产要素配置方式,让各类优质生产要素向发展新质生产力顺畅流动。显然,习近平总书记是把体制机制中存在的问题作为束缚新质生产力发展的主要堵点卡点。推动新质生产力加快发展,既是提升发展速度的问题,也提出了改革的命题。从我国改革开放40多年来的发展历程与经验看,只有进一步改革开放,不断调整旧的生产关系、塑造新型生产关系,才能破除制约生产力发展的思想障碍和制度藩篱,让一切劳动、知识、技术、管理、资本的活力竞相迸发,让一切创造社会财富的源泉充分涌流。

一、塑造新型生产关系是推动新质生产力发展的根本

根据马克思主义基本原理,生产关系反作用于生产力,不断变革与创

---

[*] 刘志彪,南京大学长江产业经济研究院院长、博士生导师,江苏省习近平新时代中国特色社会主义思想研究中心特约研究员。主要研究方向为产业经济学、中国经济。

新生产关系，是解放与发展生产力的主要途径。实践证明，不适应新质生产力发展要求的生产关系，是发展新质生产力最大的堵点卡点；打通束缚新质生产力发展的堵点卡点，关键在于破除旧的生产关系的束缚，创新性地重塑新型生产关系，以此不断地激发新技术涌现，进而推动新质生产力的发展。对这个总体性结论，我们首先要从构成生产关系的主要因素入手，具体分析这些因素对新质生产力发展的影响机制或决定作用。

对马克思主义经典著作中的生产关系范畴，一般有狭义和广义两种理解。狭义的生产关系，指的是直接生产过程中的各种关系，如生产资料归谁所有，劳动者和生产资料的关系及其结合方式等，这是生产关系中的根本问题；广义的生产关系又称经济关系，包括生产、分配、交换、消费、投资等一系列过程中产生的经济关系。生产关系反作用于生产力的原理启示我们，各种形式的生产关系，如果不能及时根据新质生产力发展的要求进行调整并塑造新型的生产关系，理论上都有可能成为发展新质生产力的堵点卡点。不过，最根本的新型生产关系的调整与重塑，还是在于对生产资料所有制的制度设计与重构。

第一，从驱动发展的引擎看。财产所有权关系决定了为谁生产、谁来生产、生产给谁、由谁决策与监督等一系列生产力发展的基本问题，规定了生产、分配与交换等再生产过程的基本结构。如果从一开始产权隶属关系就划分不清楚、不明晰，这些关于生产的一系列基本问题就类似于没有"扣好第一粒纽扣"，直接生产过程以及后续的分配、交换、消费、投资等活动就会发生混乱，经济运行自然就不会有效率。"无恒产者无恒心"，产权关系模糊，模糊的拥有者就不会有长期的行为机制。因此，生产资料所有关系不仅在生产关系中占有决定性的支配地位，而且其制度设计直接决定了生产力发展的水平与进步的速度。任何违反这个制度设计原则的实践活动，都会成为发展新质生产力的堵点卡点。

第二，从企业组织关系看。所有权的组织方式与形态，决定着社会生产的组织方式以及生产力发展格局。业主制的企业所有权方式，天然就与工厂手工业这种相对低下的生产力方式相联系。而股份制却适合于现代化的机器生产方式，具有倍乘的生产力效应。对此马克思举的著名例子是："假如必须等待积累使某些单个资本增长到能够修建铁路的程度，那么恐怕直到今天世界上还没有铁路。但是集中通过股份公司，转瞬之间就把这件事完成了。"① 这表明，19世纪50年代股份公司形式的所有权组织方式的出现，在当时就已经是发展资本主义社会生产力的"强大杠杆"，对资本主义国家国民经济"迅速增长的影响恐怕估价再高也不为过"②。

第三，从要素重心的演变看。在当今技术革命的背景下，劳动、技术、知识等要素的地位，相对于物质资本来说变得更为强势，它们对生产力的作用方式也发生了根本性变化，因此，产权制度要根据要素间的关系及其结合方式的变化进行相应的变革，特别是要突出知识技术人力所有权制度的安排。具体地看，人类社会迄今为止已经经历了以"马力—电力—网力—算力"为特征的四次工业革命。在前三次工业革命中，生产要素结构的重心和生产力发展的决定因素都主要是物质资本，因此，无论什么所有制形式，都要强调物质资本的第一性作用，是"资本"雇佣"劳动"，资本取得剩余索取权。世界各国实践证明，所有违反这个制度设计原则的实践活动，都会碰得头破血流、失败而归。但是，在以"算力"为基本特征的第四次工业革命中，智能化技术占据了主导地位，各种算法、算力、数据等都密集地含有人类技术、知识的劳动，由此人力资本上升为新质生产力的第一性要素，数据等也成为重要的生产要素。③ 这种只有少数顶尖人才方能胜任的智力游戏，无论是对我们的教育体制、科技体制，还是对人才激励的方式、制度，都提出了前所未有的挑战。因此，在企业的所有权制度和企业组织形式的设计中，就必须根据"资本"寻找"劳动"的这种要素地位的根本性转变，让劳动尤其是技术知识劳动占据主体地位，使其取得一定甚至是主要的剩余索取权。如若不能适应新质生产力发展潮流，固守

---

① 《马克思恩格斯全集》第2卷，人民出版社2005年版，第254页。
② 《马克思恩格斯全集》第12卷，人民出版社1998年版，第609页。
③ 有学者认为，智能化技术和机器将逐步成为社会生产力的核心，社会生产关系的核心也必将被智能化技术和机器之间的关系所取代。相对过去的生产关系是人与人之间的关系，新型生产关系中要加上智能化技术和机器的因素，这也是新型生产关系的最基本特征。

旧资本时代的所有权安排法则，就会成为禁锢新质生产力发展的主要障碍。

第四，从分配关系看。虽然有什么样的所有制就有什么样的分配关系，但是如果所有制关系一经界定，既有的分配关系就会强烈地反作用于生产力。一是从微观角度看，在短期内，分配制度创新与否决定经济效率。如都是全民所有的国有企业，但如果分配制度不同，或一家进行分配改革，另一家维持大锅饭制度，那么不难想象只有那个实施"多劳多得"分配制度改革的企业，才会有较高的效率；分配制度一旦固化并缺少弹性，"按劳分配"就有可能蜕化为"按酬付劳"，即给多少钱出多大力。二是从宏观角度看，在过去的前三次工业革命过程中，分配制度的重心向资本所有者倾斜，劳动者处于相对弱势的地位。在这种"资本/劳动"势力对比非均衡格局下，除了劳动者受压制、积极性不高外，宏观上容易出现需求不足和产能过剩，不利于经济结构的均衡，从而破坏生产力发展的基础。三是从以"算力"为基本特征的第四次工业革命要求看，如果对智力劳动者的价值不进行充分的市场化评估，并让其进入企业资产负债表，如果不对其使用进行折旧或提取一定的补偿费用，如果不让其分享剩余索取权，那么我们的分配制度就不能很好地适应以智能化技术为特征的新质生产力发展的要求，其后果必然是分配机制成为禁锢新质生产力发展的主要堵点卡点。

第五，从直接生产过程中的其他经济关系看。如果不能及时调整它们与新质生产力的配合关系，或对其关系处理不当，都会反作用于新质生产力并成为新的堵点卡点。在马克思主义生产力生产关系理论的语境下，直接生产过程中的其他经济关系有很多，不同的关系适应于不同的社会经济形态，如果不适合的话就会发生社会形态的变迁，如共生关系适应于生产力极其低下的原始社会；奴隶社会是把劳动者当工具使用的隶属关系；受困于土地的依附关系是小生产方式的封建社会的特征；大机器生产的资本主义社会的性质是雇佣关系，结果是资本对劳动的剥削；共益、共享和合作关系则是社会主义社会的显著特点。显然，在发展新质生产力的背景下，人们在财富生产创造过程中适用于合作、共益、共享关系，而不是压榨、剥削等掠夺关系。否则从经济上看，即使是社会主义制度，也解决不了周期性的生产过剩、经济衰退问题。党的十八届五中全会将共享发展作为新发展理念之一，并强调"坚持共享发展，必须坚持发展为了人民、发展依靠人民、发展成果由人民共享，作出更有效的制度安排，使全体人民在共建共享发展中有更多获得感，增强发展动力，增进人民团结，朝着共同富裕方向稳步前进"。

显然，为了通过生产关系的创新推动新质生产力发展，就要对一切可能阻碍新质生产力发展的旧的生产关系形态进行调整、改革与创新。其中至少有以下五个方面。

一要改变旧的资本制度与政策。旧的资本制度与政策只承认物质资本的剩余索取权，不承认知识资本、技术资本、人力资本的所有权地位。这完全不符合第四次工业革命浪潮下人工智能技术等的第一生产力地位。为此，首先要在产权制度上进行大胆创新与改革。如在科技型企业中，让主要的骨干科技人员掌握企业的主要或大部分股份，使其具有相应的决策权力与分配权力；要对现有的科技依赖性企业进行股权制度改造，以让渡适当比例的企业股份来吸引全球优秀科技人才；要对现有的专利分享制度进行改革，对各种因职务发明成果转让而获取的收益，给主要的发明人以较大比例的利益激励；不仅要允许固定资本提取折旧，也要允许对人力资本估值并提取"折旧"费用，用于后者的进一步学习、进修与培训，等等。

二要改变对服务业的歧视政策。第四次工业革命下知识劳动创造价值的规律，绝大部分要在现代服务业中体现出来。歧视服务业发展的各种政策会阻碍知识密集型服务业发展的空间，不仅抑制新质生产力发展的潜力，而且影响就业与社会稳定。为此，需要在思想观念、统计体系、产值投资偏好、税费政策、土地政策、价格管制等方面，全面清理歧视服务业发展的不合理政策。

三要改变不利于新型生产力发展的就业观念与政策。智能化时代，制造业只能是提高技术与效益的部门，不能承担就业"蓄水池"的重任，这个责任只能交给服务部门。随着传统的劳动部门、劳动岗位、劳动方式等不断地被智能化机器所取代,劳动力市场的结构也发生了根本性变化,大部分机械性、重复性和专业技能水平较低的劳动者职业,都要被智能机器取代,由此可能成为社会的弱势阶层和低收入者。未来我们的就业政策要根据这种结构分化趋势,考虑如何通过税收、社会保障等手段减少不平等,同时要加强对低技能劳动力在智能机器时代的培训、援助与帮助。

四要改变导致市场规模狭小的一切不合理的制度与政策。智能化机器生产所具有的无穷大的生产能力,要求有能够消纳这些生产能力的巨大市场,否则就会发生严重的过剩危机。为此,需要以劳动者为中心,提升国民的收入水平、生活水平、消费水平与福利水平,加强劳动者的法律与制度保护,以此推动统一大市场建设,利用中国超大规模市场的优势拉动新质生产力成长。当前制约全国统一大市场建设的阻碍因素,除了居民收入端的问题外,还有体制机制方面的因素,如市场分割和政府保护等,必须坚决予以破除。

五要改变可能导致收入分配状态严重失衡的制度与政策。在第四次工业革命的背景下,要考虑三种不利于收入分配均衡的力量:一是智能化技术的巨量的资本投入,意味着分配会继续倾斜于物质资本所有者;二是智能机器生产的率先进入者会拥有一定的垄断优势,享受市场集中所带来的巨大利益;三是能够胜任人工智力游戏的少数顶尖人才,可能在争夺剩余索取权的博弈中获得巨大利益。由此可以断言,智能机器时代的产权和社会财富,可能会因为更高级别的人工智能、互联网技术的出现,反而被更加集中化。这意味着我们需要研究制定适合于新质生产力发展的新型收入分配制度。

二、以新型生产关系推动新质生产力发展的堵点卡点

以人工智能化为基本特征的第四次工业革命,不同于前三次工业革命,它不是以非自然力替代人力,而是以非自然力来替代人的脑力,人类在体

力和脑力劳动中越来越被人工智能边缘化，越来越不占有主体地位。① 由此凸显人工智能技术与智能机器在发展新质生产力中突出的、重要的地位。如果不能突破人工智能技术的障碍，不仅发展新质生产力会成为一句空话，而且也将无法把握此次全球工业革命为实现中国式现代化带来的巨大机遇，从而拉开中国与发达国家之间的距离。

突破人工智能技术的各种障碍，首先要解决的是技术"卡脖子"这个重大现实问题。当前在世界地缘政治和全球产业链重构的态势下，由于人工智能技术直接决定国家竞争力，因此，在实践中与人工智能技术有关的设备、产品、工艺、材料、软件等，都可能成为美西方国家对我国"卡脖子"技术的领域。有时一个产业就因为没有掌握某生产环节的某项关键技术，而不得不降低产业标准，甚至使整个产业的生产经营陷入瘫痪。寻求加速智能化技术创新的途径，需要从制度、技术和市场这种"三角形"结构分析框架来进行。其中，技术是基础，市场是引力也是推动力，而制度则是激励和约束因素。在其他因素不变的条件下，制度规定了科技创新活动的利益结构和对市场行为的激励或约束程度。一般来说，在突破"卡脖子"的问题上，制度创新是根本，是高于技术的处于第一位的要素，是以新型生产关系推动新质生产力发展的突破口与核心。

从实践来看，出现束缚以智能化技术为代表的新质生产力发展的堵点卡点，一般有三种情况：一是堵在制造端，二是堵在市场端，三是堵在嵌入端。这三种情况分别对应技术落后、市场需求缺乏以及体制生态环境缺陷，其中最主要的是体制生态环境的缺陷。② 现实中的技术"卡脖子"问题，往往并不是一个简单的技术工艺问题，而是由许多复杂的原因所导致，因此，我们要从整个产业链供应链甚至经济科技运行的生态环境的角度去理解与看待。

---

① 王建：《怎么认识"新质生产力"》，https://www.macrochina.com.cn/zhtg/20240429122299.shtml。
② 林雪萍、曾航：《卡脖子有三种情况，国产替代意味着供应链大洗牌》，https://weibo.com/ttarticle/p/show?id=2309404988330965336140。

第一，因技术落后堵在制造端。一些具有高精尖技术特征的特殊工艺、产品、材料和设备，我们的技术长期严重落后于世界先进水平。这是发展阶段的差距，需要由"耐心资本"进行长期追赶。由于过去缺少大量超前的基础性投入与研究成果的积累，缺少工艺、材料等先进技术，我们对其基础原理理解得不够全面深刻，因此暂时造不出来。通常的加速追赶或赶超的办法，就是综合利用新型举国体制，从战略上对研发的时间、空间进行一定的压缩。这对于已经具有追赶目标和追赶对象的技术来说，如"两弹一星"等，因为技术轨道相对定型成熟，运用新型举国体制机制是完全有效的。但是对那种"0—1"的创新性技术来说，新型举国体制机制的作用是十分有限的，因为我们没有赶超的具体目标、参照系与技术范式。这种情况与我们现在要发展新质生产力有类似之处，必须充分发挥多元化社会主体的积极性，鼓励科研机构、企业的大胆探索精神。现在我国科研有些方面落后的直接原因，是缺乏优秀的高级人才，而优秀高级人才缺乏的直接原因，是教育体制、科研体制方面的落后。现在的教育、人才、科研体制下容易造就资质比较平均的人才，而难以造就世界顶级的优秀人才。这是在改革我国教育、人才、科研体制时，尤其需要反思的重要问题，也是影响新质生产力迅速发展的最直接的原因。

第二，因需求缺乏堵在市场端。很多处于产业链关键环节的材料、工艺、设备、软件的专精特新企业，因为国内市场规模小，长期依赖国外供应，或缺乏市场应用场景，即使开发出来也无法正常生存，从而成为产业链上游"卡脖子"的主要来源。究其原因，一是在研发初期诞生的新的技术产品与设备，产品质量相对于同类的进口产品不具备优势，性能不稳定，不受用户欢迎；二是新的技术产品与设备早期缺乏规模经济效应，产量小、品种多、批次繁，因而生产效率低，成本高、价格高，用户用不起；三是本行业市场需求狭小、可以容纳的企业少，因而企业成长慢、容易被淘汰。解决这些问题的根本办法，在于加快建设全国统一大市场，利用超大规模国内市场优势培育国内优质企业，激励已经有一定产能的企业迅速达到规模经济生产量，强化企业间的市场分工效应，降低企业生产成本、提高产品质量与市场竞争力。

第三，因体制原因堵在嵌入端。实践中我们经常看到，一些企业耗费了巨大人力物力突破了核心的"卡脖子"技术，研发出来的第一台（套）重大技术装备，往往被各种制度门槛卡了"脖子"，由此使国家支持企业技术创新的政策难以落地。究其原因：一是缺乏配套的新技术新产品新设备的应用制度环境。用户企业对国产新技术新产品新设备往往有各种制度性门槛，如应用业绩的门槛、设备参数的门槛、评审打分的门槛等。用户企业客观上都不希望当国产新技术新产品新设备试验的首只"小白鼠"，都希望能采购到标准化的成熟产品，都指望自己所用的设备参数不低于国外。这些都会成为直接排挤国产产品设备的硬杠子，结果是"首台套"很难实现广泛应用。二是客户缺失商业化的场景生态环境，"不敢用、不愿用"。这可能是客户因为害怕追责风险而"不敢用"；或是因为长期以来对国外产品形成了路径依赖，因而"不愿用"；有时也可能是由于地方财政对"首台套"补贴支持政策落地不畅而造成。因此，如果说技术创新的突破，仅仅是自主创新的"前半篇文章"，那么产业链节点突破政策，还必须解决市场制度环境的突破问题，它是我国自主创新中应该做好的"后半篇文章"①，这也是最难解决的问题之一。

支持新质生产力发展的制度创新，最本质的问题是要处理好政府产业政策支持与市场自我竞争选择的关系，简单地说就是要处理好依靠政府还是依靠市场的根本性问题。在这方面，国际经验表明是有一定规律可循和可以借鉴的。如欧美国家长期处于科技、经济领先地位，其在科技发展中的探索没有可以遵循的前人经验，都付出了高昂的探路成本。追溯这些国家当初的理性选择，是将具体的选择权交给多元化主体主导的市场机制，依靠企业家和个体的艰苦摸索和市场竞争，来有效推动技术创新和产业发展。在当今世界，中国的崛起让欧美等西方国家感受到巨大的压力，这些

---

① 《媒体谈国产"首台套"：客户不敢用不愿用，市场门槛"卡脖子"支持政策落地难》，https://www.163.com/dy/article/GG0OPROF0550EWRZ.html。

国家因此也开始全面利用政策机制支持企业创新。同时，中国过去因种种原因与前两次工业革命机遇擦肩而过，但又因改革开放搭上了"信息技术"革命的末班车，在发现自己与先行工业化国家有巨大的技术经济差距后，只能选择把有限资源集中在特定技术领域与产业上，充分发挥政府的作用。由于可以选择工业化国家"有迹可循"的技术道路、路线与赛道发展，因此过去的发展一直呈现出成本小、风险低、速度快的特点。但是，我们可以预计的是，在以智能技术为特征的第四次工业革命中，中国将走在新质生产力发展的世界前沿，一些技术与产业也将与发达国家处于同一起跑线，形成并跑或竞争态势，有些技术与产业甚至可能具有一定的领先优势，这时我国的技术与产业轨道便要自我探索。为了降低发展成本并取得最大的效果，我们需要充分地信任市场，将选择权交给市场，依靠竞争来推动技术创新和提升产业体系的现代化水平。

三、大力推动各类优质生产要素向发展新质生产力顺畅流动

考虑到新质生产力是"以劳动者、劳动资料、劳动对象及其优化组合的跃升为基本内涵，以全要素生产率大幅提升为核心标志"，因此，以要素市场化机制强化技术、资本、人才等自由流动及其优化组合的跃升，是催生新产业、新模式、新动能的主要引擎，也是加快发展新质生产力的核心要素。在现实中，因高标准生产要素市场建设的迟缓，目前还存在许多阻碍新质生产力构成要素流动与优化组合的制度性障碍，主要来源于以下几个方面，也是需要我们通过全面深化改革全力打通的地方。

第一，大力推动科技成果进入产业部门。实行改革开放尤其是近十多年以来，一方面，中国科技创新追赶速度不算很慢，如这些年中国科技投入、论文数量、专利数量等都在世界的排名中不断攀升；另一方面，产业部门应用的技术却严重依赖发达国家的外部输入，经常被"卡脖子"或遭遇各种瓶颈。这说明，科技创新部门有严重脱离产业部门自我循环的倾向，

科技创新成果表现为写论文、申请专利，而不是实实在在地服务于产业需求。解决这一问题，是不是提倡把科研活动推向市场就能真正解决？答案是不仅不能，而且还会引发严重的秩序混乱。从国际经验看，科技成果进入产业部门的前提，一是要分拆"科技创新"这个模糊的概念。"科技创新"内涵包括两种活动：科学创新与技术创新。前者是探索基本原理、创造基础知识，是把钱变成知识的活动；后者是把已知的科学知识转化为技术和财富的活动。评价前者的标准是知识的边际增加，评价后者的标准是财富的边际增加。二是相应地，要在此基础上界定政府与企业的职能。科学创新活动，应该由政府财政支出和社会责任资金承担，科学家创造知识的劳动绝对不能市场化；技术创新活动，需要以企业家为主体，必须坚决市场化。为此，必须建立科技成果市场化的平台、中介和桥梁机制，一方面为产业界提供研究成果的供给信息，另一方面为科研部门选题提供来自实践需要的信息。同时，通过平台的交易撮合功能，顺利地把大学和科研机构创造的知识变成财富。

第二，大力推动社会资本进入产业部门。进入新世纪以来，我国已经从短缺经济阶段，全面进入"资产短缺"阶段，由此导致的优质资产"荒"及其影响表现在：一方面，由于长期处于买方市场，一般商品生产过剩，相关实体制造企业难以获得社会平均利润，不仅抬高了资本要素进入产业部门的障碍，而且还不断流向虚拟经济部门，结果严重地影响制造企业的创新能力甚至一些企业的生存；另一方面，由于与商品过剩伴随的资本也长期处于过剩状态，它们需要寻求更高收益的投资理财途径，结果在资本市场功能不完善的现实条件下，巨大的社会闲散资本都流入了价格持续上升的房地产部门，不断推升其价格水平并导致虚实经济之间严重的失衡。这些年我国金融部门扩张规模大大超过自身的发展阶段，如金融业增加值占GDP的比重，我国不仅超过了发展中国家的水平，也超过美国、英国、日本等金融发达的富裕国家。我国实体企业的利息支出已经超过了GDP增量，意味着实体经济创造的产值不足以弥补利息支出，其实际负担沉重。做实和巩固实体经济的基础，在资产短缺的时代，政策的理性选择不是压制虚拟经济发展，而是要大力发展和培育优质资产，以增加供给的方式压制虚拟经济的过高价格，同时引导实体经济部门的技术创新。具体来说，就是要大力实施资本市场强国战略，一方面通过充分发挥资本市场的功能，广泛地吸收社会巨大规模的闲散资金进入实体企业，支持其技术创新；另一方面，通过资本市场的金融创新，增加全社会的优质资产供给，抑制不断上涨的资产价格，使不同部门间的利润率平均化。[①]

第三，大力推动人才资本进入产业部门。振兴实体经济首先要增强其吸引力，现在实体经济缺乏对人才尤其是年轻人才的吸引力。随着改革开放中成长的那一代劳动者不断老去，新一代人力资源不愿意去实体经济部门就业。过去是人才往地产、金融等收益高的部门跑，现在人才都爱钻进"体制内"。如果我们的年轻人都不愿意去实体经济部门就业，那么实体经济就不会有未来。实体经济缺乏吸引力的根本原因，是其劳动者的收入和福利待遇低。人往高处走、水往低处流，这不是年轻人的过错。解决这个问题最主要的办法，还是要建立常态化的、以提高劳动者收入和福利待遇为中心的、协调人力资本进入产业链的机制。一是要根据生产力发展，逐步提高劳动者收入占GDP的比例，这有利于扩大内需、壮大国内市场，并为形成新发展格局奠定物质基础。归根结底，国内循环主导国际循环的新发展格局的形成，主要取决于全国统一大市场建设的进度。二是要让产业工人过上体面的生活，这可以避免青年才俊一窝蜂都涌进体制内和金融部门的扭曲现象，吸引他们学习技术、继承和发扬我国优秀的大国工匠精神，巩固和稳定实体经济的基础。

第四，大力推动创新资本进入科技部门。当前创新能力不够强大，其实还与现实中科技部门缺少长期资本有直接的关系。这并不是缺少资金，而是缺少长期稳定的资本投入。缺少长期主义的价值倾向、短期化行为盛

[①] 刘志彪：《理解现代化产业体系：战略地位、建设内容、主要挑战与对策》，《福建论坛（人文社会科学版）》2023年第5期。

行，是造成这个问题的根源所在；而现实中出现的各种资金使用期限的错配，也是导致缺少长期稳定的资本投入的基础性技术原因。实践中经常看到那些短期的商业化资金被用于支持长期的科技创新活动，或把长期的财政资金拿去支持可以市场化的技术创新活动。这样要么可能使商业信贷资金面临极大的市场风险，要么使政府对科技创新的支持力度相对不足。其实，不同的创新活动面临着不同的风险，应该匹配不同性质的资金。如对科学创新活动而言，它只适合政府的公共财政资金支持。对技术和产业类的创新活动，在它们处于初期或种子期的时候，最适合的是让具有长期抗风险资本市场的风险资金进入，不适于银行信贷资金进入；但是对于处于成熟期的产业和技术创新活动，则完全可以交给银行信贷资金。这一基础性制度安排直接关系到技术创新的效果。对于那些处于基础研究与商业化应用之间的工程化研究问题，因位于知识转化为财富的关键环节，需要资金、技术、设备、基础设施等多方面的支持，难度大、风险高，所以从战略上看，攻克高技术制造大门的工程化研究的薄弱环节，应该发展由政府主导或者参与的风险投资基金来支持，使这种市场化运作的、承担风险程度和能力最高的基金成为促进我国产业技术进步的"发动机"。

第五，大力推动顶尖高级人才进入科技部门。在第四次工业革命浪潮下，人工智能技术发展水平是衡量当前一个国家科技发展水平的主要标志，已经成为国家自主安全的代名词。由于今后国际竞争越来越取决于类似人工智能等极少数关键的高精尖技术和产业，因此有关这方面技术人才的供给，直接决定一国科技和产业的国际竞争力，其中的要素如算力、算法等需要少部分顶尖高级人才的努力。中国当前享受巨大的工程师红利，普及的高中和早已非精英化的高等教育，使中国的工程师在全球都具有高性价比的优势。这对于一般的高新技术产业当然是巨大的竞争优势，但是对处于宝塔尖上的顶尖的科技和产业来说，是远远不够的，许多"卡脖子"的顶尖技术领域的人才凤毛麟角、严重短缺。这个问题其实跟我国的教育体制和教育方式有关。在我国的教育体制下，长期缺乏创新性和批判性思维，考试制度往往有利于"平均"水平人才的成长，容易忽略具有个性的顶尖人才的成长。有鉴于此，打通高级人才进入科技部门的障碍，提高创新链与人才链的融合水平，关键在于改革教育体制和教育方式等，为顶尖人才的成长提供宽容的环境和空间。

（本文源自《理论探索》2024年第3期）

形成新型生产关系的内在逻辑与重点任务

刘志成*

高质量发展是新时代的硬道理，也是实现中华民族伟大复兴进程中一项伟大而艰巨的历史使命。党的十八大以来，高质量发展已逐渐成为经济社会发展的主旋律，要进一步把高质量发展向纵深推进，需要新的生产力理论指导。新质生产力理论就是适应新时代发展要求，可以有效指导、推动高质量发展的创新理论。新质生产力是创新起主导作用，摆脱传统经济增长方式、生产力发展路径，具有高科技、高效能、高质量特征，符合新发展理念的先进生产力质态。① 新质生产力的产生和发展需要满足一定条件，关键是形成与新质生产力要求高度契合、能够有效支撑科技创新和产业变革的制度环境。具备这一特点的制度环境，归结起来就是新型生产关系。发展新质生产力，必须进一步全面深化改革，形成与之相适应的新型生产关系。

一、科学把握新质生产力和新型生产关系的深刻内涵

马克思关于社会基本矛盾运动的理论是科学认识新质生产力和新型生

---

* 刘志成，中国宏观经济研究院决策咨询部综合形势处处长、研究员。研究方向为宏观经济、市场运行、体制改革。

① 《加快发展新质生产力　扎实推进高质量发展》，《人民日报》2024年2月2日。

产关系的理论起点。马克思认为，社会基本矛盾是生产力和生产关系的矛盾，强调生产力对生产关系的决定性作用和生产关系对生产力的反作用。这一理论深刻把握了推动人类社会发展的根本性力量，揭示了人类社会发展的基本规律。人类社会发展从原始社会、奴隶社会、封建社会，再到资本主义社会，都遵循这一规律。在社会主义市场经济体制下，社会基本矛盾运动的规律仍然是推动社会发展的基本规律。新质生产力理论是对马克思的社会矛盾运动原理的继承和发展。在社会主义条件下发展市场经济是一项前无古人的伟大创举。改革开放以来，我国生产力实现了巨大飞跃，生产关系实现了重大变革。中国特色社会主义进入新时代，我国社会生产力水平实现新的飞跃，全面深化改革持续推进，推动生产关系实现新的更深层次的变革，为解放生产力、发展生产力创造了有利条件。科学把握新质生产力和新型生产关系的内涵，既要遵循马克思主义的一般原理，准确把握社会基本矛盾运动规律，也要深刻认识"两个大局"时代内涵，充分结合中国特色社会主义的发展实际。

新质生产力的提出有特定的时代背景，是对马克思主义生产力理论的继承和发展。从历史看，科技创新是推动生产力发展的关键，每一次技术革命都会引发生产力出现质的飞跃。瓦特改良蒸汽机，实现了生产力从人力、畜力向机械动力的转变，极大地提高了生产效率，推动了工厂制的兴起，使大规模工业生产成为可能。电力的广泛应用，内燃机、汽车、飞机、电话、电报、化工等技术的发展，推动了生产力的进一步飞跃，大规模生产、标准化生产、流水线生产成为主流。电子计算机、互联网、信息技术、生物技术、纳米技术等高新技术的发展，推动了数字化、网络化、智能化生产。当前，新一轮科技革命和产业变革深入发展，生产力正面临再一次飞跃的契机。从国际看，世界百年未有之大变局加速演进，国际竞争从根本上说是科技的竞争，特别是自主创新能力的竞争。日益加剧的大国博弈要求中国发展更高水平的生产力。从国内看，高质量发展要求推动经济实现质的有效提升和量的合理增长，中国式现代化要求实现全体人民共同富裕，这些都对生产力发展提出了更高要求。面对国内外形势的重大变化，习近平总书记站在历史和全局的高度，高瞻远瞩、审时度势，对新质生产力作出重要论述，为新质生产力创新理论提供了根本遵循。习近平总书记从发展动力、基本内涵、核心标志以及特点、关键、本质等方面对新质生产力进行了全面阐述，是马克思主义生产力理论中国化时代化的最新成果。

新型生产关系是新质生产力发展的制度保障，与新质生产力辩证统一、相辅相成。生产关系是人们在物质资料的生产过程中形成的社会关系，是人类社会最为基础的关系之一。狭义的生产关系是指人们在生产过程中结成的关系，包括生产资料的所有制关系、生产过程中人与人的分工和合作关系等。广义的生产关系则包含了生产以及与之相关的交换关系和分配关系等，不仅仅局限在经济领域，还涵盖了政治、法律、思想等多个方面。[①]历史上，每一次生产力的重大突破，都伴随着旧有生产关系逐步瓦解、新型生产关系逐步形成。第一次工业革命推动生产组织形式从手工作坊转变为工厂，使得生产要素更为集中，生产效率大幅提升，社会结构也发生重大变革。第二次工业革命爆发后，随着企业规模扩大和垄断组织出现，生产和资本进一步集中，社会分工更加精细。20世纪后半期，伴随着计算机、互联网等引发的生产力革命，远程办公、电子商务等新型生产方式开始出现，全球供应链体系形成，全球化进程加快。在此过程中，生产、分配、交换、消费等国民经济循环的不同环节，都出现了与生产力进步相适应的革命性变化。生产关系的发展，既适应了生产力的进步，也为生产力的飞跃创造了条件。

二、形成新型生产关系的理论逻辑、实践逻辑和历史逻辑

从理论逻辑看，要深刻领会形成新型生产关系是发展新质生产力的制度支撑和内在要求。在理论层面，形成新型生产关系与发展新质生产力的

---

① 鲁品越：《〈资本论〉的生产力与生产关系概念的再发现》，《上海财经大学学报》2018年第4期。

需要高度契合。马克思主义基本原理认为,生产力决定生产关系的性质和发展方向,生产关系对生产力具有能动的反作用。在人类社会的发展进程中,各种生产关系都是为了适应所处时代生产力的发展而产生。随着生产力的发展,要求变革生产关系以适应新的生产力水平。当生产关系适应生产力的发展时,它能够推动生产力的发展;反之,则可能阻碍生产力的发展。基于这一人类社会发展的一般规律,要发展新质生产力,必须推动生产关系的全面变革。传统经济增长方式对数量的重视甚于对质量的重视,这既有发展理念的原因,也在很大程度上是原有生产关系作用的结果。传统的财政体制、收入分配体制强化了地方政府、企业对规模的偏好,也在很大程度上导致了强调要素数量增长、对科技创新重视不够的问题,形成了传统的生产力发展路径。发展新质生产力要求摆脱传统经济增长方式、生产力发展路径,这也对生产关系提出了更高要求。只有通过改革,形成与之相适应的生产关系,才能够为新质生产力的发展扫清障碍、创造条件。

从实践逻辑看,要坚持以改革创新的方式、聚焦新一轮全面深化改革来形成新型生产关系。改革是破除一切不合时宜的思想观念和体制机制弊端的有效武器,是推动生产关系革新的基本方法。历史经验表明,每一次生产力的飞跃都不是一蹴而就,都是伴随着生产关系的改进波浪式前进,需要有技术、体制、政策、市场等方面一系列有利条件作为支撑。发展新质生产力是当前我国面临的一项战略性任务,但我国在科技体制、要素配置、消费环境、区域协同、教育体制、人才体制等方面仍存在卡点堵点,一些体制性梗阻未完全打通,迫切需要改变生产关系中不适应新质生产力发展要求的部分。要解决好相关问题,必须用好改革这个关键一招,坚持用改革创新的办法解决新质生产力发展面临的难题,扫除制约科技创新、产业变革、绿色发展的各种体制机制障碍。我国正处于新一轮全面深化改革的关键时期,有条件通过改革在科技、教育、人才、产业发展、要素配置、绿色低碳等方面建立起更加完善的体制机制,加快形成新型生产关系,支撑新质生产力发展。

从历史逻辑看,要深刻认识形成新型生产关系是抢抓新一轮科技革命机遇、加快发展新质生产力的必由之路。新质生产力是一个历史范畴，在社会发展的不同阶段、不同时期有不同的内容，新型生产关系同样如此。中国古代创造了辉煌灿烂的农业文明，唐宋代表着中国封建社会的科学文化高峰，出现了世界首次生产力发展高潮。[1] 但进入近代以来，中国在科技发展和生产力进步方面却落伍了。在技术创新方面未能跟上世界科技发展的潮流，是中国在工业革命以后落后于西方大国的重要原因。[2] 由此引发了"李约瑟之问"，即"尽管中国古代对人类科技发展作出了很多重要贡献，但为什么科学和工业革命没有在近代的中国发生？"在回答这一问题时，有学者认为与西方的贵族封建制相比，东方的官僚封建制对新兴的资本主义生产关系的形成及资本主义生产力的发展有着更大的压制和阻遏作用。[3] 也有学者认为西方科学实验方式的产生、实验室的设立在推动科技进步中发挥了重要作用，其背后的实质是东西方在科技领域生产关系上存在显著差异。相关理论都表明，生产关系的变革对生产力发展具有重要的反作用。当前，我国正面临新一轮科技革命的重大历史性机遇，构建起能够有效推动科技革命和产业变革的生产关系，进而推动新质生产力加快发展是历史赋予我们的重大使命。

三、新质生产力对形成新型生产关系的要求

新质生产力的动能、路径、特征等对生产关系提出了更高要求，新型生产关系要适应这种要求。从人类社会发展进程看，生产关系随着物质生产资料、生产力的变化和发展而变化。未来一段时期，形成新型生产关系的关键就在于适应新质生产力的发展要求，以新的要素配置方式、生产组织方式、收益分配方式，为新质生产力发展提供更好的制度环境、更强的

---

[1] 成其谦：《世界制造中心辨析》，《中国工业经济》2002年第4期。
[2] 王锟：《论李约瑟的马克思主义倾向及哲学的"李约瑟之问"》，《世界社会科学》2023年第6期。
[3] 王钱国忠主编《李约瑟文献50年（1942—1992）》上，贵州人民出版社1999年版，第104页。

经济激励、更可持续的发展路径。

形成新型生产关系要为发挥创新主导作用创造更加优越的制度环境。创新是第一动力，在我国现代化建设全局中居于核心地位，是发展新质生产力的重中之重。经济学家索洛发现，资本和劳动的增长只能解释经济增长的一小部分，经济增长的大部分贡献应归功于技术进步。[1] 一国经济的持续繁荣关键取决于该国在促进技术进步方面取得的成功，而技术进步的根本动力来源于创新。创新是经济长期增长的动力所在，对于发展新质生产力的重要性不言而喻，因此，有效激励创新应成为形成新型生产关系的重要目标。市场经济条件下，产权对于创新至关重要，明晰的产权制度有利于激发各类生产要素的活力，特别是有利于激发创新和技术要素的活力。推动产权相关改革，进一步明晰产权，加强产权保护，构建更加完善的产权制度，可以为创新者提供有效的产权激励，使企业有更强动力开展创新活动。构建更加完善的产权交易体制和交易体系，进一步提升产权的流动性和适应性，可以适应快速变化的市场需求和技术进步。公有制为主体、多种所有制经济共同发展是我国社会主义基本经济制度的重要内容，也是一项重要的制度优势。形成新型生产关系要各取所长，充分发挥各种所有制经济对创新的推动作用。新型举国体制通过发挥新时代集中力量办大事的重要体制优势，在促进重大科技创新方面发挥着关键作用。在社会主义市场经济条件下构建新型举国体制，国有经济可以充分发挥其战略引领作用强、公共利益导向强、抗风险能力强的优势，以制度创新为引领，助力重大科技创新和科技自立自强。民营经济要更好发挥推进中国式现代化的生力军作用，发挥其能够迅速捕捉市场变化，对新技术、新趋势反应迅速的优势，更加注重市场需求导向，推动科技成果加快转化。

形成新型生产关系要为劳动者、劳动资料、劳动对象及其优化组合的跃升创造更加有利的条件。新质生产力发展离不开高水平的劳动者，形成

---

[1] R. M. Solow, "Technical Change and the Aggregate Production Function," *The Review of Economics and Statistics*, 1957, 39 (3).

新型生产关系要为人力资源开发提供更好的制度环境，为企业员工提高技能和知识水平提供更高的回报和更强的激励，要以完善的市场机制激励企业通过教育和培训、员工通过终身学习等方式，提升劳动力的质量。新质生产力强调劳动资料和劳动对象的跃升，在生产过程中不断导入新型要素是实现这一目标的重要方式。形成新型生产关系应该更加注重发挥人力资本、知识、管理在经济增长中的作用，通过颠覆性技术创新催生新产品、新产业。新质生产力还强调组织的优化和商业模式的创新，形成新型生产关系还应推动完善企业制度，通过治理变革、流程再造、精益生产等，改善企业内部管理结构，提高运营效率；通过构建有利于创新商业模式发展的法律、政策和市场规则，推动企业探索新的商业模式，创造新的价值。

形成新型生产关系要为提升全要素生产率提供更加完善的体制机制。历史经验表明，当经济发展到一定水平后，全要素生产率是国民经济增长的主要推动力，这也是我国促进经济增长的重要着力点。形成新型生产关系要着眼于提升要素配置效率，进一步加强全国统一大市场建设，以公正监管保障公平竞争，破除要素跨区域、跨行业流动的壁垒，促进分工深化和产业集聚。[①] 要不断完善科技创新体制机制，引导企业扩大研发投资，加强技术改造和管理创新，通过发展新技术、新工艺、新产品，提高生产效率，降低单位产出的成本。要建立健全数据基础制度，建设高水平数据要素市场，鼓励企业利用大数据、人工智能等现代信息技术，实现精细化管理，提高决策的精准性和效率。要优化市场环境，营造稳定的社会环境和法治环境，完善政策体系，通过良好的营商环境、合理的税收政策、知识产权保护等，激发企业的创新活力。

形成新型生产关系要破除制约新质生产力发展的体制机制约束。近年来，我国经济增长面临资源环境约束的不断强化，体制机制方面的堵点卡点也制约了新质生产力的发展。比如，一些地方环境容量不足，制约了生产活动的扩张，形成新型生产关系需要建立更加有利于绿色发展的体制机

---

① 刘志成：《加快建设全国统一大市场的基本思路与重点举措》，《改革》2022年第9期。

制。部分行业资源供应紧张，获取资源的成本上升，影响了企业和产品的市场竞争力，也制约了行业的发展壮大。形成新型生产关系既要以更加完善的市场机制破解资源性产品的供应瓶颈，提升资源性产品的配置效率；也要在改革进程中更加重视相关领域的体制机制改革，打破制约新质生产力发展的要素和体制瓶颈。

四、形成新型生产关系的重点任务

形成新型生产关系要坚持科技创新的鲜明导向，切实把握新质生产力高科技、高效能、高质量的特征，完整、准确、全面贯彻新发展理念，在科技体制、新兴领域制度供给、要素市场化配置、高标准市场体系建设、高质量主体培育、高水平对外开放等领域把全面深化改革向纵深推进，以更加完善的体制机制支撑新质生产力发展。

深化科技体制改革，强化科技对产业发展的支撑作用。优化科技资源配置方式。鼓励企业设立研究院开展基础研究与应用基础研究，支持有条件的企业参与、承担科技领域重大战略性项目。提升产学研联合攻关能力，支持优势科研、产业和公共资源整合，开展重大科学问题联合研究。完善科技成果分类评价体系，全面准确评价科技成果的价值，健全高校院所科技成果转化的绩效考核评估体系。

畅通科技成果转化体制机制。完善科研人员职务发明成果权益分享机制，深化职务科技成果权属制度改革。制定高校和科研院所科技成果转化尽职免责负面清单，探索建立科技成果转化的宽容监督和弹性考核机制。发展专业化、市场化技术转移机构，引导技术转移市场化、规范化、专业化发展。打造专业化人才队伍，多渠道培养技术转化人才，推动技术经理人培训正规化、系统化。进一步规范技术市场交易秩序，完善知识产权快速维权机制，切实维护技术交易各方合法权益，降低交易风险、保障交易安全。

完善科技成果产业化体系。落实围绕产业链部署创新链、围绕创新链布局产业链、激活产业链倒逼创新链的靶向转化机制，促进产业链、创新链、教育链、人才链精准融合。加大政府采购对科技成果产业化发展支持力度，支持科技成果转化的应用场景建设，推动形成一批具有示范效应的创新成果转化应用典型。强化成果产业化平台载体支撑建设，支持高等院校、科研机构设立概念验证中心，为实验阶段的科技成果提供技术概念验证、商业化开发等服务，推动实施前瞻性、验证性、试验性场景验证项目。

持续扩大人工智能、数据要素等领域的制度供给。健全公开透明的数据流通交易规则体系。完善数据资产管理制度，大力培育数据市场的经营主体，提高交易标准化程度。推动人工智能、区块链、车联网、物联网等领域数据采集标准化。探索建立数据用途和用量控制制度，实现数据使用"可控可计量"。发展数据资产评估、登记结算、交易撮合、争议仲裁等市场运营体系，稳妥开展数据资产化服务和数据相关信用信息服务。推动与主要经济体在数据跨境交易领域的规则磋商，探索构建统一的规则标准。

完善公共数据开放共享和收益分配机制。打造公共数据基础支撑平台，推进公共数据归集整合、有序流动和合规共享。加强数据交易中心的统筹谋划，科学开展交易平台布局。在能源、物流等重点领域，推动以数据为核心的产品和服务创新，健全跨行业共享的规制机制。探索推动数据要素"三权分置"，完善数据要素收益初次分配和再分配机制。建立公共数据开放收益合理分配机制，保障企业获得公开数据使用权和收益权后的正当收益。

强化数据要素的全方位统一安全监管机制。加快健全数据安全监管法律法规体系，明确重要数据安全监管主体机构及其职责，分类制定监管办法并明确监管层级。明确核心数据和重要数据安全风险隐患排查、研判预警、查处惩罚、申诉救济的全流程监管程序。制定核心数据和重要数据出境企业负面清单，设立清单动态调整机制，加强数据安全合规管理。

加快要素市场化配置改革步伐，持续提升要素协同配置效率。以全过程、全链条改革促进要素协同配置。各类要素间相互关联、相互影响，而不是相互割裂。在深化要素市场化配置改革中，要强化系统思维，更加注重全过程、全链条改革,减少要素在交易、流通和获取回报等各个环节的扭曲错配,促进要素协同配置。重点是通过合理评价要素贡献,完善按要素分配机制,以更加健全的市场机制保障各类要素获得合理的边际回报,实现要素合理高效配置。

引导各类要素协同向先进生产力集聚,向国家战略重点集聚。加快形成与新技术、新业态、新模式相适应的要素形态和要素品质,结合科技革命和产业变革进展,围绕产业转型升级方向,高效推动要素向新兴产业集聚,向现实生产力转化。结合制造强国等重大产业发展战略、重大区域发展战略、重大科技发展战略,以实体经济为着力点,引导各类生产要素协同向重点行业、重点区域、重点领域集聚,支撑重大战略目标实现。

协同推进要素交易市场机制和交易平台建设。进一步完善竞争政策实施机制,加强反垄断和反不正当竞争执法,发挥好公平竞争在提升要素配置效率、促进要素协同互补方面的关键作用;进一步完善要素价格形成机制,形成更加公平、透明、灵活的要素价格,发挥好"无形之手"在引导要素配置方向上的积极作用,形成布局更合理、产出更加高效的要素组合。结合要素市场发育的进程、市场运行的客观规律、地方经济发展的需要,加强要素尤其是新型要素交易平台的顶层设计和统一布局。科学设计数据、能源、碳等领域新型交易平台的发展路径、区域布局,加快形成协同互补、密切配合的交易平台体系。

加快建设高标准市场体系,加快建设全国统一大市场。加快建设高标准市场体系。建设更加健全的要素市场化交易平台,增强其价值发现和资源配置功能。加快推进全国统一的质量、标准体系建设,重点聚焦商品、服务和要素生产、流通、检验检测等领域。逐步提升全国各地质量、计量、商标、专利、消费者保护、信用监管等领域规则的统一性。完善石油天然气、黑色金属、有色金属、农产品等大宗商品市场交易规则,逐步在生产、运输、储存、销售等环节形成全国统一的规则。强化统一权威的国家标准体系,完善国家标准制定管理制度,修订全国统一的强制性标准目录,推动将强制性行业标准、地方标准整合为强制性国家标准。

完善全国统一的市场基础制度。贯彻落实全国统一的市场准入负面清单，破除市场准入方面的隐性壁垒。完善平等保护产权的法律法规体系，全面清理对不同所有制经济产权区别对待的政策措施。确立竞争政策基础地位，持续完善公平竞争制度，推动不同地区、不同规模、不同所有制企业之间的公平竞争。

健全跨区域联合监管执法机制，加强重点领域市场监管合作。建立跨区域、跨领域市场监管会商制度和全方位协作机制，加强对市场监管工作的总体统筹，提高市场监管政策执行的协同性。完善跨行政区域执法协作及信息共享机制，建立重大监管事项通报制度，加强市场监管信息共享，健全联席会议、线索通报、证据转移、案件协查等制度。在全国范围内推动诚信记录共享共用，加强信用建设区域合作。共同开展环境保护、食品药品安全、产品质量安全预警和风险评估方面的合作，强化环境联防联控、食品安全监管、知识产权保护等领域的执法联动。积极推进海关区域执法合作，防范和打击侵权假冒违法主体实施口岸"漂移"。加强工商、知识产权、海关、邮政部门在重点环节打击侵权假冒的执法协作。

加快建设世界一流企业，夯实新质生产力发展的微观基础。加强对重点产业领域的政策支持。加大在国际物流、商务出行、法律服务、汇率稳定、市场开拓等方面的资源保障和政策支持力度。鼓励重点企业在国家战略项目、国家重大科技项目，在战略性资源、战略性新兴产业、关键基础设施、关键技术等重点领域发挥更大作用。将财政投入向从事基础性、前沿性、关键核心技术创新的重点企业进一步倾斜。通过财政奖补等形式推动科研院所持续创新，促进产学研深度融合。

加快建设世界一流企业的要素资源保障。加大有关专项资金对重点企业开展技术创新、设备更新、数智化转型、低碳绿色环保等业务的支持力度。加大对国产战略性新材料在科技研发经费、激励机制、标准制定等方面的政策支持力度。在海外金融服务、国际资源利用和对外贸易、国际技术交流与人才引进等方面，对重点企业给予政策支持。针对短期困难企业，要健全协调服务保障机制，帮助企业解决实际困难和问题。

完善重点领域的金融支持和金融监管政策。鼓励成立高新技术企业，支持优秀的高新技术企业在沪港深交易所上市。对部分资金实力领先、内部管理规范、合规风控基础扎实的中央金融企业，在资本充足率、资产负债率等指标上，设立与国际领先金融企业相当的监管规则。在有效防控风险的前提下，鼓励金融类重点企业提升资本运营能力，拓展业务和产品类型，积极参与国际竞争；鼓励相关企业在投资银行、财富管理、金融衍生品等领域创新探索。在配套监管指标、业务资质等方面对重点金融企业给予政策支持。

扩大高水平对外开放，强化国内国际双循环对新质生产力的拉动作用。以高水平对外开放促进全球先进要素导入。协同推进强大国内市场和贸易强国建设，依托国内经济循环体系形成对全球要素资源的强大引力场。重点是要加快制度型开放，放宽外资企业市场准入，打破个别国家的技术打压和市场封锁，建设强大国内市场，更好对接国际高标准市场规则，提升对全球要素资源的"吸引力"。

以高端产业集群和高质量城市群为载体吸引全球高端生产要素。大力发展具备技术领先优势和全球竞争力的产业集群，建设发展水平高、营商环境优、协同效应强的高质量城市群，引领全球科技和产业革命，吸引全球资本、技术、人才、数据、管理、知识等要素向相关行业和区域集聚。加强战略谋划和前瞻布局，保障全球性战略资源供应。培育具有国际竞争力的大宗商品贸易商、航运企业、资讯服务机构，提升金融机构服务大宗商品贸易的能力，推动商品要素交易全链条向世界一流水平靠拢。加强战略性资源全球布局，投资海外优质战略性资源，形成多元化进口渠道。

打造具有国际影响力的全球要素配置中心和定价中心。办好中国国际进口博览会、中国国际服务贸易交易会，创新发展新型国际贸易，集聚高能级贸易平台和主体，促进物流、信息流、资金流等更加高效便捷流动。依托国际和区域性金融中心、国内自贸试验区等，积极发展跨境和离岸金融。建设高水平资本、技术、大宗商品等交易平台，提升生产要素交易的国际化水平，扩大人民币计价交易规模和影响力，打造具有区域和全球影响力的要素交易中心。

［本文系中国宏观经济研究院年度重点课题"要素市场化改革的现实困境与突破路径研究"的阶段性研究成果（A2024071017）。本文源自《人民论坛·学术前沿》2024年第13期］

新质生产力对新型生产关系推进的若干思考

白暴力[*]

习近平总书记在主持二十届中央政治局第十一次集体学习时指出："生产关系必须与生产力发展要求相适应。发展新质生产力，必须进一步全面深化改革，形成与之相适应的新型生产关系。"[①] 马克思主义认为，生产力的发展必然会推进生产关系的相应发展与变革。中国特色社会主义新时代的蓬勃发展，推进了社会生产力的飞跃，使社会生产力取得了新质生产力的新形态。新型生产关系是以社会主义基本经济制度为核心的中国特色社会主义生产关系，促进着新质生产力的发展和中国特色社会主义事业蓬勃向前。

一、科技与生产创新推进中国特色社会主义基本经济制度和产权制度新形态的发展

2024年1月31日，习近平总书记在二十届中央政治局第十一次集体学习时明确指出："新质生产力是创新起主导作用，摆脱传统经济增长方式、生产力发展路径，具有高科技、高效能、高质量特征，符合新发展理念的先进生产力质态。"同时指出，"科技创新能够催生新产业、新模式、新动

---

[*] 白暴力，北京师范大学经济与工商管理学院二级教授、博士生导师。
[①] 《加快发展新质生产力　扎实推进高质量发展》，《人民日报》2024年2月2日。

能，是发展新质生产力的核心要素"。可见，新质生产力的核心是科技与生产创新。

科技与生产创新的实现形式是多样的。一方面，许多重大的科技和生产创新需要工作者（劳动者）大规模的合作。只有在大规模的合作中，工作者（劳动者）创新的主观能动性和聪明才智，才能得以充分发挥，科技与生产的创新才能得以完成。另一方面，相当多科技与生产的创新，是通过工作者（劳动者）的个体行为完成的。与此相对应，则需要并且会推动各种有利于实现科技与生产创新的个体经济形式的创新发展。同时，这种经济形式的新形态和新发展将会在以按劳分配为主体、多种分配方式并存的中国特色社会主义分配制度基础上，进一步"健全要素参与收入分配机制，激发劳动、知识、技术、管理、资本和数据等生产要素活力"，推进与之相适应的收入分配新型方式的发展和完善。因此，作为新质生产力核心的科技与生产创新会进一步完善以公有制为主体、多种所有制经济共同发展的社会主义基本经济制度，并推动其新形式的蓬勃发展。

科技与生产创新需要充分调动和发挥工作者（劳动者）的主观能动性。劳动者更为广泛深入地参加生产过程的管理和决策工作，具有一定的生产过程的管理权和决策权，是产权制度改革的一个重要方面。同时，这种产权制度改革将会在以按劳分配为主体、多种分配方式并存的分配制度基础上，进一步推进工资收入分配体制的改革，推进与之相适应的收入分配新型方式的发展和完善。劳动者参加管理，会有效提高劳动者的收入份额和比例，从而在宏观上增加社会总需求，对于从制度基础上克服社会经济过程中的总需求不足发挥根本性的作用，促进宏观经济形势不断向好。

二、绿色生产和生态产业推进生产社会化及其相应体制机制新形态的发展

新质生产力的一个重要内容是发展绿色生产和生态产业，推动绿色生产力发展。绿色生产和生态产业是一个全面关联自然界和人类社会各方面

的庞大系统工程，需要全社会各层面、各群体和各领域的全面合作和共同努力，需要国家、集体和个人在人力、物力和财力各方面的全面投入。因此，在以公有制为主体、多种所有制经济共同发展的中国特色社会主义基本经济制度的基础上，需要创新、发展和完善相应的公有制和非公有制的新的实现形式，发展和完善新型生产关系，使这些资源得以最优配置，从而使工作者（劳动者）的聪明才智和创新性能够充分发挥。这些都需要进一步创新和完善市场运行机制新形态，改革和优化市场机制调节的新型作用形式。

绿色生产和生态产业还有一个重要的特点，就是其生产的社会化程度很高，具有强烈的外部经济效应。经济理论和实践告诉我们，在具有外部经济效应的条件下，当企业等微观经济主体仅仅追求和获得自身最大利益时，却可能导致社会宏观经济受到损失，无法实现整个社会利益的最大化，在一些情况下甚至会导致宏观经济出现灾难性的后果。这就是所谓"微观经济行为的宏观经济悖论"。因此，在具有外部经济效应的条件下，需要社会统一协调经济利益和生产行为，并且更好发挥政府作用。社会主义公有制正是这种统一协调机制的制度基础。所以，新质生产力的发展，绿色生产和生态产业的发展，对于坚持和完善以公有制为主体、多种所有制经济共同发展的社会主义基本经济制度，完善社会主义市场经济机制和宏观经济调控，促进新质生产力和中国特色社会主义经济建设的发展，都具有极其重要的意义。

三、生产的信息化和数字化进一步推进市场调节机制和宏观经济调控体制新形式的发展

新质生产力的一个主要内容是生产的信息化和数字化，信息产业和数据产业快速发展。2023年9月，习近平总书记在黑龙江主持召开新时代推动东北全面振兴座谈会时明确提出"积极培育新能源、新材料、先进制造、电子信息等战略性新兴产业，积极培育未来产业，加快形成新质生产力"。

新质生产力的这些特点，为进一步创新和完善市场运行机制新形态，改革和优化市场机制调节的新型作用形式，建立了坚实的科学技术基础。在这个基础上构建的市场运行新机制和新形式，也是新型生产关系的一种表现。这种新型生产关系能够使市场机制运行克服自身的盲目性和滞后性，改善市场失效的状况，为进一步发挥市场机制调节的有效作用建立制度基础。

相当多的信息产品和数字产品，不仅其产品的形式和使用价值是作为市场主体的人们设计出来的，而且其运行的机制、轨迹和规则也是人们设计出来的。金融产品就是一种典型形态。对这些信息产品和数字产品，需要建立相应的管理制度、运行规则和体制机制，也就是要建立相应的新型生产关系，使其合理地有利于全社会的有效运行，而不是只有利于作为个别市场主体的产品设计者；使其运行有利于宏观经济的稳定、有序和发展，而不是造成宏观经济的无序波动和运行混乱。

作为新质生产力主要内容的生产信息化和数字化，信息产业和数据产业的革命性发展，为科学精准的宏观经济调控奠定了强大的生产力基础。对此，需要建立相应的宏观经济调控新型体制机制，构建新型生产关系，使在新质生产力基础上的科学精准的宏观经济调控能够有效地发挥作用，这对于克服市场失灵、熨平经济周期性波动和社会经济平稳健康发展，具有不可替代的作用。

四、信息产品和数据产品作为生产要素推进创新体制和生产要素占有方式的变革

新质生产力的一个重要特点，就是信息产品和数据产品作为生产要素进入社会生产过程。而信息产品和数据产品有两个重要特点，即复制成本低和复制的不衰减性。这两个特点会推动与其相适应的新型生产关系的建立。

首先，需要在市场经济中建设和完善与之相适应的有效的知识产权保

护新型体制机制、信息产品和数据产品的创新激励体制机制、信息产品和数据产品作为生产要素的新型投入体制机制。这些新型体制机制也是新型生产关系，应该保证信息产品和数据产品作为新型生产要素的创新性、投入积极性和作用持续性，同时具有较低的交易成本。

其次，信息产品和数据产品的复制成本低和复制的不衰减性这两个技术性特点，导致了其作为生产要素很难被个体排他性占有。当个体排他性占有作为生产要素的信息产品和数据产品时，所产生的交易成本很高，甚至可能大于生产成本，这使得社会不得不将大量的资源用于交易成本，而不是用于社会生产和经济发展。从某种意义上看，这是社会资源的巨大浪费。这就要求创新性地构建相应的新型生产要素非个体排他性占有的方式和体制机制，即新型生产关系。

（本文源自《前线》2024年第5期）

系统解析和形成新型生产关系

王伯鲁[*]

以获取利润为目的的资本与以提高功效为目标的技术,是驱动现代经济社会发展的两大基本动力。在资本扩张与科技加速发展的背景下,社会生产活动向深度和广度快速推进,新兴产业、新质生产力、新技术、新产品、新功能不断涌现。现代社会生产领域的一系列变革,为经济发展和社会进步注入了新的活力,既深刻改变了社会生活面貌,也导致传统生产关系与生产方式嬗变,迫切需要全面深化改革,变革和重塑落后的生产关系,解放和发展生产力,进而推动经济社会的高质量发展。

一、生产发展的新态势

自工业革命以来,人类社会的生产方式经历了从机械化、电气化到信息化、智能化的历史性跨越。如今,随着新一轮科技革命的勃兴和经济全球化的深入推进,社会生产领域展现出一系列新特征、新态势,主要表现为以下方面。

科技与生产深度融合。为了促使科学技术成果向生产领域的融入与转移,在政(官)产学研结合理念的引导下,企业与科研院所主动将基础研究、应用研究与发展研究力量或资源整合在一起,形成了一个相互依存、互动共进的有机整体,即 R&D 中心或工业实验室等新型科研组织形态,从

---

[*] 王伯鲁,中国人民大学哲学院教授、博士生导师。研究方向为技术哲学、马克思主义理论。

而减少了不同层次或类型研究活动之间的阻隔或摩擦。这一态势强化了科学、技术与生产之间的互动融合与协同并进,通过科技创新推动了生产力的发展:一方面,促使科学研究直接聚焦和解决技术开发与生产实践中的难题;另一方面,技术开发与生产实践中的认识难题又促进和拓展了科学研究,提高了科学研究成效。科学、技术与生产的一体化,不仅推动了科技创新和生产发展,也为社会进步和人类文明的发展注入了新的活力与强大的动力。

创新成为生产发展的新动力。在知识经济时代和激烈的市场竞争中,不断涌现的高新技术成果为传统产业的转型升级提供了有力支撑,同时也催生了人工智能、生物科技、新能源、新材料等一大批新兴产业形态。创新已成为推动生产转型与扩张的关键因素和核心动力,创新型生产成为社会发展的重要支撑。为此,产业界注重培养和引进具备创新思维与专业技能的人才,为生产发展提供有力的人才保障;同时,企业纷纷加大创新投入,推动技术、产品、管理等方面的全面创新,为生产的持续发展注入新的动力。

平台化生产助力产业升级。随着互联网的普及和大数据、云计算等信息技术的发展,平台化生产逐渐成为当代生产领域的新趋势。企业通过搭建开放、共享的生产平台,整合产业链上下游资源,实现了资源的优化配置和高效利用。这种生产方式有助于降低生产成本,提高生产效率,推动产业迭代升级。同时,平台化生产也为中小企业提供了更多的发展机遇和空间,促进了产业的协同创新和共同发展。

智能化生产成为主流。随着人工智能、大数据、云计算、工业互联网、机器人等新一代信息技术的快速发展,智能化生产已经成为当今生产领域的主流趋势。通过引入智能化设备和系统,实现了生产过程的自动化、数字化和智能化,同步催生了智能制造、智能工厂等全新生产形态。智能化生产提高了生产质量和效率,降低了劳动强度、能耗和污染物排放,析出劳动力,推动了产业的可持续发展。

绿色化成为共识。面对全球气候变暖的挑战和资源环境的压力,绿色低碳已成为当今产业发展的新方向，企业开始采取绿色环保的生产方式。新能源、清洁能源、节能环保等产业得到了快速发展，成为推动经济增长的重要力量。同时，传统产业也在积极推进绿色化转型，通过技术创新和产业升级，采用环保材料、节能技术和清洁生产方式，降低能耗和物耗，减少污染物排放，实现绿色发展。并且，政府和社会各界也合力支持绿色生产和消费，推动形成绿色、低碳、循环的生产方式。

协同化生产趋势。随着经济全球化的不断推进，生产活动的全球布局和价值链分工愈发深化，形成了全球产业链和价值链。在信息技术支持和经济全球化背景下，协同化生产已成为当代生产领域的新趋势。跨国公司借助互联网、物联网、云计算等技术在全球范围内配置资源、组织生产、开拓市场，实现供应链的协同管理以及资源、信息和技术的共享。不同国家、地区的企业通过协同合作，实现资源优化配置、降低生产成本、提高效率和创造更多的价值。这种分工协作的生产方式提高了企业生产效率，增强了市场竞争力。同时，生产活动的全球化和协同化也促进了企业间的交流与合作，推动了产业的协同高效发展以及生产关系的变革和重塑。

定制化生产兴起。在消费升级和个性化需求日益增长的背景下，消费者不再满足于标准化的大众产品，而是追求个性化、差异化的产品和服务，定制化生产逐渐成为当代生产的新趋势。传统的大批量生产模式已经不能满足多样化的市场需求，而个性化生产不仅可以满足消费者的个性化需求，也创造了更多的市场机会和竞争优势。为此，企业开始转向定制化生产，借助信息技术更好地了解和挖掘消费者的个性化需求，根据消费者的具体要求进行生产和服务；采取灵活的生产方式，通过柔性生产、智能制造等技术手段实现产品的个性化定制；通过提供个性化、差异化的解决方案，满足消费者的多样化需求。这种定制化生产方式不仅为消费者提供了更好的产品体验，提升了消费者的满意度和忠诚度，也为企业增加了附加值，带来了更大的市场空间和竞争优势。

柔性化生产应对市场变化。在市场需求日益多元多变的环境下，柔性化生产方式逐渐成为应对市场变化的重要手段。柔性化生产具备高度的灵活性和应变能力，能够根据市场需求的变化快速调整生产计划和产品结构。这种生产方式有助于降低库存风险，提高市场响应速度，增强企业的市场生存能力和竞争实力。

服务化生产成为重要方向。随着制造业与服务业的融合，服务化生产也成为当代生产发展的重要方向。企业开始从单纯的产品制造向延伸售后服务链条和提供综合解决方案转变，通过增加服务内容和提升服务质量，满足客户的多样化需求。服务化生产不仅提高了企业的附加值和市场占有率，还增强了客户黏性和忠诚度。

综上所述，当代生产发展呈现与科技深度融合、创新驱动、平台化、智能化、绿色化、协同化、定制化、服务化、柔性化等新态势。这些新态势既带来了更高的生产效率和经济增长，也改变了传统的生产关系、生产方式和产业发展格局。同时，我们也应当关注这一态势带来的一系列新问题和新挑战，积极探寻应对策略和解决方案，以实现经济的高质量、可持续发展。

二、生产关系中存在的新问题

生产关系是人们在社会生产活动中形成的各种社会关系和组织形式，关涉生产活动的社会层面，反映了生产过程中人们相互依存、彼此制约的关系。作为社会经济结构的核心组成部分，生产关系健康与否直接影响着经济与社会的平稳协调发展。随着科技的日新月异、生产力的快速发展以及经济结构的深刻变革，生产关系领域呈现出一系列新问题。这些问题不仅制约着生产力的进一步发展，也影响着社会的公平与和谐，应当引起我们的关切和警惕。

收入分配不平等问题凸显。一方面，随着资本积累和技术进步的加速，资本与劳动之间的收入差距逐渐扩大。资本所有者凭借对资本的控制和运营，获得了高额利润，而劳动者在收入分配中往往处于劣势地位，难以分享到经济增长的成果,进而导致社会财富向少数人集中,加剧了社会的不平等程度。另一方面,不同行业、不同地区之间的收入差距也在扩大。一些垄断行业和发达地区通过垄断资源、高新技术、控制市场等手段,获取较多的利益,而一些传统产业、落后地区则面临资源短缺、收入较低或成本上升的困境。这一收入差距导致社会财富向少数人或少数行业抑或地区集中,制约着经济社会的均衡协调发展。

劳动关系紧张和冲突频发。一方面,劳动合同制度不完善导致劳动者的合法权益无法得到有效保障。一些企业为了降低成本、追求利润最大化,通过签订霸王条款、随意解除劳动合同等方式侵害劳动者的合法权益,不缴纳"五险一金",随意拖欠农民工工资,加剧了劳动关系的紧张程度。另一方面,劳动争议处理机制不健全导致劳动者在维护自身权益时面临诸多困难。一些劳动争议仲裁机构缺乏独立性、公正性和权威性,同时,劳动争议处理程序烦琐、周期长,也增加了劳动者的维权成本。这不仅影响了企业的正常运营,也破坏了社会的和谐稳定。

资源环境问题日益严峻。一方面,环境污染与生态破坏问题突出。在追求生产利润的过程中,一些企业忽视环境保护,导致环境污染、生态破坏等问题日益严重。工业废水、废气、固体废弃物的排放对生态环境造成了严重破坏,影响了社会大众的生活质量。另一方面,资源利用效率低下,存在过度开发现象。一些企业缺乏科学管理和先进技术支持,导致资源利用效率低下,浪费严重。这不仅增加了生产成本,也加剧了资源短缺的压力,制约着经济的可持续发展。

科技创新与生产关系之间的不协调问题逐渐显现。一方面,创新成果转化率低。一些企业缺乏创新意识和能力,无法有效吸收和利用新技术;一些科技成果的商业化、产业化进程迟缓,导致创新成果难以有效转化为现实的生产力。另一方面,技术进步与就业矛盾凸显。一些传统行业和技术被新技术所替代,导致部分劳动者失业或面临就业困难;一些新兴行业和技术对劳动者的技能与素质要求较高,也增加了劳动者的就业难度。据全球咨询巨头麦肯锡的研究报告预测,到2045年前后,人类50%左右的职业将被人工智能逐步取代，析出大量劳动力。① 还有，一些新技术研发者无视伦理道德约束，钻法律的空子，利用新技术成果侵害公众利益，也引发了人们对科技创新的担忧和质疑。② 例如，自动获取 500 米范围内用户手机号码的收集器、随意修改电话号码的 NZT 软件、破解银行卡密码的软件、考场作弊装备等"违法"的技术研发及其产品影响恶劣。这类技术创新偏差也是生产关系中亟待解决的问题。

消费主义文化日盛。源于西方资本主义国家的消费主义文化，以对物品的绝对占有和追求享乐为特征，是一种把消费当作唯一目的，为消费而消费的极端文化现象。在现实生活中，消费主义文化正在以其独特的方式侵蚀着人们尤其是年轻人的健康价值观念。消费是社会再生产过程中的一个重要环节，是生产关系的集中体现。尽管消费主义文化具有刺激消费、推动经济增长的积极作用，但它滋生的一系列问题却不容回避。一方面，消费主义文化扭曲了人们的价值观，使人们沉迷于购物、攀比和炫耀，把满足物质需求作为生活的唯一目标，忽视了精神层面的追求和内心的充盈，从而失去了对真正价值和人生意义的追求。另一方面，消费主义文化也加剧了资源浪费和环境破坏。人们为了满足日益增长的物质消费需求，导致资源的过度开采，环境遭受严重破坏。此外，消费主义文化还扩大了社会不平等现象，使社会贫富差距进一步拉大，进而加剧了社会矛盾和不稳定。

当前生产关系领域存在的具体问题还有很多，这些问题既错综交织、相互依存，又相互转化和衍生演化；不仅制约着经济社会的协调发展，也影响了社会的公平与和谐，需要展开系统深入的分析，以寻找有效的解决方案。

三、生产关系的复杂性和系统特征

生产关系就是人们在物质生产过程中结成的社会关系。"人们在自己生

---

① 《麦肯锡发布：〈生成式人工智能的经济潜力：下一波生产力浪潮〉》，https://www.sohu.com/a/700128427_120319119。

② 程啸：《谨防深度伪造技术侵害公众利益》，《法治日报》2021 年 3 月 24 日。

活的社会生产中发生一定的、必然的、不以他们的意志为转移的关系，即同他们的物质生产力的一定发展阶段相适合的生产关系。这些生产关系的总和构成社会的经济结构，即有法律的和政治的上层建筑竖立其上并有一定的社会意识形式与之相适应的现实基础。"① 由此可见，生产关系是生产力诸要素相结合的社会形式，是一切社会关系中最基本的关系，也是人们之间的物质利益关系，决定着政治、法律、文化等其他方面的社会关系。

在现实生产活动中，生产关系是一个构成复杂的系统，包括生产资料所有制、人们在生产中的地位和相互关系、产品分配形式等方面。作为人类社会发展的核心要素，生产关系的复杂性体现在多个层面和维度上。它不仅是简单的经济关系，更是社会、文化、政治、经济制度等多重因素互动交织的体现：一方面，生产关系的各个方面相互依存、彼此制约，共同构成了一个有机的系统性结构；另一方面，生产力与生产关系、上层建筑之间存在着密切的相互作用，形成了社会基本矛盾及其层次结构，共同推动着经济社会的演进。还有，生产关系具有历史性和时代性，随着生产力的发展和社会进步，生产关系也会发生相应的变革。

首先，生产关系的复杂性体现在其多元性和多样性上。随着产业结构的升级和经济全球化的推进，传统的农业、工业和服务业之间的边界越来越模糊，新兴产业、新经济形态不断涌现，多种所有制形式和管理模式并存；不同国家、地区甚至同一个行业内的企业之间也存在着差异化的生产关系。事实上，在人类社会中，生产关系并非单一的存在，而是由多种形态和类型构成，这些形态和类型又各具特色、相互交织，形成了丰富多彩的生产关系体系。每一种生产关系都有其特定的社会基础和经济基础，同时也受到政治、法律、文化等多种因素的影响。这种多元性和多样性使得生产关系呈现千姿百态的样貌，也更加错综复杂。

其次，生产关系的复杂性还体现在其动态性上。生产关系并非一成不变，而是随着科技革命、生产力发展和社会变迁不断调整和变革的。这种

---

① 《马克思恩格斯文集》第2卷，人民出版社2009年版，第591页。

变革既体现在生产关系的形态上，更体现在其背后的社会结构和权力关系上，需要用发展的眼光来看待生产关系，关注其变化的原因和趋势。此外，经济周期的波动、市场竞争的压力、政策环境的变动等也会对生产关系产生影响作用。生产关系的复杂性还表现在生产关系与生产力、上层建筑等社会层面及其因素之间的密切联系和相互作用上，使得生产关系系统具有一定的开放性、动态性和不确定性，呈现层次性和整体性。同时，我们也不能忽视生产关系系统内部的矛盾和冲突。在任何一种生产关系中，都存在着不同利益群体之间的矛盾和冲突。这些矛盾和冲突是推动生产关系变革的重要动力，也是促使社会变迁的力量源泉。因此，我们需要深入分析这些矛盾和冲突，揭示其根源和实质，以便更好地理解和处理相关社会问题。

最后，生产关系的复杂性还体现在其全球性和跨国界、跨文化上。随着全球化的深入发展，各国的生产关系不再是孤立的存在，而是与他国彼此联系、相互影响的。国际贸易、跨国投资等经济活动使得各国的生产关系更加紧密地联系在一起，形成了一个全球性的生产关系网络。因此，我们需要具备开阔的全球视野和跨文化理解能力，以便更好地认识和处理全球性的生产关系问题。

系统科学（或复杂性科学）是20世纪中叶以来人类最重要的科学成就之一，也是人们探究复杂事物及其演变的有力工具。系统科学要求人们把研究对象看作系统形态，将其普遍联系和永恒发展看成一个总体过程，从整体和全局出发把握与控制对象，从系统与要素、要素与要素、结构与功能、系统与环境的对立统一关系中，对研究对象进行考察、分析和探究，以便获得认识和改造对象的最优方案。生产关系的复杂性和系统特征为系统科学方法的运用创造了条件，也为我们认识和重塑生产关系提供了可能。

四、变革生产关系的根据与路径

历史唯物主义认为，生产关系与生产力是不可分割的统一体，其间的矛盾是社会的基本矛盾，它们的对立统一构成了社会生产方式。在生产方式中，生产力决定生产关系，一定生产关系的产生、发展与变革都是由生产力决定的。同时，生产关系对生产力也具有能动的反作用。当生产关系适合生产力的性质和发展要求时，会促进生产力的发展，也是发展生产力的有效形式；当生产关系不适合生产力的性质或发展要求时，又会阻碍或破坏生产力的发展，甚至导致社会矛盾和冲突，成为生产力发展的桎梏。[①]因此，为了维持社会稳定和持续发展，生产关系必须不断适应生产力发展的内在要求。

在人类社会发展历程中，生产关系与生产力之间的相互作用以及适应关系始终是社会变革的关键所在。生产力的不断发展是社会进步的根本动力，而生产关系则是这一进步得以实现的社会形式。因此，生产关系一定要适应生产力的发展，这既是社会历史发展的客观规律，也是推动社会进步的必然要求。进入新时代以来，随着科技的加速发展和全球化的深入推进，我国社会生产力得到了前所未有的提升。我们应当把当前生产关系领域出现的一系列新问题，置于历史唯物主义视野下展开分析，坚持理论联系实际，寻求形成新型生产关系的对策与路径。

社会发展史表明，生产关系总是随着生产力的发展而不断调整和优化的，生产关系的革新是历史发展的具体表现和必然结果。当今生产关系的变革也展现出一些新的时代特征：一方面，随着全球化的深入推进，各国之间的经济联系日益紧密，生产关系的变革呈现国际化的趋势；另一方面，随着科技进步和产业升级，共享经济、数字经济、生态经济等新型生产关系样态出现，为生产关系的变革注入了新的活力。因此，形成新型生产关系必须从生产关系的时代性和现实特点出发。

值得强调的是，作为历史唯物主义的基本范畴，经济基础是指由社会一定发展阶段的生产力所决定的生产关系的总和，占统治地位的生产关系决定该社会的性质。可见，在社会系统结构中，生产关系处于连接生产力

---

① 肖前、李秀林、汪永祥：《历史唯物主义原理》，人民出版社1983年版，第113页。

与生产关系、经济基础与上层建筑两大社会基本矛盾的枢纽位置。因此，在变革生产关系的过程中，我们不仅要关注生产力与生产关系之间的矛盾，还要注重协调生产关系与上层建筑之间的相互作用：一方面，上层建筑是生产关系的政治、法律、意识形态等方面的表现，反映了生产关系的性质和要求；另一方面，上层建筑对生产关系也具有反作用。通过政治、法律、道德等手段，上层建筑可以维护和巩固特定的生产关系。同时，当生产关系发生变革时，上层建筑也必须进行相应的调整和改革。因此，作为变革或重塑现行生产关系的重要路径，全面深化改革的一系列方案与举措，也需要在历史唯物主义和系统科学视野下谋划、设计、论证和实施。

五、以全面深化改革形成新型生产关系

如前所述，在新发展阶段，国内生产关系层面存在着一些问题，制约着生产力和经济社会的快速发展，亟须系统谋划和精心设计，通过全面深化改革加以消除。为此，习近平总书记强调："当前，改革又到了一个新的历史关头，很多都是前所未有的新问题，推进改革的复杂程度、敏感程度、艰巨程度不亚于40年前，必须以更大的政治勇气和智慧，坚持摸着石头过河和加强顶层设计相结合，不失时机、蹄疾步稳深化重要领域和关键环节改革，更加注重改革的系统性、整体性、协同性，提高改革综合效能。"[1]

从社会系统结构层次看，在生产关系和上层建筑两个层面及其各要素之间存在着众多双向因果链条。通过上层建筑层面的调整与革新，全面深化改革和高水平对外开放，能够有效推动生产关系层面的变革与优化，进而形成新型生产关系，最终解放和发展生产力。然而，变革生产关系并非易事，它涉及利益的重新调整、观念的深刻转变以及制度的创新等多个层面。面对国内外环境的深刻变化，我们必须迎难而上，通过全面深化改革，破解发展难题，增强发展动力，厚植发展优势。正如习近平总书记所指出：

---

[1]《习近平重要讲话单行本》（2020年合订本），人民出版社2021年版，第155—156页。

"改革开放是坚持和发展中国特色社会主义的必由之路,所以必须始终把改革创新精神贯彻到治国理政各个环节,不断推进我国社会主义制度自我完善和发展。"①

在全球化深入推进和新一轮科技革命浪潮中,我国正处在一个前所未有的历史交汇期。全面深化改革已成为新时代我国发展的必由之路、鲜明特征和强大动力。传统的落后生产关系已经不能完全适应新时代的发展要求,必须通过全面深化改革来优化调整,以适应新的生产力发展需求。形成新型生产关系旨在构建更加公平、高效、可持续的生产关系,从而进一步解放和发展生产力。因此,在全面深化改革的进程中,我们必须坚持问题导向,突出重点领域和关键环节,采取一系列有针对性的措施有序推动生产关系的深层次变革。具体而言,以全面深化改革形成新型生产关系是一项宏伟的系统工程,其主要路径与措施有以下方面。

深化经济体制改革,优化资源配置机制。经济体制改革是形成新型生产关系的核心。我们应加强顶层设计和政策引导,明确变革的方向和目标。政府应及时出台相关政策法规,为生产关系的变革提供有力保障。建立统一的国内大市场,进一步完善社会主义市场经济体制,充分发挥市场在资源配置中的决定性作用,打破行政性垄断和市场壁垒,促进生产要素自由流动和公平竞争。深化国有企业改革,推动混合所有制经济发展,激发国有企业的活力和竞争力。同时,优化民营经济发展环境,激励民间投资和市场活力。通过一系列改革措施,形成更加公平、开放、透明的市场环境,促进资源的高效配置和合理利用,培育新质生产力。此外,还应加强国际交流与合作,借鉴其他国家和地区的成功经验,通过国际国内双循环体系,共同推动全球生产关系的优化和变革。

加强创新驱动,推动产业转型升级。创新是引领发展的第一动力,也是形成新型生产关系的重要手段。我们应加大科技创新和体制机制创新的力度,推动产业结构优化和转型升级。通过加大科技研发投入,培育一批

---

① 《习近平谈治国理政》,外文出版社 2014 年版,第 13 页。

具有核心竞争力的创新型企业。同时，推动传统产业转型升级，提高产业附加值和竞争力。加强产权保护，激发企业家精神，鼓励企业创新创造，推动形成一批具有国际竞争力的产业集群。此外，加强人才培养和引进工作，为创新发展提供有力的智力和人才支持。同时，还应加强职业教育和培训工作，提高劳动者的素质和技能水平，使其能够适应新的生产关系变革。

完善社会保障体系，促进社会公平正义。社会保障体系是维护社会和谐稳定的重要基础，也是形成新型生产关系的主要内容。我们应进一步完善社会保障体系和劳动法律法规，提高保障水平和覆盖面，推动收入分配制度改革，确保发展成果惠及全体人民。加强养老保险、医疗保险、失业保险等制度建设，确保人民群众的基本生活需求。同时，加强社会救助和福利体系建设，帮助困难群体摆脱困境，促进社会公平正义、共享发展和共同富裕。

强化科技伦理治理，引导科技向善。科技伦理治理是确保科技健康有序发展的关键。我们应积极倡导和推进负责任的创新，强化研发者的道德修养和责任意识，使其能够认同和遵守科技伦理准则，自觉规范科技研发行为。为此，国家已出台《关于加强科技伦理治理的意见》等相关政策文件，以指导科技伦理治理工作。[①] 在科技创新过程中，研发者必须坚守道德底线，遵循科技伦理原则和职业操守，以人类福祉为出发点和落脚点，避免科技滥用或误用带来的风险。我们应利用科技解决实际问题，改善人民生活，推动社会进步。同时，关注科技对弱势群体的消极影响，确保科技成果普惠于民。

加强生态文明建设，推动绿色发展。生态文明建设是新时代的一项重要任务，也是形成新型生产关系的努力方向。我们应坚持绿色发展理念，加强生态环境保护和治理，实现经济发展与环境保护相协调。通过推广清

---

① 《中共中央办公厅 国务院办公厅印发〈关于加强科技伦理治理的意见〉》，http://www.gov.cn/zhengce/2022-03/20/content_5680105.htm。

洁生产技术、发展循环经济、加强环境监管等措施，促进传统产业的绿色化改造，推动形成绿色生产方式和生活方式。同时，加强生态文明教育，提高全民族的生态文明意识，共同建设美丽中国。

总之，在全面深化改革中形成新型生产关系是一项长期而艰巨的历史任务，离不开社会各界的同心协力。我们需要深刻认识全面深化改革的重要性和紧迫性，坚持问题导向和目标导向相结合的原则，加强顶层设计和统筹协调，推动各项改革措施落地生效，形成与新质生产力相适应的新型生产关系。只有这样，我们才能进一步解放和发展生产力，推动经济社会的高质量发展，为实现中华民族伟大复兴的中国梦贡献力量。

［本文系国家社会科学基金（高校思政课研究专项）项目"马克思主义科技观的当代内涵及其教学应用研究"的阶段性研究成果（20VSZ126）。本文源自《人民论坛·学术前沿》2024年第13期］

第三部分

新质生产力与新型生产关系的辩证关系

新质生产力及其培育和发展

洪银兴[*]

2023年9月，习近平总书记在黑龙江考察时提出，要以科技创新引领产业全面振兴。整合科技创新资源，引领发展战略性新兴产业和未来产业，加快形成新质生产力。他同时还要求："积极培育新能源、新材料、先进制造、电子信息等战略性新兴产业，积极培育未来产业，加快形成新质生产力，增强发展新动能。"[①] 新质生产力概念的提出不仅是重大的理论创新，而且对中国式现代化的航向有重要的指导意义。2023年12月，中央经济工作会议明确提出大力发展新质生产力。研究新质生产力涉及三个方面：一是新质生产力的内涵及当前的突出表现；二是如何根据新质生产力的内涵发展新质生产力；三是生产关系如何适应新质生产力发展。

一、新质生产力的科学内涵：新科技、新产业、新能源、数字经济

既然新质生产力是新概念，那么就需要对其内涵和发展路径进行深入研究。马克思主义的一个重要原理是生产关系一定要适合生产力性质。生产力性质不是指的制度性质，而是发展水准的性质。因为生产关系才涉及制度性质。习近平总书记所讲的新质生产力指的是生产力的新水准、新质

---

[*] 洪银兴，南京大学长三角经济社会发展研究中心教授。
[①] 《牢牢把握东北的重要使命 奋力谱写东北全面振兴新篇章》，《人民日报》2023年9月10日。

态，是生产力水准的质变。显然，习近平总书记提出的新质生产力是对马克思的生产力理论的守正和创新，也是生产力理论的重大突破。

对生产力本身有质和量的评价，与投入要素的量和质相关。马克思认为，决定劳动生产力的因素包括："工人的平均熟练程度，科学的发展水平和它在工艺上应用的程度，生产过程的社会结合，生产资料的规模和效能，以及自然条件。"[①] 其中，科学的发展水平及其应用越来越成为最为重要的决定性因素，成为第一生产力。新质生产力就反映这个生产力要素质的提升。

在生产力和生产关系的生产方式中，生产力是推动社会进步最活跃、最革命的要素。也就是说，生产力水准（即质）不是静止的、一成不变的，而是不断产生新质生产力。生产力由量变到质变就产生新质生产力。在中国式现代化中只有不断发展新质生产力，才能走在前列并占领制高点。

生产力性质和质态有新旧的区别。每个经济时代的新质生产力的"新"都有时代特征。发展新质生产力从一定意义上说是新旧动能的转换。现阶段各国、各地区的经济竞争实际上是新质生产力水平的竞争。根据马克思的生产力理论，一方面适应生产力具有最活跃最革命的特点，发展生产力需要紧跟新质生产力发展；另一方面，每个发展阶段的新质生产力的作用还没有充分发挥时是不会自动退出的，因此新质生产力有迭代升级的要求。也就是说，在每个阶段对该时代的新质生产力需要有更为广泛的应用，尤其是扩大其应用场景，使其活力得到充分释放；同时需要依靠科技和产业创新培植下一代新质生产力，促进科技和产业不断升级。这是在现代化中走在前列的可靠保证。

根据习近平总书记关于新质生产力的讲话以及生产力发展的客观趋势，在宏观上可以把新质生产力概括为新科技、新产业和新能源以及促使这三个方面融合发展的数字经济。

1. 新科技

科技是第一生产力，是推动经济社会发展的主要力量，习近平总书记

---

① 《资本论》第 1 卷，人民出版社 2004 年版，第 53 页。

在2023年全国两会上强调:"在激烈的国际竞争中,我们要开辟发展新领域新赛道、塑造发展新动能新优势,从根本上说,还是要依靠科技创新。"① 2023年12月,中央经济工作会议指出,要以科技创新推动产业创新,特别是以颠覆性技术和前沿技术催生新产业、新模式、新动能,发展新质生产力。

科技的生产力作用不仅仅在于产业的科技含量,更重要的是由量变到质变所反映的新科技的质态,即具有革命性的科技创新。世界范围内几次科技和产业革命都产生了新生产力,每个时期新科技推动生产力质的飞跃的都是新质生产力。因此,成为新质生产力的是新科技的生产力作用。新科技生产力基础是科技的革命性突破。这种突破反映为每个经济时代的新动能。第一次产业革命产生的热力、第二次产业革命产生的电力、第三次产业革命产生的网力以及当前正在推进的数字经济产生的算力都是特定时代发展的新动能。

作为新质生产力的新科技属于国际前沿的科技,尤其是颠覆性科技。发展新质生产力,关键是研发并整合好科技创新资源发展新科技。发展并应用新科技就是培育和发展新质生产力。科技进步日新月异,中国式现代化需要新质生产力推动。发展新质生产力特别需要发展国际最新科技,不仅要跟踪,更要与发达国家并跑,并且在重要领域领跑。为此,特别需要关注世界科技发展的新趋势。麦肯锡提出的2023年最被关注的科技趋势包括:(1)人工智能革命,如应用型人工智能等;(2)构建数字未来,如下一代软件开发等;(3)计算和连接的前沿,如先进连接技术、云以及边缘计算、量子技术等;(4)尖端工程技术,如未来出行、未来生物工程、太空技术等;(5)可持续发展,如电气化和可再生能源、其他气候相关的技术等。中国科协发布的2023重大科学问题、工程技术难题和产业技术问题包括人工智能、新能源、高性能材料、生命科学等领域。所有这些重大科学技术问题不仅要受到关注,更要有所突破。

---

① 《牢牢把握高质量发展这个首要任务》,《人民日报》2023年3月6日。

2. 新产业

根据习近平总书记关于新质生产力的讲话，新质生产力依托新科技，落脚点在新产业。马克思指出，区分经济时代，不在于生产什么，而在于使用什么生产工具。生产工具反映一定经济时代的科技及其应用水平。这就是说，每个时代的新质生产力体现在生产工具突破性改进及广泛应用上。如前几次科技和产业革命产生的蒸汽机、电动机。现阶段的新质生产力提供的是数字化平台和智能化工具，如计算机、互联网平台、云计算、机器人、无人机等。提供这些新生产工具的产业就成为新质生产力的载体。2023年7月，习近平总书记在江苏考察时强调，要加强科技创新和产业创新对接，加强以企业为主导的产学研深度融合，提高科技成果转化和产业化水平，不断以新技术培育新产业、引领产业升级。[1]

根据波特的竞争力理论，国家和地区竞争力表现为产业竞争力。现代竞争力是以产业为度量单位的。这就是说，进入新发展阶段，尽管生产工具仍然在一定程度上反映生产力性质，但更多的是以科技创新为依托的产业创新决定并反映生产力的质的提升。所发展的战略性新兴产业的水准及其所占比重反映社会生产力性质的旧还是新。

一般是先有科技革命后有产业革命。过去科技革命与产业革命在时间上会有一定的间隔期。也就是科技革命从产生到产业上的相应变革，一般需要经过数十年。现在，产业革命几乎与科技革命同时进行，新科技直接转化为新产业。由于科技日新月异，新产业的生命周期也明显缩短。这意味着发展新质生产力，不仅需要科技创新与产业创新融合，发展战略性新兴产业；还需要根据科技发展的新趋势，超前研究未来科技，提前布局未来产业。这样，建设现代化产业体系不只是涉及三次产业结构的优化升级，还涉及建立未来产业—战略性新兴产业—主导产业—未来产业依次递进的产业体系。

---

[1] 《在推进中国式现代化中走在前做示范　谱写"强富美高"新江苏现代化建设新篇章》，《人民日报》2023年7月8日。

3. 新能源

人与自然和谐共生不是不要发展，而是要建立在绿色发展基础之上的发展。在习近平总书记关于新质生产力的讲话中，新质生产力包含了新能源和新材料。

对几次产业革命也有从能源角度区分的。已有的工业革命成果被称为"化石能源的时代"。化石能源至今仍然是各个产业的能源基础，但已经属于旧质生产力，说它是旧质生产力的原因，如里夫金所说，主要有三点：第一，进入21世纪，石油和其他化石能源日渐枯竭；第二，靠化石燃料驱动的技术已陈旧落后，以化石能源为基础的整个产业结构运转乏力；第三，使用化石能源的工业活动造成的碳排放破坏了气候生态系统，并危及人类健康。这就提出了寻求新能源的能源革命的要求。也就是说，"互联网技术和可再生能源结合起来，为第三次工业革命创造强大的基础，第三次工业革命将改变世界"[①]。从一定意义上说，新能源属于新产业的一个重要部分。

习近平总书记已经明确宣示了我国碳达峰和碳中和的时间表。"双碳"目标下的新能源发展和利用本身就属于新质生产力，会带动科技和产业的革命性变化。党的二十大报告指出，要协同推进降碳、减污、扩绿、增长。增长和绿色协同推进的关键在科技进步，基础是发展绿色技术创造的新质生产力。由此催生以新能源（绿色能源）为基础的新科技和工业革命，当然在以化石能源为基础的能源结构阶段采用的节能减排的新科技也应该归于新质生产力。

4. 数字经济

数字经济可以说是当前阶段新质生产力的综合质态，新科技、新产业、新能源都离不开数字经济。数字经济是信息和知识的数字化成为关键生产要素，以现代信息网络为重要载体、以有效利用信息通信技术为提升效率和优化经济结构重要动力的广泛经济活动。当前世界范围的数字经济正在成为国

[①] 杰里米·里夫金：《第三次工业革命：新经济模式如何改变世界》，张体伟、孙豫宁译，中信出版社2012年版，前言。

际经济和科技竞争的新赛道。因此，习近平总书记指出："综合判断，发展数字经济意义重大，是把握新一轮科技革命和产业变革新机遇的战略选择。"[①]

当前数字经济之所以成为新质生产力的代表，主要是其包含了全新的三个要素：一是"数据"成为关键的生产要素；二是算力成为继热力、电力、网力以后的新动力；三是算法成为现代科技的新方法。这三个方面赋能各个产业就是新质生产力效应。现在依托数字经济的新质生产力正越来越多地体现在云技术、大数据、新一代互联网、物联网、人工智能等前沿尖端技术领域。数字产业为产业结构整体升级提供新质生产力。据此特点，数字技术越是尖端，数字平台规模越大，应用越是广泛，数字经济的新质生产力作用越大。

现在数字经济的新质生产力作用还有很大的空间，无论是数字产业化还是产业数字化都需要充分利用其新质生产力的成果，由此提出数字经济迭代升级的要求。所谓迭代，就是既有现代的，又有新一代的。强调现代的数字经济就是要求当前数字经济的应用范围和场景进一步扩大。尤其是充分利用现代数字技术，在一些领先领域如5G技术上持续保持优势，在一些瓶颈和"卡脖子"领域如芯片、光刻机、操作系统、机器人等方面取得突破。强调新一代的数字经济就是需要进一步推动数字化升级，培育新的生产力。其着力点在增强算力、优化算法，创新新一代信息技术培育和发展新一代信息产业（如6G），努力在新一代互联网、云技术、大数据、物联网、人工智能等前沿尖端技术领域进入国际前沿，促进数字产业随着新一代信息技术的进步而不断升级，提供更为广泛的应用场景。

二、新科技融入新产业：战略性新兴产业和未来产业

新产业是新质生产力的落脚点。习近平总书记指出："当今世界，新科技革命和全球产业变革正在孕育兴起，新技术突破加速带动产业变革，对

---

① 习近平：《不断做强做优做大我国数字经济》，《求是》2022年第2期。

世界经济结构和竞争格局产生了重大影响。"① 一些重要科学问题和关键核心技术的革命性突破,带动了关键技术交叉融合、群体跃进。新科技作为新质生产力关键在其产生新技术、新产业。发展新质生产力的现实途径是科技创新和产业创新在深度融合中发展新兴产业和未来产业。新质生产力的现实体现是科技创新的最新成果直接产生战略性新兴产业和未来产业,并逐步成为主导产业。这是培育发展新动能、培育新质生产力的方向。根据习近平总书记关于新质生产力的讲话,以新科技为依托的产业创新主要涉及以下方面。

1. 产业基础数字化、智能化

高级化的产业基础是新质生产力提供的。当前新科技和产业革命提供的产业基础是数字化和智能化。关键技术有信息、云计算、量子通信、智能和绿色等。习近平总书记要求,打好产业基础高级化,产业链现代化的攻坚战。其路径就是,"要把握数字化、网络化、智能化方向,推动制造业、服务业、农业等产业数字化,利用互联网新技术对传统产业进行全方位、全链条的改造,提高全要素生产率,发挥数字技术对经济发展的放大、叠加、倍增作用"②。

产业数字化实际上是新质生产力赋能各个产业,着力点是数字经济与实体经济深度融合。首先是与产业深度融合,使各个产业得到数字化改造,促进利用最新数字技术创新新产业。其次是与企业深度融合,促进企业运营数字化。正如某个制造业企业家所说的,核心业务全在网上,管理都靠软件,产品都能智能化。最后是与技术创新深度融合,加快技术的数字化、智能化转型,尤其是攻克前沿性的人工智能、云技术、工业互联网等数字技术并扩大其应用场景。

产业基础高级化不仅是指产业高端化,对传统产业升级也有重要意义。传统产业面广量大。传统产业不等于低端产业,但其产业基础不升级就要

---

① 中共中央文献研究室:《习近平关于科技创新论述摘编》,中央文献出版社2016年版,第75页。
② 《习近平谈治国理政》第4卷,外文出版社2022年版,第207页。

被淘汰。传统产业基础数字化、智能化升级，成为新质生产力产业载体的重要组成部分，这意味着传统产业也能发展新质生产力。

产业基础高级化对数字化、智能化的新基础设施和通用技术提出了强烈需求。当年互联网平台的建设就是为了全社会通过互联网平台跨入数字经济的大门。今天同样需要加快与新质生产力互联互通的基础设施（如云技术、区块链等）建设，以新基建打开未来科技和产业发展的新大门。

2. 培育战略性新兴产业和未来产业

从现代化产业体系来说，未来产业与战略性新兴产业、主导产业、支柱产业是依次递进的体系。这也是中国式现代化所要建设的现代化产业体系的核心内容，其先导是战略性新兴产业和未来产业。这就需要提高科技成果转化和产业化水平，不断以新技术培育新产业、引领产业升级，从产业端培育和发展新质生产力。

新质生产力催生的战略性新兴产业，是新兴科技和新兴产业的深度融合，既代表着科技创新的方向，也代表着产业发展的方向。面对新科技和产业革命的挑战，各个国家都采取了积极的应对措施。如美国的再工业化实质上也是适应新质生产力要求发展战略性新兴产业和未来产业。我国进入新时代的现代化需要抓住新科技和产业革命的新机遇，同发达国家并跑，着力发展战略性新兴产业，站上世界科技和产业的制高点。

习近平总书记在多次讲话中明确指出的具有新质生产力意义的战略性新兴产业涉及：（1）移动互联网、智能终端、大数据、云计算、高端芯片等新一代信息技术发展将带动的众多产业变革和创新；（2）围绕新能源、气候变化、空间、海洋开发的技术创新更加密集；（3）绿色经济、低碳技术等新兴产业蓬勃兴起；（4）生命科学、生物技术带动形成庞大的健康、现代农业、生物能源、生物制造、环保等产业。[①] 习近平总书记在近期关于新质生产力的讲话中进一步明确，积极培育新能源、新材料、先进制造、电子信息等战略性新兴产业，积极培育未来产业，加快形成新质生产力，

---

① 中共中央文献研究室：《习近平关于科技创新论述摘编》，第75页。

增强发展新动能。

新科技和产业革命融合的直接影响和重要特征是产业生命周期缩短。今天是战略性新兴产业，明天就可能不新了。由此提出超前布局和培育未来产业的迫切性。未来产业处于产业生命周期的早期，或者说是萌芽期，它是新兴产业的早期形态。随着技术的成熟、扩散，在未来的某个时期会成为对经济具有较强带动作用的主导产业。因此，超前部署和培育未来产业所培育和发展的新质生产力，能够促进产业的转型升级，逐步使未来产业成为战略性新兴产业，进一步成为主导产业，从而使现代化产业体系不断升级。

根据国际专业性机构的预测，未来产业主要涉及：（1）以人工智能、量子信息、未来网络与通信、物联网、区块链为代表的新一代信息技术产业。在人工智能领域，专用智能走向通用智能，场景创新成为驱动人工智能创新的重要方式。（2）生物技术产业。以基因编辑、脑科学、合成生物学、再生医学等为代表的生命科学领域孕育新的变革，生物技术与信息深度融合已成必然，精准医疗、智慧医疗等成为发展热点。（3）绿色低碳产业。作为全球未来能源的氢能、太阳能、核能和其他低碳能源的开发利用，结合智能电网技术等，正在改变能源结构。（4）战略空间产业。深空、深海、深地等战略空间科技与产业发展逐步走向"整体统一"的地球系统时代。世界各主要经济体虽然没有使用新质生产力概念，但均在对数字技术创新发展以及由此可能推动的产业变革进行超前布局。如美国制定出台《关键与新兴技术国家战略》、德国提出的以"工业4.0"为核心的数字技术领域攻关、欧盟发布《2030数字罗盘》、日本聚焦"超智能社会"等。

未来产业存在高度的不确定性和风险，需要构建创新未来产业的生态以激励未来产业创新。这种生态主要涉及：（1）未来产业的核心技术来源于基础研究成果，因此需要高度重视研究型大学的基础研究及其成果转化，建立产学研深度融合创新的平台和机制，促进新科技向新产业的转化；（2）未来产业一般是创新型小微企业首先创新，因此需要重视创新型小微企业的产业创新，尤其需要为科技型小微企业的创新创业提供风险投资；

（3）创新新产业需要足够的风险投资，因此需要发展和完善科创板之类的资本市场和其他各类风险投资市场，使创新未来产业的投资进出顺畅；

（4）创新未来产业由于存在不确定性，容易犯错，错了再试才能成功，因此需要建立产业创新的容错纠错机制。

三、适应新质生产力的生产关系

根据生产关系一定要适合生产力性质的马克思主义原理，适应新质生产力的生产关系突出在建立人才高地、集聚高端创新人才、建立激励发展新质生产力的体制机制上。

国际经济竞争甚至综合国力竞争，说到底就是创新能力的竞争。习近平总书记指出，当今世界，谁牵住了科技创新这个牛鼻子，谁走好了科技创新这步先手棋，谁就能占领先机、赢得优势。由上述新质生产力内涵所知，创新是指科技和产业相融合的创新。人才是创新的第一要素，也是发展新质生产力的第一要素。这就是习近平总书记所说的："综合国力竞争归根到底是人才竞争。哪个国家拥有人才上的优势，哪个国家最后就会拥有实力上的优势。"[1] 从新质生产力角度，国际竞争中的比较优势不再是劳动力要素，而是创新人才要素。因此，培育和发展新质生产力的关键在集聚创新人才，建设人才高地。这就是党的二十大提出的加快建设世界重要人才中心和创新高地，着力形成人才国际竞争的比较优势。

1. 科技企业家对发展新质生产力的引领作用

发展新质生产力所要集聚的高端创新人才，既涉及高端科技人才，也涉及高素质劳动力。这里特别突出科技企业家的作用。企业是创新主体，不等于所有企业都能成为创新主体，关键是企业中要有创新的组织者。这个组织者就是企业家，尤其是科技企业家。对企业家的创新素质和职能，从熊彼特开始经济学家们有一系列的界定和论述。熊彼特把生产要素新组

---

[1] 中共中央文献研究室：《习近平关于科技创新论述摘编》，第107页。

合的实现称为"企业",把职能是实现新组合的人们称为"企业家"。根据熊彼特的定义,经营者只有在从事创新活动时才能成为企业家。"每一个人只有当他实际上'实现新组合'时才是一个企业家;一旦当他建立起他的企业以后,也就是当他安定下来经营这个企业,就像其他的人经营他们的企业一样的时候,他就失去了这种资格。这自然是一条规则。"[①] 创新有风险,害怕风险就没有创新。因此企业家的创新精神就被归结为敢于承担风险的精神。也就是说,企业家不但不害怕风险,而且敢冒风险、勇于开拓、不断创新。这是企业家的基本素质。

根据新质生产力要求,对科技企业家来说,只是具备创新精神还是不够的。科技企业家不只是主要的投资者,更是孵化新技术的引导者。在科技创新中,科技企业家还需要具有创新的思维:一方面,科技企业家具有企业家的创新素质,敢冒风险,能够洞察市场需求,以市场为导向;另一方面,科技企业家具有科学家的素质,能够洞察科学新发现的科学价值,体现创新成果的先进性,也就是敏锐地发现并引领新质生产力的趋势。就像当年的比尔·盖茨和乔布斯发现IT引领了互联网为代表的新质生产力,当今的马斯克等则正在引领以AI为代表的新质生产力,华为正在引领新一代信息产业为代表的新质生产力。我国要发展新质生产力关键就在于培育和造就科技企业家。

由于当今发展的新质生产力是科技和产业创新的融合,科技企业家需要具有围绕创新组合生产要素(创新要素)尤其是协调产学研各方的能力。只有这样,才能使创新得以成功。对企业的技术创新与大学的知识创新两大创新系统进行集成,对多个主体进入的新技术孵化活动进行组织协调,是科技企业家的基本职能,既引导科学新发现、孵化新技术的导向,又引导市场对技术创新的导向。科技企业家的这种导向实际上是主动连接市场和科技创新过程。成功的科技企业家既能引导对孵化的新技术导向,又能引导对消费者导向,由此开发的技术和产品一般都有良好的市场前景。在

---

① 约瑟夫·熊彼特:《经济发展理论》,何畏等译,商务印书馆1990年版,第92—93页。

科技企业家引导创造消费者和科技创新结合进行的模式中,科技创新和市场导向直接互动,就不存在传统的市场导向的创新模式中所要经历的"试错"阶段,因而可以加快创新的过程,减少创新的风险。概括起来,科技企业家的创新活动突出在三个方面:(1)通过企业家的组织和协调,形成产学研各个创新主体之间的互动和交互作用。科技企业家所推动的企业创新的动力不只是竞争,更是合作,尤其是进入其创新链的各个主体间的合作。(2)企业从孵化新技术阶段就进入的创新过程具有不确定性、协同性和连续性的特点。科技企业家的组织职能就在于不间断地引导创新并根据最终的市场目标及时调整创新方向,直至开发出品质更高、成本更低的产品进入市场并取得财务回报。(3)各类创新人才的集聚和培育很大程度上靠科技企业家的作用,人尽其才是对人才的最大吸引力。

上述在发展新质生产力中科技企业家的重要作用,提出了集聚并培育科技企业家的要求。根据党的二十大关于弘扬企业家精神,加快建设世界一流企业的要求,培育科技企业家,不仅需要相应的制度建设,还需要有效的激励,既要促使企业家具有科学家的视野,又要促使科技创业的科学家具有企业家的创新精神和经营能力。

2. 建立科技和产业创新高地

对人才的吸引力,物质待遇固然重要,但更为重要的是人才有用武之地和宽松的自由探索环境。人才高地依托创新高地。人才高地、产业高地、创新高地三者相辅相成。一个地区产业越高端,吸引到的人才越高端。这就是说,创新高地必然能够成为人才高地。其原因是创新高地能够为高端科技人才提供用武之地。

根据发展新质生产力需要,所要建设的创新高地既不是单纯的科技创新高地,也不是单纯的产业创新高地,而是科技和产业融合的创新高地。尤其要建立关键核心技术的创新高地,主要涉及关键共性技术、前沿引领技术、现代工程技术、颠覆性技术创新。

建设创新高地没有先发地区和后发地区之分,先发地区和后发地区在发展新质生产力上站在同一起跑线上。就像贵州能够成为国内大数据产业的高地一样，后发地区可以在建设创新高地上实现弯道超车。

根据新质生产力的前沿性特征，所要建立的新质生产力创新高地有如下特征。

首先，突出开放式。根据习近平总书记关于中国式现代化的讲话，处理好对外开放与科技自立自强的关系，创新高地要立足于自立自强，提高自主创新能力，但不能忽视吸收全球先进技术和管理经验。在直接引进国外先进技术遇阻的条件下，吸引国际创新资源（尤其是创新人才）进行开放式创新，共同研发有自主知识产权的新产业技术，是较为可靠的途径。构建开放创新生态涉及创新的对内对外开放，不仅要求大学和企业的相互开放，还要求研究型大学的基础性研究以及研发机构孵化新技术的对外开放。其重要生态就是对标高标准国际经贸规则的制度型开放，尤其是实施严格的知识产权保护制度。

其次，突出高水平基础研究。新质生产力依托的新科技基本上源于基础研究成果。从事基础研究的研究型大学和科研机构是培育和发展新质生产力的基地，其高水平基础研究需要得到政府的支持和企业的超前投资。对大学来说，其基础研究的创新要以培育新质生产力为导向，以创新未来产业技术为导向。

再次，突出产学研协同创新。未来产业既要有处于国际前沿的技术，又要有未来市场价值。大学与企业共建高新技术研究院，在所形成的产学研协同创新平台上进行知识创新主体与技术创新主体互动合作，可以使创新的技术和产业既进入前沿，又有市场价值。从这一意义上说，产学研协同创新平台本身就是新质生产力的创新高地。

最后，升级各类科技园、产业园。各类科技园、产业园是发展新质生产力的重要载体。这里集聚了各类创新资源，有条件在迭代升级中成为培植新质生产力的高地。正像新产业的生命周期缩短一样，已有的科技园、产业园集聚的科技创业的生命周期也在缩短，其升级要求更为迫切。美国的硅谷曾经为发展信息化为代表的新质生产力作出了开创性贡献。我们注意到，2023年10月23日，拜登政府通过美国商务部（DOC）经济发展管理局（EDA）宣布在全美范围内指定31个区域技术中心，以启动技术中心（Tech Hubs）计划的第一阶段。技术中心计划将为美国打造关键技术生态系统，使其在未来10年内成为全球领导者。这31个技术中心分布在全美32个州，重点关注8个领域，包括3个自主系统技术中心、2个量子技术中心、6个生物技术中心、5个精准医疗技术中心、5个清洁能源技术中心、2个关键矿物技术中心、4个半导体制造技术中心以及4个材料制造技术中心。这些中心的建立实际上是培育新一代新质生产力科技园、产业园。这对我国发展以新科技、新产业、新能源为代表的新质生产力高地是挑战更是启发。基于科技园、产业园培植新质生产力的功能，其迭代升级的路径可以考虑把代表旧质生产力的项目和产业逐步移出，做强新质生产力项目，吸引下一代新质生产力项目和产业入园。当然也可以直接发展体现新一代新质生产力的新的科技园和产业园。

各类高端人才的集聚是一个地区发展新质生产力的主观要素。高科技人口密度决定一个地区的新质生产力的密度。一个地区集聚人才的环境非常重要，城市化水平是吸引人才的重要条件，基本公共服务尤其是教育医疗水平的提升促进高层次人才引进。同时，所在单位的科研条件及自由探索的环境对吸引高端人才也非常重要。

发展新质生产力基础在教育。技术日新月异，教育不但不能落后，还要与技术赛跑。如果说已有的科技在很大程度上替代简单劳动的岗位，那么以人工智能为代表的新科技将会在很大程度上替代复杂劳动岗位。因此，一方面，科技创新人员的知识要不断更新。适应新质生产力需要，高等和职业教育的专业、学科内容需要超前布局。例如，近期美国多所研究型大学要求各个学科都要以人工智能等新科技进行学科建设，就是为培育新质生产力教育先行。另一方面，通过终身教育克服数字鸿沟之类的新科技鸿沟，促使劳动者适应新质生产力的发展不断提升就业能力，培育适应新质生产力的劳动力大军。

（本文源自《经济学动态》2024年第1期）

加快培育新质生产力的关键抓手

罗来军　张迎新[*]

2024年1月，习近平总书记在二十届中央政治局第十一次集体学习时强调："高质量发展需要新的生产力理论来指导，而新质生产力已经在实践中形成并展示出对高质量发展的强劲推动力、支撑力，需要我们从理论上进行总结、概括，用以指导新的发展实践。"[①]"新质生产力"是以习近平同志为核心的党中央在新时代背景下，准确把握世界范围内新一轮科技革命的时代脉搏，把握世界先进生产力发展的基本趋势作出的决策部署，是我国实现高质量发展的内在要求和重要着力点。我国因地制宜培育新质生产力，需要找准并实施好关键抓手。

一、科技创新催生生产力变革

生产力迭代是人类文明发展的内生引擎，科技创新是生产力变革的关键变量。人类社会历次科技和产业革命表明，科技创新促进生产力发展是一条普遍规律，科技创新能够促进新技术、新产品、新材料和新的组织模式产生，带来生产工具变革、效率变革和产业变革，是提升综合国力、增强国际竞争力的战略基石。当今世界正处于重要的科技革命和产业革命之中，世界上很多国家尤其是经济大国、经济强国都在积极推进科技创新，

---

[*] 罗来军，中国人民大学经济学院教授；张迎新，中国人民大学经济学院博士研究生。
[①]《加快发展新质生产力　扎实推进高质量发展》，《人民日报》2024年2月2日。

争夺科技创新领域的竞争制高点。我国正处于经济发展转型时期以及科技创新发展加速阶段，既需要依靠科技创新培育强大的经济竞争力，又具备科技创新快速发展的重要条件，积极推进科技创新发展，能够形成新质生产力的重要支撑。

大力夯实科技创新的人才根基。人才是科技创新最关键的因素，科学技术的竞争，归根到底是人才的竞争。按照发展新质生产力对人才的要求，完善人才培养、引进、使用、合理流动的工作机制，健全要素参与收入分配机制，激发劳动、知识、技术、管理、资本和数据等生产要素活力，更好体现知识、技术、人才的市场价值；构建符合基础研究规律和人才成长规律的评价体系，完善人才评价方式和标准，加大各类人才计划对基础研究人才的支持力度，培养使用战略科学家，积极引进海外优秀人才，在关键核心技术领域集聚大批一流战略科技人才、一流科技领军人才和创新团队；建立"卡脖子"关键核心技术攻关人才特殊调配机制，制定实施专项行动计划，跨部门、跨地区、跨行业、跨体制调集领军人才，组建攻坚团队，围绕国家重点领域、重点产业，组织产学研协同攻关，在重大科研任务中培养人才。

大力推进基础研究突破和核心技术攻关。我国在经济发展取得重大成就的同时，科技实力也取得了显著的提升。李强总理在世界经济论坛2024年年会开幕式上的特别致辞中指出：中国的人才资源总量、科技人力资源、研发人员总量均居全球首位；中国的全社会研发投入、高技术产业投资连续多年保持两位数增长，云计算、大数据、人工智能、区块链等新兴技术加快应用，智能终端、机器人、远程医疗等新产品、新业态不断涌现；高新技术企业数增加至约40万家，独角兽企业数量居世界第二。同时，我国的科技发展也存在着一定的短板和不足，主要体现在一些基础研究不扎实、一些行业的关键核心技术缺乏自主能力、一些重要领域仍然存在"卡脖子"技术难题。我国推进新质生产力的发展，务必在基础研究、核心技术和"卡脖子"技术方面取得突破，进一步提升自主研发实力和科技创新实力，进而形成在科技创新方面的核心竞争力和国际竞争优势。

大力发展战略性新兴产业。新质生产力的提出，不仅意味着科学技术的极大进步，更体现为以科技创新推动产业创新。新质生产力的培育，关键在于以科技创新推动产业创新和产业体系现代化。从大数据、云计算，到工业互联网、人工智能，近年来全球经济增长的新引擎，无一不是由新技术带来新产业，进而形成新的生产力。习近平总书记强调："要及时将科技创新成果应用到具体产业和产业链上，改造提升传统产业，培育壮大新兴产业，布局建设未来产业，完善现代化产业体系。"① 市场具有基础性科技创新的试错意义，偏重于技术与产业的融合，在从"1"到"N"的科技创新过程中，市场规模和需求层次决定了科技产业化的水平。而我国的市场规模之大、需求发展之快，为科技产业化提供了广阔的空间。

对于新质生产力的发展，我国在利用科技创新成果改造提升传统产业的同时，更重要的是要充分利用科技创新成果培育强大的核心竞争力和技术优势，培育壮大战略性新兴产业，在新产业、新赛道、新领域实现超越。

二、着力践行先进发展模式

与传统生产力相比，新质生产力是一种新型的生产力，是更加先进的生产力。先进的生产力在实际发展过程中必然表现出一些先进的发展模式，通过先进的发展模式显现出更高水平的生产能力、更高层次的经济福利，甚至是更高境界的社会文明。我国推动和形成新质生产力，也将在实践层面践行先进的发展模式，一方面，先进发展模式是新质生产力发展的必然结果，即随着新质生产力的不断发展，这些先进的发展模式就会随之出现；另一方面，先进发展模式又会更大程度地适应并促进新质生产力的发展。结合我国当前经济发展态势，大力推进先进发展模式有助于新质生产力的快速发展。

技术驱动型发展模式。众所周知，我国的经济建设取得了举世瞩目的

---

① 《加快发展新质生产力　扎实推进高质量发展》。

经济成就，创造了人类历史上罕见的经济增长奇迹，同时也存在着一些不足之处，比如一些经济建设属于数量型发展，主要依靠资源的投入取得经济规模的扩大，技术含量和附加值都不高。我国经济目前已由高速增长阶段转向高质量发展阶段，高质量发展的一个重要方式就是要由数量扩张型的发展转变为技术驱动型的发展，把科技创新作为经济发展的重要贡献要素，提高技术含量、提高产品附加值、提高经济效率。当前世界适逢新一轮科技革命，以人工智能、电子计算机、空间技术和生物工程的发明和应用为主要标志，涉及信息技术、新能源技术、新材料技术、生物技术、空间技术和海洋技术等诸多领域。我国抓住这次科技革命的重大机遇，积极推进技术驱动型发展模式，无疑将成为新质生产力发展的一大亮点。

清洁节约型发展模式。清洁节约型发展模式是建设资源节约型和环境友好型社会的一种经济发展模式。2017年，习近平总书记在党的十九大报告中指出："加快生态文明体制改革，建设美丽中国。"[①] 在我国发展进入新时代的背景下，积极推进清洁节约型发展模式，建设美丽中国，是推进新质生产力发展的重要方式之一。我国经济建设取得举世瞩目的经济成就的同时，也付出了一定的资源消耗代价和环境污染代价。当前面对资源消耗较高、资源日趋紧张、环境污染较重、环境压力较大的状况，实施全面节约战略，推动整个经济社会的建设和运行建立在资源节约的基础上，采取绿色发展、低碳发展、循环发展等技术和管理措施，降低资源消耗、能源消耗，提升资源能源利用效率，降低污染，保护生态环境，形成人与自然和谐共生的经济社会新形态。

城乡融合型发展模式。在经济发展的早期阶段，由于经济资源有限、经济基础薄弱等因素，适宜采用重点突破的经济发展战略，我国采取了城市和工业优先发展的战略方式。目前我国经济获得长足发展，城市经济和工业产业的发展水平和经济实力都有了极大提升，成为世界上工业门类最为齐全的国家。同时，农村和农业尚处于相对薄弱的地位，因此农村经济

---

① 《习近平著作选读》第2卷，人民出版社2023年版，第41页。

和农业也成为我国未来发展潜力巨大的领域。加大农村经济和农业的发展力度，推动城乡融合发展，是我国经济未来发展的一个重大着力点。2023年中央经济工作会议要求："把推进新型城镇化和乡村全面振兴有机结合起来，促进各类要素双向流动，推动以县城为重要载体的新型城镇化建设，形成城乡融合发展新格局。"① 城乡融合发展不仅仅体现在数量和规模上，更要体现在质量和科技上，即要形成新质生产力的发展形态。

福利共享型发展模式。在我国经济发展的早期阶段，具有明显的短缺经济特征，即很多商品供给匮乏，以至于采取了凭票供给的方式。在这种经济情况下，最优的发展方式是把经济资源较多地配给生产领域，着重促进工业产业的发展。这种发展方式使我国的工业产业获得了快速发展，同时也带来了消费相对不足的状况。根据经济规律，当经济发展到一定的程度，就需要提高消费在国民经济中的比重，增强消费对经济增长的拉动作用。在当前阶段，提高人们的收入水平、保障劳动者的经济权益，既是增强经济发展动力的需要，也是提高社会福利水平、提升经济共享程度的需要，是发展新质生产力造福人民的重要方式。

三、形成与新质生产力相适应的新型生产关系

习近平总书记强调："生产关系必须与生产力发展要求相适应。发展新质生产力，必须进一步全面深化改革，形成与之相适应的新型生产关系。"② 构建新型生产关系是适应并促进新质生产力发展的必然要求，既包括对现有生产关系中不适应新质生产力发展的地方进行调整，也包括构建新质生产力发展所需要的过去尚没有的新的生产关系。构建新型生产关系的主要指向是围绕科技创新、高质量发展进行构建，所构建的生产关系要有利于新质生产力的发展。实际上，新质生产力的发展，必然会和旧的生

---

① 《中央经济工作会议在北京举行》，《人民日报》2023年12月13日。
② 《加快发展新质生产力　扎实推进高质量发展》。

聚焦
新 型 生 产 关 系

产关系发生摩擦甚至冲突，进而引发对不合理的生产关系进行革新以及产生和新质生产力发展相适应的新的生产关系，进一步推动经济社会不断向前发展。

形成创新发展的市场关系体系。新质生产力的发展首先需要相应的市场经济关系，只有构建起适应当前科技创新发展趋势和需要的市场关系体系，才能根本性保障新质生产力发展的强大活力和广阔空间。形成创新发展的市场经济关系的一个重要的关键点，是形成创新型生产要素的市场配置机制。在过去较长时间内的传统经济下，土地、劳动、资本是经济活动的主要要素，而发展到当前阶段的经济形态，知识、管理、技术、数据、创新、创意等成为决定经济高质量发展以及高层级经济形态的重要生产要素，也成为新型经济形态高端竞争和核心竞争的关键领域。为此，需要围绕知识、管理、技术、数据、创新、创意等新型的生产要素构建和完善充分流动、高效配置的市场经济机制体系，依靠"看不见的手"巧妙调节，来最大限度地发挥新型生产要素的作用，并有效规避多种可能出现的弊端。

目前我国正在推进全国统一大市场建设，而这正是推动和形成新质生产力发展的重要经济环境。新质生产力的发展既要求各种生产要素具有更加广阔的配置范围，也要求更有效率的配置深度，这就必须要有相应的高质量、高标准的市场经济体系，消除束缚新质生产力发展的障碍、壁垒、堵点卡点，实现各类先进优质生产要素向发展新质生产力的产业和领域顺畅流动。我国目前具有超大规模统一大市场的建设优势，经济体量巨大、人口规模巨大、经济腹地巨大、工业门类齐全、基础设施完备、需求发展快速，充分利用这些优势和条件，打通地域之间、行业之间、部门之间的壁垒和堵点，形成生产要素和商品都能高度自由流通的市场经济机制，就为新质生产力的大发展提供了广袤而肥沃的土壤。

形成创新竞合的技术开发体系。为了更好地推进新质生产力的发展，还需要发展优良的技术开发体系，以便更好地实现核心技术、重大技术以及关键基础技术的发展和突破。我国的科技研发和科技产业发展都取得了显著的成就，同时在一些方面、一些环节、一些地方也存在着恶性竞争、无序竞争、重复建设、无效投资等现象，既造成创新资源的浪费，又严重制约了新技术的研发和应用。那么，我们就需要在科技发展规划、产业发展规划、重大项目建设规划等方面克服各自为政、单打独斗、彼此争夺、恶性竞争的不利局面，推进形成发挥自身优势、良性竞争、积极合作、协同创新的发展局面，最大限度地实现创新资源整合优势、协同创新团体优势、技术攻关体系优势。同时，积极开展科技创新国际方面的合作，吸引和集聚世界各个国家和地区的科技资源和创新要素，整合全球科技前沿技术和创新成果，深度参与全球的技术开发和应用。

在构建和培育创新竞合的技术开发体系中，必须充分发挥企业这一重要主体的重大作用，支持建立以企业为主导的创新联合体，形成企业层面的创新合作。企业创新以及企业主导的创新联合体能够精准对接市场需求，聚焦国家战略科技力量，加快科技成果落地转化，形成以企业为主体、市场为导向的创新链条。加强企业在科技创新中的引领作用，能够更好地发挥其在研发、市场、资本等方面的优势，吸引高校、科研院所等创新主体参与，共同推动科技创新与产业融合，构建协同创新的生态系统，加快培育新质生产力。强化企业科技创新主体地位，能够有效推动创新链产业链深度融合，实现科技创新和产业应用双向促进。

形成创新导向的科技机制体系。新质生产力显然是更高水平的生产力，其发展规律和技术创新模式会发生一定的变化，导致既有的生产方式、组织模式、管理制度、治理方法不再适应新质生产力的发展要求，这就需要根据新质生产力的发展规律和特性推进相应的变革。其中，在组织机制保障方面，有赖于政府的制度供给和治理创新，促进和优化科技创新资源的配置和布局，创造和提供新技术新产品的应用场景，推动和保障科技创新成果的转化、应用与推广，为新质生产力发展提供制度环境和组织保障。

健全新型举国体制是推进科技创新发展的关键所在。面对推动科技创新可能遇到的各种困难与挑战，只有健全新型举国体制，才能强化体系化协同攻关能力，在短期内迅速提升资源配置效率和组织效率，为未来科创成果的产业化、市场化夯实基础。2022年9月，中央全面深化改革委员会第二十七次会议通过的《关于健全社会主义市场经济条件下关键核心技术攻关新型举国体制的意见》，为加强"卡脖子"技术的基础理论和技术原理研究、部署战略性储备性技术研发项目、建设以国家实验室为引领的创新基础平台、力争我国在重要科技领域实现由"跟跑"到"并跑"乃至"领跑"的转变，打下制度基础。要继续健全完善新型举国体制，瞄准事关我国产业、经济和国家安全的若干重点领域及重大任务，重点研发具有先发优势的关键技术和引领未来发展的基础前沿技术，在若干重要领域形成科技创新竞争优势，赢得战略主动。

（本文源自《前线》2024年第4期）

发展新质生产力亟待打好五大创新战役

樊继达[*]

新质生产力是创新起主导作用，摆脱传统经济增长方式、生产力发展路径，具有高科技、高效能、高质量特征，符合新发展理念的先进生产力质态。习近平总书记指出，发展新质生产力是推动高质量发展的内在要求和重要着力点，必须继续做好创新这篇大文章，推动新质生产力加快发展。面对世情国情党情的新变化，面对新一轮科技革命和产业变革，我们要认真贯彻落实党的二十届三中全会关于"构建支持全面创新体制机制""健全因地制宜发展新质生产力体制机制"等战略部署，打好五大创新战役。

一、加强国家战略科技力量建设，打赢关键核心技术攻坚战

关键核心技术是国之重器，一般包括基础技术、通用技术、非对称技术、前沿技术、颠覆性技术等。近年来，我国已突破第四代核电机组、航空发动机、燃气轮机等关键核心技术，前沿领域的人工智能、量子技术等创新成果快速涌现。同时必须看到，与发展新质生产力的庞大需求和科技

---

[*] 樊继达，中共中央党校〔国家行政学院〕研究生院副院长，教授。

研究范式深刻变革带来的挑战相比，与应对国际科技竞争的严峻形势相比，我国不少关键核心技术受制于人的局面尚未根本改变。必须健全新型举国体制，统筹科技力量锚定关键核心技术攻坚克难，加快实现高水平科技自立自强，牢牢掌握发展的主动权。

党的二十届三中全会指出，"加强国家战略科技力量建设，完善国家实验室体系，优化国家科研机构、高水平研究型大学、科技领军企业定位和布局"。攻克关键核心技术，应发挥国家实验室在战略性、关键性领域的牵引作用。我国已组建了一批国家实验室，取得一批突破型、引领型成果。贯彻落实党的二十届三中全会精神，应创新国家实验室管理运行体制机制，将其打造成为科技体制改革先行示范基地，更好支撑新质生产力发展。要发挥中国科学院、中国工程院作为国家队的学术引领作用、关键核心技术攻关作用、创新人才培养作用。强化使命引领，锚定国家战略需求，充分发挥建制化、大平台和综合性优势，解决影响制约国家发展全局和长远利益的系列"卡脖子"科技难题。发挥高水平研究型大学"主力军"作用，统筹推进教育科技人才体制机制一体改革，实现教育、科技、人才三者有效耦合，产生强大的"化学效应"，培养更多适应新质生产力发展需要的创新人才。支持部分高科技国有企业及民营企业挺膺担当，充分利用好我国超大规模市场优势和丰富的应用场景优势，着力打通从科技强到企业强、产业强、经济强的通道。

当然，发展新质生产力离不开与之相适应的生产关系。打赢关键核心技术攻坚战，必须进一步理顺科技管理体制，改进科技计划管理，破除阻碍创新的堵点和卡点，健全关键核心技术攻关的新型举国体制。但是，这一"举国体制"绝不是政府包揽一切，不是对民营企业创新的替代，更不是回到计划经济时期的管理体制，而是在党的集中统一领导下，充分发挥市场、政府、社会的协同作用，瞄准事关国家产业、经济和国家安全的若干重点领域及重大任务，研发具有先发优势的关键技术和引领未来发展的基础前沿技术，形成非对称性优势，铸造关键核心技术攻关的强大合力，培育发展新质生产力的新动能。

二、增强原始创新能力，打好基础研究持久战

基础研究是科技创新的源头，是探索从未知到已知、从不确定性到确定性的研究，处于从研究到应用再到生产的科研链条的起始端。世界强国崛起的历史表明，一个国家只有重视基础研究，才会有强大的科技创新与产业。牛顿在力学、光学以及和莱布尼茨共同在微积分领域的开创性贡献，打开了近代自然科学研究的大门，英国也由此成为第一次工业革命的引领者。德国科学家爱因斯坦、普朗克、欧姆、高斯、黎曼、李比希等创立相对论、量子力学、有机化学、细胞学说等重大科学理论，助力德国引领第二次工业革命潮流。我国面临的很多"卡脖子"技术难题，根源是基础理论研究薄弱，对源头和底层的东西没有搞清楚。我们迫切需要集中优势资源，打好基础研究持久战，攻克最底层、最前沿的科学难题，真正从源头上破解"卡脖子"技术难题。

注重激发科研人员的创新潜力。落实党的二十届三中全会提出的"健全保障科研人员专心科研制度"，减轻科研人员的非科研负担。遵循科研规律，保护科研人员的好奇心，突出原创，鼓励科研人员进行自由探索、自由畅想、大胆假设、认真求证，不断放飞好奇心、激发想象力和探求欲，加快形成一批"从0到1"重大原创性成果。

提升基础研究的财力支持强度。统计数据显示，我国2023年研发经费投入达33278亿元，占国内生产总值的比重为2.64%，超过了欧盟国家平均水平。但2023年我国基础研究经费2212亿元，占全部研发经费的比重仅为6.65%。党的二十届三中全会指出，"提高科技支出用于基础研究比重，完善竞争性支持和稳定支持相结合的基础研究投入机制"。我们应建立提高基础研究支出评估考核机制，为基础研究提供持续稳定的财力支撑。借鉴世界先发国家经验，还可拓宽基础研究的资金来源渠道，鼓励有条件的地方、企业、社会组织、个人支持基础研究。

优化支持基础研究的体制机制。瞄准世界科技前沿，紧扣国家战略需

求，重构科研组织模式，组织多方力量开展面向重大科学问题的协同攻关，抢占科技制高点。搭建产学研用深度融合平台，深化科研经费"包干制"等改革，赋予科学家更大技术路线决定权、更大经费支配权、更大资源调度权。充分体现知识、技术、人才的市场价值，向在科技创新一线人员适当倾斜，允许科研类事业单位实行比一般事业单位更灵活的管理制度，在科研人员中开展多种形式中长期激励，确保创新者得到合理的回报。完善从事基础研究人员的评价机制，在"破四唯"的同时"立新标"，建立以原创成果和高质量论文为标志的代表作评价制度，构建体现重大原创性贡献、国家战略需求以及学科特点、学术影响力和研究能力等的评价指标，引导科研人员将论文写在祖国的大地上。同时，完善科技伦理体系，严肃整治学术不端行为，推动科技向善，营造鼓励创新、宽容失败的良好氛围。

三、实施人才强国战略，打赢创新人才争夺战

当今世界的竞争归根到底是人才竞争，硬实力、软实力，归根到底要靠人才实力。发展新质生产力，必须深化人才发展体制机制改革，打赢创新人才争夺战，为新质生产力发展提供坚实的人才支撑。

优先发展教育。教育是培育创新人才的基础先导，是党之大计、国之大计。纵览全球近现代发展史，每一个强国崛起和发展的背后，都体现出"教育立国""科技立国"的发展逻辑，可谓是教育兴则国家兴、教育强则国家强。2023年，我国劳动者平均受教育年限已提升至11年以上，人才红利潜力持续释放，助力我国成功从"站起来"到"富起来"。但必须承认，传统教育模式培养的拔尖性创新人才偏少，国家战略人才和急需紧缺人才培养能力有待提升，职业教育吸引力有限，与发展新质生产力的需求相比差距较大。要根据世界科技发展新趋势，聚焦创新人才数量不足、质量不高问题，优化高等教育布局，建立科技发展、国家战略需求牵引的学科设置调整机制和人才培养模式，重视科学精神、创新能力、批判性思维的培养，为发展新质生产力、推动高质量发展培养大批新型高素质劳动者。

加快建设国家战略人才力量。对于战略科学家等顶级人才，充分发挥其在引领重大原始创新、参与科技战略顶层设计、整合科技创新力量、突破关键核心技术等方面不可替代的作用。对于一流领军人才和创新团队，激励其围绕国家重点产业、重点领域，组织产学研协同攻关。实践证明，青年科技人才是一个国家人才队伍的后备军和"蓄水池"，20~45岁是一个人创新思维最活跃、最容易出成果的时期。因此，要按照党的二十届三中全会相关部署，完善青年创新人才发现、选拔、培养机制。国家重点研发计划、科技创新基地也应大力培养使用青年科技人才，支持青年创新人才开展长周期潜心研究，在国家重大科技任务中当主角、挑大梁，开展原创、前沿、交叉科学问题研究，构建有利于青年创新人才持续涌现的创新生态。加大青年科技人才生活服务保障力度，让青年科技人才安身、安心、安业。此外，还应系统化培养造就一批创新能力强、满足建设制造强国需要的高水平工程技术人才，打造一支卓越工程师、高技能人才队伍和一流产业工人队伍。激励工程师队伍突破关键核心技术，高技能人才队伍和一流产业工人队伍锻造精品工程，助力发展新质生产力。

打造吸引全球创新人才的高地。要实行更具吸引力的人才制度，"聚天下英才而用之"。探索建立高技术人才移民制度，采取提供有竞争力的物质待遇，创造舒适的工作、生活环境等举措吸引海外高端人才。着力解决好高技术移民出入境、住房、子女教育等现实问题，为优秀的海外人才来华工作提供更多便利，为各类创新主体引进用好人才提供有力支持，确保人才引进来、留得住、用得好，进一步激发科技人才创新创造活力。

优化创新人才评价体系。发展新质生产力必须加快建立以创新能力、质量、实效和贡献为导向的人才评价体系。比如，针对承担国家重大攻关任务的人才，重在评价其科研任务的完成情况，充分听取任务委托方、成果采用方意见。针对从事应用研究和技术开发类的人才，建立以技术突破和产业贡献为导向，体现产学研和团队合作、技术创新与集成能力、成果的市场价值和应用实效、对经济社会发展贡献的评价指标体系。遵循人才成长规律，持续深化科技体制改革，破除人才培养、引进、使用、评价、激励、流动、保障等方面体制机制障碍,把人才从科研管理的各种形式主义、官僚主义的束缚中解放出来。在优化人才发展环境上持续用力,大力营造真心爱才、精心育才、倾心引才、暖心聚才的一流人才生态,形成人尽其才、各展其能的良好局面,为新质生产力发展造就磅礴的人才力量。

四、夯实科技创新主体地位,打好企业竞争突围战

企业是最活跃的科技创新主体,作为创新链和产业链的结合点,既是科技成果的最大需求方,也是科技成果市场价值的最终实现者。发展新质生产力,通过企业实现科技创新成果的市场化和产业化,才能实现创新价值。当前,大国间企业竞争愈发激烈,少数国家对我国企业预设"围墙",筑起"高墙"。我们必须迎难而上,打好竞争突围战,这不仅关乎企业能否发展壮大,更关乎企业能否顺利生存下来。

调研发现,我国企业对创新重视程度有所提升,但创新投入强度与发达国家企业相比差距依然较大,产学研协同力度偏低,一定程度上存在"不会、不想、不愿"等状况。有的企业自身研发实力不足,不会创新;有的企业过度关注短期效益,忽视长远发展,不想创新;有的企业困于侵权容易维权困难境地,不愿意创新。要改变这种窘况,必须做好以下三方面工作。

开辟企业创新空间。创造更多机会,激励企业更大范围、更深程度参与国家科技创新决策,建立健全企业家科技创新咨询座谈会议制度。聚焦国家战略和产业发展重大需求,加大企业创新支持力度,推动企业在关键核心技术创新和重大原创技术突破中有所作为,发挥企业在科技创新中的出题人、答题人及阅卷人的组织作用。据统计,国家重点研发计划中企业参加或牵头的已经占80%左右,下一步应深化产学研用结合,支持有实力企业牵头重大攻关任务,向民营企业进一步开放国家重大科研基础设施。支持企业与高校院所共同设立联合研究机构,打通科技成果转化的"最初一公里"和"最后一公里"。大型领军企业联合上下游企业,通过重组、

合作、共享联合政产学研力量，组建共性技术企业类平台，打造世界一流的创新联合体。

激励企业加大创新投入。2022年全国科技经费投入公报显示，我国制造业研发投入强度从2012年的0.85%增至2022年的1.55%，与全球平均水平相比仍有一定差距。要按照党的二十届三中全会精神要求，建立企业研发准备金制度，鼓励科技型中小企业加大研发投入，加大企业研发费用加计扣除等政策落实力度，不断增强企业的改革获得感。鼓励和规范发展天使投资、风险投资、私募股权投资，更好发挥政府投资基金作用，加强对国家重大科技任务和科技型中小企业的金融支持，发展耐心资本，完善长期资本投早、投小、投长期、投硬科技的支持政策。

弘扬企业家精神。企业家是一个国家稀缺的战略性资源，是企业变革发展的灵魂人物、建设一流企业的中流砥柱。面对国内外环境的巨大变化，企业家要做创新发展的探索者、组织者和引领者，不断推动生产组织创新、技术创新、市场创新。企业家应树立创新发展理念，跳出企业对传统经营模式的依赖，培育企业创新文化，引领企业不断向产业链价值链高端升级。政府积极营造法治化、规范化、国际化的营商环境，加大知识产权保护力度，消除企业家创新的后顾之忧，积极支持企业家专注创新发展。

五、因地制宜推动经济转型，打好区域创新阵地战

作为一个超大规模国家，我国各地人才资源、科研条件差异较大，创新能力分布极不均衡。发展新质生产力，必须以科技创新为引领，打造建设一批具有强大科技创新策源功能的区域创新阵地。

建设一批高水平科技创新中心。当前，全球创新资源加速向若干区域集中，催生出一批创新要素集聚、创新效率高、辐射带动作用强的创新高地，成为引领本国创新发展的重要阵地。打好区域创新阵地战，需要统筹推进国际科技创新中心、区域科技创新中心建设，打造区域创新共同体。面向未来，应构建以北京、上海、粤港澳大湾区三大国际科技创新中心为

牵引，部分创新型省份或创新型城市为主力，自主创新示范区和高新区为基点的网络化创新格局，同时促进不同区域之间创新体系的资源共享和相互支撑，不断推动各地区经济转型升级，塑造发展新质生产力新动能。

以创新引领区域传统产业升级、新兴产业壮大和未来产业培育。一方面，激发传统产业"新动能"。传统产业是新质生产力发展的"基石"，发展新质生产力并不是放弃传统产业，而是应根据本地的资源禀赋、产业基础等，用新技术改造提升传统产业，通过实施工业互联网创新赋能工程，为传统产业插上数字经济的"翅膀"，促进传统产业迈向高端化智能化绿色化。另一方面，科学谋划未来产业。瞄准全球科技前沿，以科技创新为引领，加强科技创新和产业创新深度融合，加快打造具有国际竞争力的战略性新兴产业集群。同时，完善以企业为主体、市场为导向、产学研深度融合的技术创新体系，打造大中小融通发展、上下游配套协同，更高水平、更具韧性的产业链供应链，构建"基础研究+技术攻关+成果转化+科技金融+人才支撑"全过程创新链，培育引领技术创新、带动能力强劲的企业创新产业集群，不断提升产业链供应链稳定性、安全性和竞争力，培育一批对产业链供应链有较强控制力、对产业生态构建有明显带动力的"链主"企业。

培育有竞争力的区域创新生态。我国改革开放的重要经验之一是利用好两个市场、两种资源。发展新质生产力，实现高质量发展，都是站在"巨人肩膀上"的发展，绝不是自我封闭、自我隔绝的发展。利用好国际创新资源和创新市场，是地方缩小技术差距，实现快速追赶的重要途径。各地区必须秉持开放心态和全球视野，树立开放包容、互惠共享的国际科技合作意识，不断加强与世界创新城市在各领域各方面的交流合作，做到"聚四海之气、借八方之力"，做到"走出去"和"引进来"相结合，在开放的国际环境中推进高质量科技交流，努力构建合作共赢的伙伴关系，通过打造与国际接轨的多元务实高效的创新服务体系，充分释放国内外创新资源要素整合协同效应，让创新源泉充分涌流。

（本文源自《红旗文稿》2024年第16期）

推动形成与绿色生产力发展相适应的新型生产关系

张云飞[*]

习近平总书记指出:"绿色发展是高质量发展的底色,新质生产力本身就是绿色生产力。""生产关系必须与生产力发展要求相适应。发展新质生产力,必须进一步全面深化改革,形成与之相适应的新型生产关系。"[①] 绿色生产力是实现人与自然和谐共生的生产力,既是新质生产力的本质属性和显著特征之一,也是先进生产力的内在要求和发展方向。发展新质生产力需要形成与之相适应的新型生产关系,发展绿色生产力同样需要形成与之相适应的"绿色化"的新型生产关系。由于绿色生产力既具有新质生产力的一般规定,又具有自己的具体规定,因此,形成与之相适应的"绿色化"的新型生产关系既具有形成一般新型生产关系的规定,又具有形成具体新型生产关系的要求。我们应形成与绿色生产力相适应的新型生产关系,进而推动绿色生产力的发展。

一、发挥社会主义制度优势对绿色生产力的保障作用

新质生产力的形成不是一个自然而然的发生过程,而是中国共产党人

---

[*] 张云飞,中国人民大学马克思主义学院教授、博士生导师,中国人民大学国家发展与战略研究院研究员。

[①] 《加快发展新质生产力 扎实推进高质量发展》,《人民日报》2024年2月2日。

在科学把握当代生产力发展趋势和规律基础上自觉创新生产力理论和实践的过程。因此，在形成与绿色生产力相适应的新型生产关系的过程中，我们首先应发挥我国社会主义制度优势，引导和规范新型生产关系的建构和完善。坚持这一点也与绿色生产力自身的性质和属性密切相关。绿色生产力在提供一般经济产品的同时更加注重产品的生态品质，更为注重生产和提供生态产品，以及人与自然的和谐共生。良好的生态环境是最普惠的民生福祉和最公平的公共产品。就此而言，社会主义制度优势与绿色生产力的发展存在着天然契合点和内在统一性。

1. 坚持党的全面领导是发展绿色生产力的根本政治保证

党的十八大以来，在中国共产党的领导下，我国生态环境保护和生态文明建设发生了历史性、转折性、全局性的变化。中国已经成为全球生态文明建设的重要参与者、贡献者和引领者。习近平总书记在党的十九大报告中指出："从二〇三五年到本世纪中叶，在基本实现现代化的基础上，再奋斗十五年，把我国建成富强民主文明和谐美丽的社会主义现代化强国。"[①] 2018 年 5 月，党中央召开全国生态环境保护大会，正式提出习近平生态文明思想。习近平生态文明思想是习近平新时代中国特色社会主义思想的重要组成部分，是马克思主义基本原理同中国生态文明建设实践相结合、同中华优秀传统生态文化相结合的重大成果，为建设人与自然和谐共生的现代化提供了根本遵循和行动指南。这是党的创新理论的重大成果。《中国共产党章程》把"中国共产党领导人民建设社会主义生态文明"的内容明确地写入总纲部分，要求"增强绿水青山就是金山银山的意识"，实现物质文明建设和生态文明建设的统一。坚持党的集中统一领导是我国国家制度和国家治理体系的显著优势，发展绿色生产力必须坚持党的领导。

"高质量发展需要新的生产力理论来指导，而新质生产力已经在实践中形成并展示出对高质量发展的强劲推动力、支撑力，需要我们从理论上进

---

① 习近平：《决胜全面建成小康社会 夺取新时代中国特色社会主义伟大胜利——在中国共产党第十九次全国代表大会上的报告》，《人民日报》2017 年 10 月 28 日。

行总结、概括，用以指导新的发展实践。"① 在马克思提出"自然生产力"概念的基础上，我们党创造性地提出了"绿色生产力"的概念。这是对马克思主义生产力理论的创新发展，不仅指导我们形成了对绿色生产力的一般科学认知，而且指示我们要冲破传统生产力理论对生产力的陈旧看法。在传统生产力理论看来，生产力是人们改造自然和征服自然的能力。这种看法容易误导生产力的发展，甚至导致破坏自然的后果。在马克思看来，劳动是实现人与自然之间物质变换的过程。因此，生产力是实现人与自然之间物质变换的实际能力，而绝非人类改造自然和征服自然的能力。对生产力术语进行的"生态学革命"，可以促进生产力范式的"生态学革命"，这样，新质生产力本身就成为绿色生产力。因此，在坚持党的全面领导的前提下，我们还要根据发展绿色生产力的实际，不断提高党的执政能力和领导水平，推进马克思主义生产力理论的创新，坚持以习近平生态文明思想、习近平经济思想尤其是"新的生产力理论"来引领绿色生产力的发展。党还要进一步强化"党政同责、一岗双责"，促进党政部门和党政干部成为自觉推进发展绿色生产力的政治先锋。此外，还应将发展绿色生产力的情况纳入政绩考核及中央环保督察当中，从而提升各级党委、政府领导发展绿色生产力的执行力。

2. 满足人民日益增长的优美生态环境需要是发展绿色生产力的目的

尽管在严格意义上发展生产力的目的不属于生产关系的领域，但是，发展生产力的目的直接决定着生产力的社会性质和未来发展。"在现代世界，生产表现为人的目的，而财富则表现为生产的目的。"② 这里的"现代世界"指的是资本主义制度。由于以实现剩余价值为发展生产力的最终目的，资本主义在促进生产力空前发展的同时，也导致了人与自然的双重异化。如今，如果"晚期资本主义"不放弃追求剩余价值，数字技术和数字经济的发展同样会造成生态危机，难以形成新质生产力；绿色技术和绿色

---

① 《加快发展新质生产力　扎实推进高质量发展》。
② 《马克思恩格斯文集》第8卷，人民出版社2009年版，第137页。

经济的发展同样难以摆脱生态危机，难以推动绿色生产力发展。与之截然不同的是，我国发展社会主义生产力的目的是为了满足人民群众的需要。当前，我国社会的主要矛盾已经转化为人民日益增长的美好生活需要和不平衡不充分的发展之间的矛盾，生态环境需要尤其是优美生态环境需要已经成为人民群众美好生活需要的重要表征，是发展绿色生产力的原动力，可以从生命存在的内在根源上将人与自然有机地联系起来，促使人自觉地将自然作为自己的"无机的身体"加以保护和爱护。"人类需要对自然环境的影响问题现在已经达到了这样一种程度，以至于我们必须把人类需要问题视为生态相互作用这一更大网络中不可分割的一个有机部分。"① 简言之，生态环境需要就是人民群众对蓝天、碧水、净土、绿树的需要，也就是对高质量生态环境品质的需要。因此，发展绿色生产力，既要创造更多物质财富和精神财富以满足人民日益增长的美好生活需要，也要提供更多优质生态产品以满足人民日益增长的优美生态环境需要。

以人民群众日益增长的优美生态环境需要作为发展绿色生产力和实现中国式现代化的目的，对供给侧结构性改革提出了新要求，能够推动改革进一步深化，提高产品供给质量和生态环境品质，进而推动生产力成为新质生产力，新质生产力成为绿色生产力。"供给侧结构性改革，说到底最终目的是满足需求，主攻方向是提高供给质量，根本途径是深化改革。"② 首先，围绕满足需求，我们要深入研究市场的变化规律，理解优美生态环境需要的现实、潜力、未来及其对市场走向的影响，在推动生产力成为绿色生产力的过程中更好地满足人民群众的优美生态环境需要。其次，围绕提高供给质量，在减少无效供给和扩大有效供给的基础上，我们要大力提高供给体系质量尤其是生态环境质量，通过大量生产和提供绿色产品尤其是生态产品来提升供给结构对需求结构的适应性。其中，绿色产品是指符合生态环境标准要求的物质文化产品，生态产品是指用来满足生态

---

① 威廉·莱斯：《满足的限度》，李永学译，商务印书馆2016年版，第130页。
② 习近平：《论把握新发展阶段、贯彻新发展理念、构建新发展格局》，中央文献出版社2021年版，第137页。

环境需要的产品，一般指自然界提供的物质服务和生态服务。最后，围绕深化改革，我们要通过市场化的手段提高资源能源的使用效率，改善和提升生态环境质量，从而提高劳动生产率和全要素生产率，促进绿色生产力的发展。

3. 新型举国体制是发展绿色生产力的制度支撑保障

新型举国体制蕴藏着社会主义集中力量办大事的独特政治优势和制度优势，是中国特色社会主义取得举世瞩目成就的秘诀之一。与计划经济时代下的举国体制相比，新型举国体制是在社会主义市场经济体制下形成的，注重有为政府和有效市场的有机结合，面向国民经济和科学技术主战场。面对"逆全球化"潮流，我们应充分发挥新型举国体制的优势，推动新质生产力发展。一是在生产力发展的具体领域方面，绿色、智能、泛在是新一轮科技革命和产业变革的重要趋势和显著特征，数智科技和绿色科技是其突出代表。因此，国家应促进数智科技和绿色科技的深度融合，以及数字经济和绿色经济的深度融合，努力打造绿色智能的科技体系和现代化产业体系，夯实绿色生产力的科技和经济基础。二是在生产力发展的体制机制方面，要将有为政府和有效市场相结合，凝聚政府、市场、社会、公众的力量，形成发展绿色生产力的社会合力。一方面，借助现代环境治理体系的力量来推动绿色生产力的发展，促进和引领全球生产力向绿色化方向发展；另一方面，坚定不移推进高水平对外开放，借鉴西方先进的绿色科技、绿色经济、绿色治理成果，促进我国绿色生产力的跨越式发展。三是在生产力发展的精神动力方面，我们应该大力弘扬"两弹一星"精神和科学家精神，激励广大科技工作者、青少年积极投身发展绿色科技事业，促进绿色经济创新，以此推动绿色生产力的发展。四是在生产力发展的组织实施方面，应采用"总体设计"的理念，将顶层设计和基层实践相统一、定性分析和定量分析相统一，将人、机、网相结合，实施社会系统工程以推动绿色科技的研发和绿色生产力的发展。例如，我们可通过决策的科学化和民主化来确保决策的生态化，即决策的内容和方式要符合人与自然和谐共生的客观规律，从而推动绿色生产力的发展。

二、加强生产关系系统对绿色生产力的支撑作用

发展绿色生产力必须形成与之相适应的"绿色化"的新型生产关系。生产关系是一个复杂的系统。从其横向构成看，生产关系包括生产资料所有制、生产中人与人的关系、产品的分配关系。从其纵向环节看，生产关系包括生产、分配、交换、消费四个环节。这两种划分方法具有内在的统一性。就后者来说，"生产、分配、交换、消费……构成一个总体的各个环节，一个统一体内部的差别"[①]。因此，建立和完善"绿色化"的新型生产关系，其实就是要实现生产、分配、交换、消费四个环节的绿色转型和革命。

1. 推动生产环节的绿色转型和革命

发展绿色生产力首先要推动生产环节的绿色转型和革命，促进形成生产力发展的"生态学"范式。传统生产力建立在"机械论"范式的基础上，片面地将生产力看作是人类改造自然和征服自然的能力，结果造成了生态危机。新质生产力应该建立在"生态学"范式的基础上，自觉地追求和实现人与自然和谐共生，科学地将生产力看作是人类实现人与自然之间物质变换的实际能力，这样才能推动新质生产力成为绿色生产力。

按照"生态学"范式发展生产力，首先，要实现产业生态化和生态产业化的统一以构筑生态经济体系，从而夯实绿色生产力的自然物质基础和经济物质基础。产业生态化就是要改变传统产业的资源能源高投入、生态环境高污染的弊端，用智能化、绿色化的手段改造传统产业，提升产业的可持续水平。生态产业化就是要将自然资本有效地转化为经济资本，用智能化、绿色化的手段促进自然资本的保值和增值，提升生态经济的经济效益水平。同时，还要利用数智科技等新质生产力科技手段将产业生态化和生态产业化统一起来，形成数智化的生态经济体系。

[①] 《马克思恩格斯文集》第8卷，第23页。

其次，要大力发展生态农业、生态工业、生态旅游等生态经济产业，用数智科技和数字经济提升生态经济产业的综合效益，建立和完善绿色智慧农业、绿色智慧工业、绿色智慧旅游业，促进形成数智化的生态经济产业体系。例如，在农业当中，"要按照增产增效并重、良种良法配套、农机农艺结合、生产生态协调的原则，促进农业技术集成化、劳动过程机械化、生产经营信息化、安全环保法治化，加快构建适应高产、优质、高效、生态、安全农业发展要求的技术体系"①，从而全面提升生态农业的综合效益。

最后，应该以新型工业化为抓手，科学把握数字化、网络化、智能化、绿色化的发展方向，统筹推进新型工业化、城镇化、信息化、农业现代化和绿色化，加快建设科技强国、制造强国、质量强国、航天强国、网络强国、交通强国、农业强国、健康中国、数字中国和智慧社会。广泛应用数智技术、绿色技术推动传统产业转型升级，培育壮大生物制造、商业航天、低空经济等战略性新兴产业，超前布局量子技术、生命科学等未来产业新赛道。培育一批具有国际竞争力的大企业和具有产业链控制力的生态主导型企业，最终形成绿色智慧的现代化产业体系，进而建立和完善绿色生产力体系。

在促进生产力绿色转型和革命的同时，还要调整和完善所有制结构。这在于，"只有一个人一开始就以所有者的身份来对待自然界这个一切劳动资料和劳动对象的第一源泉，把自然界当做属于他的东西来处置，他的劳动才成为使用价值的源泉，因而也成为财富的源泉"②。没有所有制这个中介，人与自然之间的物质变换就不可能发生，生产力就不可能发展。所有制必须与生产力发展的水平相适应，同时促进生产力的进一步发展。当前，我国已经确定和形成了以公有制为主体、多种所有制形式共同发展的所有制结构。毫不动摇巩固和发展公有制经济，毫不动摇鼓励、支持、引导非

---

① 中共中央党史和文献研究院：《习近平关于国家粮食安全论述摘编》，中央文献出版社2023年版，第44页。

② 《马克思恩格斯文集》第3卷，第428页。

公有制经济发展,是我国的重要制度优势之一。在发展绿色生产力方面,同样必须坚持"两个毫不动摇"。

发展包括绿色生产力在内的新质生产力存在非竞争性领域和竞争性领域的区分。在非竞争性领域必须实行公有制。发展绿色生产力必须"坚持自然资源资产的公有性质,创新产权制度,落实所有权,区分自然资源资产所有者权利和管理者权力,合理划分中央地方事权和监管职责,保障全体人民分享全民所有自然资源资产收益"[①]。国有企业必须作为发展绿色生产力的主力军,为发展绿色生产力提供强大而雄厚的经济基础。在竞争性领域,可以采用多种所有制的形式以补充公有制,利用市场机制经营公共资源中涉及的物质产品服务和生态文化服务的部分,生产出更多优质的绿色产品和生态产品,从而满足人民日益增长的优美生态环境需要。因此,民营经济在发展绿色生产力方面大有可为。

由于生产决定着分配、交换、消费,因此,随着生产环节的绿色转型和革命,必然要求其他三个环节的绿色转型和革命。分配、交换、消费反过来也会进一步推动生产环节的绿色转型和革命。

2. 推动分配环节的绿色转型和革命

分配本身是生产的产物,分配的结构和方式取决于生产的结构和方式,分配对生产也具有反作用,调节着生产的发展方向。由于传统生产力和资本主义具有同构性,采用的是"按资分配"的方式,因而造成了严重的社会不公和生态不公。与之不同,社会主义采用的是"各尽所能、按劳分配"的分配方式。并且在未来的共产主义社会中,将在物质财富极大丰富的基础上采取"各尽所能、按需分配"的分配方式。按劳分配为主体、多种分配方式并存的分配制度是我国的制度优势之一,是社会主义初级阶段最有利于调动各方面积极性的分配制度。分配制度主要指经济产品(经济财富)的分配,也可以延伸到生态产品(生态财富)的分配上。从生态上看,"其实,人类与环境基本的铰链点并不局限于生产的技术(拖拉机、工厂、

---

① 《生态文明体制改革总体方案》,《人民日报》2015年9月22日。

汽车),也不局限于消费的水平(人口与富裕),而是延展到分配、使用权利以及劳动力的分配"①。因此,发展绿色生产力同样需要形成与其自身相适应的分配制度。

建立和完善生态补偿制度。生态补偿就是对由于人类社会经济活动消耗自然资源和生态系统而引起的自然资本贬值和消失进行的补偿。在一般意义上,自然为劳动提供了材料,劳动将材料加工为产品,尤其是自然通过影响劳动生产率参与了经济价值的形成和经济资本的增殖。在这个意义上,我们应该承认"自然资本"的存在。自然资本有两种类型。一部分自然资本具有可再生的性质。尽管经济活动使用和消费了这部分自然财富,但自然界能够通过自身的恢复活动来补偿其价值。然而,如果人类经济活动的消耗速率超越了自然界可再生的速率,则会导致自然资本的短缺。另一部分自然资本具有不可再生的性质。当经济活动使用和消费了这部分自然财富的时候,自然界自身便不能补偿其价值,需要人为干预进行补偿。如果人类不对这部分自然资本进行价值补偿,最终则会导致这类自然资本完全消失。这样,就形成了两种类型的总自然资本规则。一类是"弱的总自然资本规则":"可再生自然资本的总量应当至少保持不变,还需要一个因对不可再生资源的消耗而对广义资本的补偿";另一类是"强的总自然资本规则":"可再生自然资本的总量应当至少保持不变,以及消耗不可再生自然资本而产生的经济租金应当被投资于可再生自然资本"。② 传统的经济活动并未对自然资本的价值进行补偿,从而导致了生态环境问题。只有实行生态补偿,建立和完善生态补偿机制,加强对可再生自然资本的投资和对广义资本的补偿,才能通过生态环境建设来提升自然资本的实力,推动绿色生产力发展。因此,在深化要素市场化改革、健全要素参与收入分配机制,准许劳动、知识、技术、管理、资本(资金)参与分配的过程中,

---

① 保罗·罗宾斯:《政治生态学:批判性导论》第 2 版,裴文译,江苏人民出版社 2019 年版,第 308 页。
② 迪特尔·赫尔姆:《自然资本:为地球估值》,蔡晓璐、黄建华译,中国发展出版社 2017 年版,第 63 页。

应准许自然"参与"分配，将"自然"参与分配的收益资金用于生态环境保护，以补偿自然资本的消耗和耗竭。在这个意义上，"保护生态环境就是保护自然价值和增值自然资本，就是保护经济社会发展潜力和后劲，使绿水青山持续发挥生态效益和经济社会效益"①。

建立和完善生态共享制度。生态产品具有公共产品和公共资源的属性，提供生态产品是绿色生产力的重要功能之一。因此，必须按照共享发展的科学理念，建立和完善生态共享制度。共享发展实质上就是坚持人民至上的科学理念，是逐步实现共同富裕这一社会主义本质要求的生态表征。从内容上看，共享发展是全面共享，覆盖社会有机体的方方面面。"共享发展就要共享国家经济、政治、文化、社会、生态各方面建设成果，全面保障人民在各方面的合法权益。"② 生态共享是共享发展的题中应有之义，具体来说，就是要确保全体人民共享生态文明建设的成果，充分保障公众的生态环境权益。一是要坚持以生态共有为前提。尽管可能存在正外部性的问题，但是私有制本质上是一种排他的权利。"这种财产可以被称为私有财产（拉丁文中的'private'意即'剥夺'），因为拥有财产的人成为财产的唯一主人，他（或他们）有充分的权利去剥夺别人对这一财产的使用权或享受权。"③ 因此，只有坚持自然生态共有，才能保证共享。二是要坚持以生态共建和生态共治为中介。只有每个个体都参与到生态环境建设和生态环境治理当中，充分履行生态环境保护的责任和义务，充分发挥生态创新才能，才能真正参与生态共享。三是要坚持以实现生态共富为目的。生态共富就是要让全体人民共享生态文明建设成果。例如，在脱贫攻坚战中，我国探索形成了生态补偿和扶贫开发的协同机制，将生态补偿与共同富裕有机统一。生态共享和生态共富的制度设计同样适用于绿色生产力的发展。在绿色生产力领域，生态共享就是要让全体人民共享绿色生产力提供的绿

---

① 习近平：《论坚持人与自然和谐共生》，中央文献出版社2022年版，第10页。
② 习近平：《论把握新发展阶段、贯彻新发展理念、构建新发展格局》，第96页。
③ 埃里希·弗洛姆：《占有还是存在》第2版，李穆等译，世界图书出版公司2019年版，第78页。

色产品和生态产品,切实保障全体人民在发展绿色生产力过程中的生态环境权益。建立和完善以生态补偿和生态共享为主要内容的绿色分配制度,不仅适应了发展绿色生产力的要求,还能够为发展绿色生产力提供分配制度上的支撑和保障。

3. 推动交换环节的绿色转型和革命

交换作为生产关系要素之一,是联系分配和消费的中介。推动交换环节的绿色转型和革命,是建立和完善适应绿色生产力的新型生产关系的重要方面之一。

坚持交换价值和使用价值并重。存在分工,自然就存在交换。交换必须遵循价值规律,即实行等价交换。然而,在资本主义商品生产当中,交换价值成为支配交换甚至是整个生产的唯一目的。"生产的目标变为价值积累,使用价值开始屈从于交换价值,剩余价值生产成为经济的全部内容,生态关系被从相互区别中分离出来并被弄得支离破碎。"[1] 以交换价值为最高目的和唯一目的的生产,将自然降解为商品,瓦解了自然的"内在价值",结果导致了严重的生态危机。因此,对于未来社会来说,以交换使用价值为目的的交换将成为人道的、生态的交换。以使用价值作为交换的目的,就是要发现自然的"内在价值"(系统价值)。内在价值不是说自然由于自身的存在而具有价值,而是指不能将自然当作买卖的对象,不能被制作成为商品,不能让资本驾驭自然。实现使用价值和发现自然的内在价值(系统价值),将会使生产力真正成为满足人们合理需要的活动。因此,"从生产的角度来看,这就意味着需要建立一个完整的生态体系。作为一个完整的体系,生态化生产最为重要的条件就是如何创造整体性"[2]。"生态化生产"其实就是发展绿色生产力的过程。在社会主义初级阶段,还不能完全消灭价值规律,不能完全实现以实现使用价值为交换目的的生产,只能兼顾交换价值和使用价值(内在价值)。对于竞争性领域来说,仍然需要

---

[1] 乔尔·科威尔:《自然的敌人——资本主义的终结还是世界的毁灭?》,杨燕飞、冯春涌译,中国人民大学出版社2015年版,第116页。

[2] 乔尔·科威尔:《自然的敌人——资本主义的终结还是世界的毁灭?》,第192页。

以实现交换价值为交换的目的,需要坚持价值规律。但是在这个过程中,必须对生产中消耗的自然资本进行生态补偿。对于非竞争性领域来说,应该采用以实现使用价值(内在价值)为交换目的的交换。当然,为解决生产过程中造成的生态环境问题,在这个领域中也可以适度采用市场化的手段,即也可以追求实现交换价值。但这只是将外部问题内部化的一种手段而已,如征收污染税可以在筹集资金的同时维持经济运行。在非竞争性领域适度采用市场机制,可以促进绿色生产力的发展。当然,市场收益只能用于生态补偿,这样才能推动"黑色生产力"转为绿色生产力。

实现绿色的流通方式。从生产关系系统看,"流通本身只是交换的一定要素,或者也是从交换总体上看的交换"①。流通方式是影响生产过程中人与自然关系的一个重要因素。如商品的过度包装导致的资源浪费和环境污染,使得传统的流通方式成为"黑色流通",亟须转向"绿色流通"。绿色流通就是将生态文明理念贯穿流通全过程,促进形成"新商品—二手商品—废弃商品"的循环流通和再利用,扩大绿色低碳商品的供给、采购、销售和消费。绿色流通在实现产品和商品的经济价值的同时,可有效降低生产、分配、流通、消费等过程的环境负荷,推动绿色生产力的发展。一是鼓励企业推进绿色设计和制造。绿色设计就是按照生态文明理念进行的设计,着重考虑产品的生态环境属性和功能,并将其作为设计目标纳入产品设计当中,贯穿于产品的全生命周期。二是大力推广绿色包装。应尽量采用简易包装以节省包装材料耗费和消费后的环境负荷,避免使用过度包装和奢华包装。同时,要尽量采用可自然降解、可再生利用的包装材料。三是大力发展绿色物流。大力培育和发展绿色仓储企业和绿色物流企业,运用智能化、绿色化的手段进行仓储、配送,大力推行存储立体化、装载标准化、搬运机械化、管理信息化的绿色物流模式。四是大力发展绿色销售。商家在反对和禁止虚假广告的同时,不仅要加大绿色产品的销售比例,还要在经营的过程中降低环境负荷,提升销售环境的生态环境品质。

---

① 《马克思恩格斯文集》第8卷,第22页。

五是要大力发展绿色回收。商品在消费和报废之后,应该具有可拆卸性、可回收性、可维护性、可重复利用性等属性和特点,能够化害为利、变废为宝。从总体上看,"交换的深度、广度和方式都是由生产的发展和结构决定的。例如,城乡之间的交换,乡村中的交换,城市中的交换,等等。可见,交换就其一切要素来说,或者是直接包含在生产之中,或者是由生产决定"①。因此,推动交换环节的绿色转型和革命可以推动整个生产关系的绿色转型和革命,进而为发展绿色生产力提供适宜的交换环境和条件。

4. 推动消费环节的绿色转型和革命

生产的最终目的是为了消费。消费不仅是由生产决定的,而且直接也是生产。消费和消费方式是影响人与自然关系的一个重要社会变量。因此,建立和完善与绿色生产力相适应的"绿色化"的新型生产关系,还必须推动消费环节的绿色转型和革命。

牢固树立勤俭节约的消费观,这是推动消费环节绿色转型和革命的内生动力。消费始终离不开自然。在资本主义发展的过程中,存在严重的消费异化问题。早期存在消费不足的问题,导致工人阶级的生存环境不断恶化;晚期开始出现消费过度的问题,导致自然资源大量浪费和环境污染日益严重,部分工人的阶级意识日益淡化。当然,"晚期资本主义"在一定程度上仍然存在消费不足的问题。"马克思教导说,奢侈和贫困一样是罪恶,我们的目的应该是存在得更好,而不是占有得更多。"② 奢侈和贫困都不利于生产力的可持续发展。因此,我们必须牢固树立社会主义消费观念,将勤俭节约的消费观作为其中的重要规定和要求。一方面,我们应该认识到自然满足需要存在着一个阈值。唐代诗人白居易说过:"天育物有时,地生财有限,而人之欲无极。以有时有限奉无极之欲,而法制不生其间,则必物暴殄而财乏用矣。"③ 因此,我们必须反对无限消费,形成理性消费的观

---

① 《马克思恩格斯文集》第 8 卷,第 23 页。
② 埃里希·弗洛姆:《占有还是存在》第 2 版,第 19 页。
③ 转引自习近平《论坚持人与自然和谐共生》,第 78 页。

念。另一方面，我们要科学地反思需要自身。我们需要划分清楚需要（needs）、需求（demand）、欲望（wants）、愿望（desire）之间的界限，尤其是要划分清楚需要和贪欲（greed）之间的界限。在此前提下，我们还要进一步追问：哪些需要根源于我们生命机体生存的内在需要，哪些需要是文化发展的产物甚至是人为炮制出来的；哪些需要是个人成长的体现，哪些需要是由广告文化强加给人们的；哪些需要会促使人们积极进取，哪些需要会导致人们消极堕落；哪些需要根源于身心健康发展，哪些需要是由社会病理动机决定的。因此，我们必须反对虚假消费，形成合理消费的观念。

大力完善国家绿色消费政策。在微观层面应采取以下措施：一是加强绿色消费教育。我们必须加强生态文明宣传教育创新，认真学习和贯彻习近平生态文明思想，将尊重自然、顺应自然、保护自然的生态文明理念纳入精神文明建设的各方面和国民教育的全过程，并纳入宣传文化工作和社会教育培训体系中，引导在全社会牢固树立社会主义生态文明观，推动全社会形成绿色消费的良好社会风尚。二是加强绿色消费引导。围绕绿色消费目标，国家应该从穿着、饮食、住宅、交通、文化、教育、体育、通信、旅游、医疗等方面提供绿色产品和生态产品目录，引导绿色消费。例如，在饮食消费方面，我们既要引导民众消费优质无公害的农副产品，以保证食品安全；又要鼓励"光盘行动"，以推动形成勤俭节约的良好风尚。三是加强绿色消费信用。我们既要用信贷手段刺激消费以带动生产，同时还要引导消费信贷向绿色方向发展。面向企业的绿色信贷，应该引导企业转向发展绿色生产力。四是加强消费者权益保护。国家应该依法保护消费者绿色消费的权益，尤其是要确保企业等主体的生产经营不能侵害消费者的生态环境权益。在宏观层面应采取以下措施：一是完善绿色财税政策。综合运用专项支出、转移支付、财政补贴、投资和政府采购等绿色财政支出方式，协同推进高质量发展和高水平保护。在税收方面，加快推进资源税、环境税和消费税的扩围改革，调整和完善各项税率的结构，开征碳税以发挥税收对市场主体绿色低碳发展的促进作用。二是完善绿色货币政策。做好绿色金融工作，推动绿色金融与转型金融有效衔接。绿色金融主要面向新能源、电动车和电池等碳排放量较低的项目，转型金融重点服务具有显著碳减排效益的产业和项目，两者都属于可持续金融。为此，要丰富绿色金融产品和服务体系，开拓转型金融产品和市场。[①] 三是完善绿色价格政策。加快建立健全能够充分反映市场供求和资源稀缺程度、体现生态价值和环境损害成本的资源环境价格机制，形成有利于绿色发展的价格机制和价格政策体系，将生态环境成本纳入经济运行成本中。

由于消费同时也是生产，因此，随着绿色消费的发展，必将推动绿色生产力的发展。总体上，围绕生产关系的四个环节，我们要促进经济社会发展全面绿色转型，形成与绿色生产力相适应的"绿色化"的新型生产关系。

三、加强社会经济体制改革对绿色生产力的推动作用

改革开放是我国的一项基本国策，是发展中国特色社会主义的强大动力。我们要毫不动摇坚持改革开放，进一步完善社会主义市场经济体制机制，形成与绿色生产力相适应的新型生产关系，完善支撑和保障绿色生产力发展的体制机制。

1. 坚持以深层次改革推动绿色生产力的发展

在坚持和完善社会主义市场经济体制的前提下，我们应围绕生产关系的主要构成方面，加强深层次改革，从而为发展绿色生产力提供直接动力。

在坚持公有制为主体、多种所有制经济共同发展的所有制结构的基础上，我们要科学划分公共领域和竞争领域、公共产品和公共资源的边界，

[①] 中国人民银行研究局：《推动绿色金融与转型金融有效衔接》，http://camlmac.pbc.gov.cn/redianzhuanti/118742/5118184/5134061/5135397/index.html。

推动所有制结构既符合社会主义初级阶段的实际,又能体现共享发展的理念和共同富裕的社会主义本质,从而推动包括绿色生产力在内的新质生产力的发展。在公共领域中,面对公共产品,我们必须实行公有制。从经济社会形态的演进看,所有制经历了一个从原始公有制到私有制再到未来公有制的历史演变过程。"从一个较高级的经济的社会形态的角度来看,个别人对土地的私有权,和一个人对另一个人的私有权一样,是十分荒谬的。甚至整个社会,一个民族,以至一切同时存在的社会加在一起,都不是土地的所有者。他们只是土地的占有者,土地的受益者,并且他们应当作为好家长把经过改良的土地传给后代。"[1] "公地悲剧"之所以发生,不是因为公有制自身出了问题,而是由于人们缺乏对自然资源承载力有限性的科学认识,以及缺乏对其有效规制造成的。"'公地'一词是指任何人和每个人开放使用的环境部分,没有一个人为它的利益负责。很多牧民共享的牧场或开放牧区就是一个例子。由于对每个牧民来讲,放养尽可能多的牲畜是有利的,如果整体上没达成限制协议并由社区执行,则将超过牧场的载畜力。"[2] 因此,关键问题在于如何完善公有制。

这一问题关乎生态学的科学规律能否有效转化为制度规定,关乎国家监管是否到位、人民主体是否到位,以及国有自然资产及其收益是否为全体人民共享。一些网络言论片面地认为,只有民营经济才是新质生产力的代表,国有企业似乎在发展新质生产力方面乏善可陈。更有甚者将发展民营经济理解为实现私有化,认为只有实现私有化才能发展新质生产力。尽管资本主义私有制促进了生产力的空前发展,但也导致了生产力的不均衡发展。因此,我们绝不能按照新自由主义开的"药方"进行改革。如果自然资源这一公共产品为少数人所有,甚至出现私有化,那么社会公平正义和生态公平正义便无从谈起。我们不能将多种所有制形式并存和发展民营经济看作是私有化,这实际上是社会主义经济的必要补充和自我完善的体

---

[1] 《马克思恩格斯文集》第7卷,人民出版社2009年版,第878页。
[2] 尤金·P. 奥德姆:《生态学:科学与社会之间的桥梁》,何文珊译,高等教育出版社2017年版,第239页。

现。同时，我们不能将国家大力发展包括绿色生产力在内的新质生产力看作是实行私有化的信号和机会，而是要在坚持公有制为主体的前提下，在竞争性领域推动农地、林地、草地的所有权、承包权和经营权的"三权分置"，在公有制的实现形式上做文章。总之，我们必须坚持"两个毫不动摇"，调动各方面的积极性、能动性、创造性，促进绿色生产力的发展。多样化的所有制形式和市场化的经营并不能导致国有自然资本的贬值和流失，不论采用何种所有制形式和经营方式，目标都是将我国建设成为自然资本强国。只有在拥有雄厚的自然资本基础上，才能确保新质生产力和绿色生产力的可持续发展。

在坚持按劳分配为主体、多种分配方式并存的前提下，我们必须坚持生态共享和生态共富，从而推动绿色生产力的发展。我们之所以强调坚持公有制的主体地位，就是要为实现生态共享和生态共富提供强有力的制度基础和保障。自然财富具有公共资源和公共产品的属性和特点，就生态产品而言，并不是都可以完全按照市场化的方式来实现其价值。"更为重要的是，应掌握由自然环境提供的关于生命支持的非市场化（因无市场价格而无偿提供的）物质和服务，它们是如何与经济、社会、文化及大多数其他人类活动相互作用的。从广泛的意义上说，生态学这门科学为理解以上这些问题提供了背景知识。"[①] 因此，我们应该以生态学为科学根据，加强自然资源资产的可持续管理和经营，采用各种方式推进生态共享和生态共富，实现全体人民共享自然财富。例如，大力推行立体多样的生态补偿。生态补偿通常是指对人类社会经济活动给自然资源和生态系统造成的破坏，以及对环境造成的污染进行的补偿、恢复和综合治理。在广义上，生态补偿还应包括对由于生态环境保护和生态文明建设而丧失发展机会的区域内群众进行的各种形式补偿和政策优惠，以及相关科研、宣传、教育等方面的费用支出。因此，我们要大力"推进重要江河湖库、重点生态功能区、生态保护红线、重要生态系统等保护补偿，完善生态

[①] 尤金·P. 奥德姆：《生态学：科学与社会之间的桥梁》，第6页。

保护修复投入机制，严格落实生态环境损害赔偿制度，让保护修复者获得合理回报，让破坏者付出相应代价"①。生态补偿的目的是促进生态共享和生态共富，应采用多样化的政策工具甚至是市场化的手段，避免资本入侵生态补偿这一提供公共产品的领域。总之，只有将社会主义改革进行到底，形成与发展绿色生产力相适应的新型生产关系，才能促进绿色生产力的发展。

2. 坚持以高水平对外开放推进绿色生产力的发展

对外开放是我国的基本国策。今天，我们仍然"要扩大高水平对外开放，为发展新质生产力营造良好国际环境"②。发展绿色生产力同样必须坚持高水平的对外开放。

积极引导全球化的健康发展。随着西方现代化的发展，人类历史实现了从"民族历史"和"地域历史"向"世界历史"的转变。在"世界历史"的基础上，随着金融资本在全球取得支配地位，全球化的时代正式开启。但是，世界历史和全球化始终具有二重性，既为经济文化落后的国家实现跨越式发展提供了可能，也使得这些国家付出了社会经济和生态环境等方面的代价，甚至威胁其国家主权、民族尊严和人民幸福。当前，以美国为代表的西方国家企图通过"逆全球化"的方式对中国关键技术实施打压，阻挡中华民族伟大复兴的历史进程。面对这种复杂的国际形势，我们要逐步形成以国内大循环为主体、国内国际双循环相互促进的新发展格局，在新发展格局中促进绿色生产力的发展，积极引领全球化的健康发展，促进全球化朝着更加开放、包容、普惠、平衡、共赢的方向发展。

积极引导全球化的绿色发展。面对西方社会企图通过"公害出口"和"绿色贸易壁垒"等方式限制我国对外开放的不利形势，我们应坚持推动构建人类命运共同体，积极推动全球生态文明建设，引导全球化的绿色发展，

---

① 习近平：《以美丽中国建设全面推进人与自然和谐共生的现代化》，《求是》2024年第1期。

② 《加快发展新质生产力 扎实推进高质量发展》。

从而推动我国绿色生产力的发展。一方面，我们要虚心学习和借鉴西方发展绿色科技和绿色经济的先进经验；另一方面，我们要大胆而自信地"走出去"，积极推动电动汽车、锂电池、光伏产品"新三样"出口，推动全球经济绿色低碳转型。当然，这种"走出去"应该真实地反映经济活动和经济产品的生态价值和经济价值，绝不能牺牲我国的自然资本实力。同时，围绕提供全球生态产品等全球公共产品，应进一步加大国际合作力度，共同应对未来发展、粮食安全、能源安全、人类健康、气候变化等全球性挑战。总之，不论"逆全球化"潮流如何泛滥，我们都要"稳步扩大制度型开放"①，增强开放的绿色底色和绿色标准，为发展绿色生产力提供适宜的国际环境和国际市场。

3. 坚持以高水平的政府管理推动绿色生产力的发展

在社会主义市场经济条件下，我们应该将市场的问题交给市场处理，将社会的问题交给社会处理。政府应该聚焦经济调节、市场监管、社会管理、公共服务、生态环境保护等方面职能，进一步推进行政体制改革，从以下方面推进绿色生产力发展。

充分运用规划手段引导绿色生产力的发展。在完善国家重大发展战略和中长期经济社会发展规划制度的基础上，我们要健全以国家发展规划为战略导向的宏观调控制度体系。国家发展改革委表示，将把发展新质生产力作为我国"十五五"规划基本思路的研究重点。考虑到绿色生产力的重要战略地位，我们要充分研究绿色发展、绿色生产力、人与自然和谐共生现代化、生态文明建设的内在关联，研究绿色生产力的属性和特征，从国家规划的高度明确我国发展绿色生产力的战略目标、任务、步骤、重点、举措，为发展绿色生产力提供明确而系统的宏观政策导向，以此引导绿色生产力的发展，进而推动新质生产力实现以生态优先、绿色发展为导向的高质量发展。

充分运用法律手段引导绿色生产力的发展。在实现国家治理体系和治

---

① 《在更高起点上扎实推动中部地区崛起》，《人民日报》2024 年 3 月 21 日。

理能力现代化的过程中，政府要更多运用法治思维和法治手段进行治理。在完善社会主义市场经济法律体系和推进生态环境法典编纂工作的过程中，应该学习和借鉴我国出台和执行《循环经济促进法》的经验，研究制定"绿色生产力促进法"的可能性和可行性，最终促进绿色生产力发展相关法律生成，为发展绿色生产力提供有力的法律保障。在制定法律的过程中，应将绿色发展、人与自然和谐共生的现代化、生态文明、新质生产力等先进理念纳入作为法理依据和总则，以发展"绿色生产力"来统合和提升《循环经济促进法》当中的"减量化""再利用和资源化"等法律规定，或将发展绿色生产力的相关内容规定纳入《循环经济促进法》中，又或颁发专门的"绿色生产力促进法"，将《循环经济促进法》的内容合并其中。

充分运用投资手段引导绿色生产力的发展。在社会主义市场经济条件下，为促进绿色生产力的发展，政府应将对公共领域的投入作为投资重点，加强对自然资本的投入，以增强国家的自然资本实力。一是加强对资源替代、环境保护、节能减排、植树造林、生态恢复、生物多样性保护、防灾减灾等方面的投入，以加强生态文明建设基础工程领域建设。二是加强对交通、网络、供电、供水、供气等方面的投入，以及对环境净化设施等方面建设的投入，以提升公共基础设施和生态环境基础设施建设。三是加强对互联网、大数据、云计算、人工智能、区块链等绿色智能科技研发等方面的投入，以及对资源技术、材料技术、环保技术、能源技术、生物技术的投入，从而形成支撑绿色科技研发的制度体系。四是加强对绿色智能农业、工业、服务业等方面的投入，从而发展绿色生产力。此外，从管理技术手段看，政府应努力提升政务管理智能化水平，更多地运用数智科技来推动绿色生产力发展。

四、结语

形成与绿色生产力相适应的"绿色化"的新型生产关系是一项复杂的

社会系统工程。我们应该在全面建设社会主义现代化国家、全面深化改革、全面依法治国、全面从严治党四者构成的"四个全面"中推动形成"绿色化"的新型生产关系，进而推动绿色生产力的发展。

[本文系 2022 年度教育部哲学社会科学研究重大专项项目"党的十九大以来习近平生态文明思想的新进展新论断新贡献研究"（2022JZDZ008）阶段性研究成果。本文源自《人民论坛·学术前沿》2024 年第 9 期]

新质生产力与新型生产关系

尹 俊 孙巾雅[*]

高质量发展需要新的生产力理论来指导。2023年9月以来，习近平总书记围绕新质生产力作出一系列重要论述，科学阐明了新质生产力作为推动高质量发展的内在要求和重要着力点的理论逻辑，深刻回答了"什么是新质生产力、为什么要发展新质生产力、怎样发展新质生产力"等重大问题，是马克思主义生产力理论的创新发展，为新征程上推动高质量发展提供了科学指引。从马克思主义政治经济学基本原理出发，深入分析新质生产力的科学内涵、理论逻辑和发展规律，并探讨其引发的新型生产关系变革，对于推动全面深化改革，进而实现高质量发展，具有重要的理论与现实意义。

一、新质生产力是马克思主义生产力理论创新发展的重大成果

生产力理论是马克思主义政治经济学的重要组成部分，将生产力理论运用于社会发展形式的分析是政治经济学的重要原则和逻辑中介。马克思主义生产力理论不仅考察了自然规定性的生产力形成过程，还注重把社会历史规定性作为生产力概念的底色。从"人与自然"到"人化自然"的历

---

[*] 尹俊，北京大学习近平新时代中国特色社会主义思想研究院研究员、博士生导师；孙巾雅，北京大学马克思主义学院博士研究生。

史过程中,科学技术因素逐渐介入社会生产,并成为推动社会生产实践的重要因素。新质生产力便是由创新引领的前沿科学技术变革而形成社会生产力的"新质态"。

1. 生产力发展的运动过程及其要素

马克思主义生产力理论认为,生产力是人类社会发展的内在动力,也是影响社会历史演进的根本原因。从社会历史发展的过程来看,生产力发展的运动过程经历了"人与自然""人化自然"两大历史阶段。在最原始的时期,人的劳动和自然的物质相结合,构成生产力最初的两个要素,形成"人—自然"最直接的生产力运动作用过程。正如马克思指出的,"对劳动的自然条件的占有,即对土地这种最初的劳动工具、实验场和原料贮藏所的占有,不是通过劳动进行的,而是劳动的前提。个人把劳动的客观条件简单地看作自己的东西,看作使自己的主体性得到自我实现的无机自然。劳动的主要客观条件本身并不是劳动的产物,而是已经存在的自然"[1]。随着人们的劳动能力提升和社会生产力的发展,人与自然的关系逐渐发生了转变,进入"人化自然"的阶段。在"人化自然"的历史阶段,人们加工、改造自然物质作为劳动工具,代替了以自身的肢体为劳动工具的情况。生产资料是"人化自然"历史阶段的产物,技术发明和创新不断革新生产资料的内容和形式,极大提高了社会生产力水平。由此,科学技术因素开始介入生产资料的创新改造,成为实现社会生产力跃迁的重要动因。"正是这种发展表明,人通过在两者之间插入一个为其劳动目的而准备和安排规定的、并作为传导体服从于他的意志的自然物,在多大的程度上提高了他的直接劳动对自然物的作用。"[2] 可见,社会生产力不仅依赖于自然生产力水平,而且取决于人对自然物质的改造加工,特别是人们的知识和智慧对技术创新的影响。正如工厂的机器、运输使用的铁路、电力系统等并不是自然界本身就存在的,而是人们在实践经验中逐渐积累起来的技

---

[1] 《马克思恩格斯全集》第30卷,人民出版社1995年版,第476页。
[2] 《马克思恩格斯全集》第32卷,人民出版社1998年版,第62页。

术产物。人们借助科技创新和技术发明应用使社会生产力发展的速度大大提升，并取得了巨大成就。社会生产力的运动作用过程经历了从"人—自然"到"人—技术—生产"，再到"人—科学—技术—生产"的发展历程。科学技术因素介入社会生产力运动的作用过程，是推动社会生产实践发展的"助推器"。

从生产力要素来看，劳动者、劳动资料、劳动对象在劳动过程中的组合方式体现了社会生产力的发展水平。马克思指出，"不论生产的社会的形式如何，劳动者和生产资料始终是生产的因素。但是，二者在彼此分离的情况下只在可能性上是生产因素。凡要进行生产，它们就必须结合起来。实行这种结合的特殊方式和方法，使社会结构区分为各个不同的经济时期"①。虽然人的劳动能力伴随着科学技术发展逐渐被劳动资料的客体功能取代，但马克思认为劳动者在社会生产力发展中依然具有主体地位。这是因为，科技创新和产业升级需要人不断深化对客体事物的认识，深刻把握现实事物规律，而人们认识和把握规律能力加深也是人的主体不断丰富自身的过程。生产和财富的基础，不再是人的直接劳动，"而是对人本身的一般生产力的占有，是人对自然界的了解和通过人作为社会体的存在来对自然界的统治，总之，是社会个人的发展"②。所以，除科学技术发明创新带来劳动资料更新提升社会生产力之外，人与生产资料的结合方式也影响着社会生产力的跃升。在资本主义生产过程中，资本以价值增值为目的，生产活动把劳动者、劳动资料、劳动对象三种要素结合起来，形成劳动者与劳动资料之间对抗性的关系。劳动者的直接劳动逐渐被机器取代，机器体系的智能化也逐渐限制了人的智力和技能发展，对机器的改进超过了对人的全面发展的关注，这也最终造成了制约科学技术和社会生产力进步的现实结果。人的智力、知识、技能的全面提升有助于克服劳动资料技术化产生的异化作用。在"人—科学—技术—生产"的生产力运

---

① 《马克思恩格斯全集》第45卷，人民出版社2003年版，第44页。
② 《马克思恩格斯全集》第31卷，人民出版社1998年版，第100—101页。

动作用过程中，作为生产劳动主体力量的人和作为客体力量的科学技术工具，不断调整着在劳动中的主客体关系，并且随着新的科学技术应用而推向新的发展高度。

2. 新质生产力的范畴及创新发展

习近平总书记在二十届中央政治局第十一次集体学习时的讲话中指出，"新质生产力是创新起主导作用，摆脱传统经济增长方式、生产力发展路径，具有高科技、高效能、高质量特征，符合新发展理念的先进生产力质态。它由技术革命性突破、生产要素创新性配置、产业深度转型升级而催生，以劳动者、劳动资料、劳动对象及其优化组合的跃升为基本内涵，以全要素生产率大幅提升为核心标志，特点是创新，关键在质优，本质是先进生产力"[①]。新质生产力是由科学技术创新带来生产要素配置、产业模式、生产力发展路径的全面革新，发展了马克思主义生产力理论中关于传统生产力的内涵，丰富了生产力要素新的规定，并赋予了生产力运动作用过程的新形式。

从生产力的内涵来看，新质生产力强调的是以创新为主导的技术变革和产业变革引发的生产力新质态，突出科技创新对社会生产力发展的重要意义。回顾工业革命历史，传统产业革命带来的社会变迁主要以"人手"的解放和延长为主要特征。以蒸汽机的发明为标志的第一次科技革命引发了工场手工业向机器大工业的转变，建立了机器体系，极大地解放了人们的双手；第二次科技革命以电气化为标志，产生了机械化、自动化的生产体系，人们的双手得到进一步的解放；第三次科技革命以信息化为标志，带领人们进入计算机时代，电子计算机在信息处理、传递等方面的快速便捷优势带来了生产效率的变革性提升，产生了众多新的产业。当前，以智能化为标志的科技革命已处于发轫之始，可以预见，智能化革命将带来全领域生产方式的变革，而不是局部的产业调整。比如，在人工智能、量子信息、脑科学、生物育种、空天科技、深地深海等前沿领域的科学研究，

---

① 《加快发展新质生产力　扎实推进高质量发展》，《人民日报》2024年2月2日。

产生了信息技术、生物技术、新能源、新材料、高端装备、航天航空、海洋装备、数字技术等众多应用型技术，这些科学技术在社会生产领域的广泛应用将带来产业结构的深度转型和升级调整，具体表现为技术密集型产业比重增长、制造业产品附加值提升、新兴产业加快培育等。与传统生产力相比，新质生产力作为一种先进生产力，根本在于"质态"不同，即技术、材料、工艺、产品等领域以及产业、生产模式、动能的全方位变化，也意味着社会生产从解放和延长人的"双手"进入"人脑"的思维空间和知识产业的极大扩展。

从劳动过程的要素来看，新质生产力中的劳动者、劳动资料、劳动对象相较于传统生产要素具有新的特点（见表1）。就劳动者而言，新技能化趋势将会愈加凸显。新质生产力是以人与智能化机器相互配合为核心的劳动形式，这就需要劳动者具备一定科学技术知识，并能够熟练掌握使用新质生产资料，所以劳动者的技术内容将伴随着新质生产资料的升级进一步更新。就劳动资料而言，新型生产工具的创新将取代旧的传统的劳动生产工具，比如在制造业和服务业领域，机械化、半自动和自动化的劳动资料将转变为机械手臂、工业机器人、工业互联网等智能化、数字化形式的劳动资料。就劳动对象而言，新质生产力发展拓展了劳动对象的新领域和空间，形成更多样化的类型和形态。以自然资源、原材料和半成品等物质形式存在的传统自然界物质和加工材料，其种类将扩展到深海、外层空间的自然范围，以及超导体、超流体、量子芯片等新加工的物质材料，丰富了劳动对象物质形式的种类。同时，新质生产的劳动对象也从物质形式扩展到非物质形式的范围，信息、数据、流程、编码序列等非物质形式是新质生产力劳动对象的重要组成部分。比如，"商品化不再局限于有形的、物质的商品化，进一步向无形的、虚拟的商品化发展，表现为网络媒体商品化、网络个人隐私的商品化和网络空间共同体的商品化"[①]。此外，新质生产力的劳动资料和劳动对象更强调绿色技术、清洁生产的机器设备、清洁能源

---

① 尼克·斯尔尼赛克：《平台资本主义》，程水英译，广东人民出版社2018年版，第44页。

和绿色原材料的投入,要求降低高耗能、高污染、高碳排放量等不可持续的生产资料的使用比重。劳动者也应具有生态文明理念、系统发展观念和绿色生态的价值观。在注重提高生产效率、增大物质财富积累的同时,新质生产力的三个要素更要以生态平衡、环境和谐、可持续发展为底色,实现与生态文明融合的高质量发展。

表1 传统生产力与新质生产力的对比

要素	传统生产力	新质生产力
产业结构变革	原有产业的升级改造	颠覆性产业模式创新
科学技术对人的影响	人的器官的延长和解放双手	人的脑力和思维的解放
劳动者	依靠自身积累的知识经验、具有中等技能或低技能型为主的劳动者	能够创造新质生产力的战略人才,熟练掌握新质生产资料、具有绿色发展理念的应用型人才
劳动资料	机械化、自动化;高耗能和高排放的机器体系	智能化、机器人化、数字化;绿色清洁的机器体系
劳动对象	物质化形式的自然物质原料、半成品等;以高碳能源和化石能源为主	不仅拓展了传统自然界物质,如深海、外层空间、新材料等,还创造了数据等不受空间和时间限制的非物质形态;以清洁能源与绿色原料为主

新质生产力发展的运动作用过程需要发挥政府统筹配置各类要素的作用。与传统生产力的"人—科学—技术—生产"的运动作用过程不同,新质生产力的创新主导力量不仅要靠个人和企业在生产实践中收获的单个的、偶然的科学技术发明,还要靠政府力量统筹协调安排生产力各要素的集中配置、优化应用、创新突破。特别是新质生产力一般涉及国家安全、生态环境、区域战略等,更需要发挥政府在统筹资源、建立平台、集合优势等方面的作用,以实现重大科学创新和技术突破。正如习近平总书记在2023年中央经济工作会议中强调的,"要发挥好政府投资的带动放大效应,重点

支持关键核心技术攻关、新型基础设施、节能减排降碳，培育发展新动能"①。新型举国体制的优势在于集中力量办大事，围绕人、资源合理集中调配，完善体制机制和制度创新，推动关键技术攻坚。因此，政府要发挥主导作用，加强顶层设计，优化人才和资源相关体制，设立重大科技专项平台，完善成果转化应用机制。此外，确保新质生产力运动作用过程的各个环节运行畅通，实现各要素的有效结合，也需要发挥政府的重要作用，以打通运动作用过程中的堵点和卡点。政府还需要维护好市场秩序、公平竞争环境，这样才能激发各主体的活力，促进技术创新在生产实践中的深入应用，提高新质生产力应用生产的产品和服务质量。

二、新质生产力引发新型生产关系变革

政治经济学的研究对象是社会生产关系，生产力与生产关系的辩证运动是马克思主义政治经济学的基本观点。生产、交换、分配、消费的运动特性和有机联系是社会生产关系的内部结构，这四个环节之间的相互联系、相互作用是社会经济运行规律的具体体现。马克思曾多次阐释过生产力与生产关系之间的辩证运动，"社会关系和生产力密切相联。随着新生产力的获得，人们改变自己的生产方式，随着生产方式即谋生的方式的改变，人们也就会改变自己的一切社会关系"②。生产力发展促进新型生产关系的出现，新型生产关系的形成会进一步加速社会生产力前进。因此，新质生产力发展也需要新型生产关系与之相适应（见表2）。

1. 生产力发展与新型生产关系的形成过程

由技术变革引发的社会生产力水平提升，首先带来的是社会生产组织方式的变化，进而劳动者、劳动资料和劳动对象之间出现了不同的结构关系，对生产、交换、分配、消费形式产生了影响，并逐渐形成新型生产关系。

---

① 《中央经济工作会议在北京举行》，《人民日报》2023年12月13日。
② 《马克思恩格斯文集》第1卷，人民出版社2009年版，第602页。

表2 传统生产关系与新型生产关系的对比

关系与模式	传统生产关系	新型生产关系
所有制关系	所有制类型界限分明	所有制类型更加多样
直接的生产关系	劳动者对劳动资料的依赖程度较高，劳动者之间的协作紧密程度和系统性较低	劳动者对机器设备的依赖程度更高，劳动者之间的分工协作关系更为紧密、复杂、系统化
交换关系	受限于交换的物理时空；市场分散性突出	灵活性、流动性；市场一体化趋势
分配关系	分配要素少；财富两极分化	分配要素增多；共享性、普惠性分配趋势
消费关系	消费与生产的隔离	消费与生产适配性提高
社会生产组织形式	垂直化	平台化、扁平化
管理模式	经验化、系统化	智能化

科学创新和技术革命本身并不创造新的生产关系，但科学创新和技术革命能通过生产力的运动作用对社会的生产组织方式产生影响，进而促进新型生产关系的形成。生产组织方式是指劳动者、劳动资料、劳动对象以不同的数量比例在生产经营过程中出现的不同组合结构、生产要素不同的使用方式和组合制度。例如，在资本主义生产组织方式变革历史中，经历了从18世纪出现的手工工场简单协作，到19世纪以机器体系为核心的现代工厂，再到20世纪以泰勒制和福特制生产管理模式的流水线工厂，形成组织化资本主义生产方式，再到如今的以分散化、灵活性突出的弹性资本主义生产组织方式。生产组织方式的变迁过程是人与生产资料结合方式的变化过程，这一历程也使劳资关系不断从形式隶属转变成实质隶属，使得社会经济结构和社会关系出现调整。

当社会生产力发展到一定阶段，便会出现其自身无法逾越的障碍鸿沟。这时只有调整生产关系的适应性，才能进一步实现生产力的跃迁。演化经济学家佩蕾丝认为，技术革命产生的新产业会引发技术经济领域和社会制度领域之间的不匹配，这需要良好的、配套的制度，才能发挥新技术的巨大潜力。"每次技术革命带来了巨大的财富创造潜力,充分展开这种潜力需要每次都建立一套完整的社会－制度框架。"[①] 19世纪末,私人资本向社会资本过渡的历史转变,就是自发调整生产关系适应社会生产力发展的典型案例。由于电气化时代带来的技术升级,企业生产规模在短时间内急速扩张,需要筹集大量资金。但是,单个资本无法承担生产资料革新所需的庞大资金,便通过银行和信用中介集聚社会资本,最终形成新的企业模式——股份公司。这使得私人垄断资本开始向社会资本过渡,社会经济关系也随之发生新的调整和变化。马克思指出,"那种本身建立在社会生产方式的基础上并以生产资料和劳动力的社会集中为前提的资本,在这里直接取得了社会资本(即那些直接联合起来的个人的资本)的形式,而与私人资本相对立,并且它的企业也表现为社会企业,而与私人企业相对立。这是作为私人财产的资本在资本主义生产方式本身范围内的扬弃"[②]。社会生产力发展引发新型生产关系的出现,这一过程可以概括为:生产力的发展—生产组织方式的变革—生产力要素变化和结合方式调整—生产关系的新发展。

2. 新质生产力与新型生产关系的产生

社会经济关系随着新质生产力的发展出现了新的变化。新型生产关系的形成一般会落后于先进生产力的发展,但也可以通过政府对体制机制的主动调整,促进新的生产关系形成和转变。新质生产力对新型生产关系的形成及影响可从生产资料所有制形式、经济运行的四个环节关系、社会生产组织形式、管理模式来剖析。

从生产资料所有制形式来看,现阶段生产资料所有制形式更加复杂多样。技术创新带来的产品已经不局限于物质形式本身,劳动对象已经从物质形式扩展到以数据、信息为代表的非物质形式领域。在技术性生产资料所有制关系中,数据和算法所采集的信息不仅包含着私人信息,还具有公

---

① 卡萝塔·佩蕾丝:《技术革命与金融资本:泡沫与黄金时代的动力学》,田方萌等译,中国人民大学出版社2007年版,第2页。
② 《马克思恩格斯全集》第46卷,人民出版社2003年版,第494页。

共属性，特别是介于个人和公共之间的中间数据。私人的数据依然由个人所有，企业生产的数据由企业所有，公共数据由政府机关、社会和非营利组织所有，但中间数据有大量的混合形式。个人、企业、公共机构之间的所有权界限仍需进一步明确。

从经济运行的四个环节关系来看，就生产而言，劳动者与新质生产力的劳动资料联系更为紧密，对智能化机器和高科技设备的依赖程度提高，劳动分工越来越系统化和多样化，协作难度提高，这使得劳动者之间的协作关系也更为紧密、复杂。就分配而言，资源配置方向朝着共享性方向发展，共享型分配方式是先进信息技术持续增长的最优方案；普惠性的互联网、大数据平台建构的新业态为居民、中小微企业提供了更多扩大收入、减小财富差距的路径。就交换而言，新质生产力的发展进一步扩大了交换关系的时空范围，弱化了地域限制和市场壁垒，打破了物理时空的限制和障碍，市场的流动性和灵活性极大增强。不同区域、不同规模、不同种类的多样化市场向着更加融合统一的方向发展，加速了市场一体化的进程。就消费而言，新质生产力的发展有助于更加准确识别、统计、预测用户需求，根据个性化信息来创造多样化产品和消费内容，进一步实现生产和消费的同一性、协调性、平衡性。

从社会生产组织形式来看，新型生产关系的组织方式主要体现在企业与个人之间的关系上。新质生产力以人工智能、大数据、云计算、互联网、5G等前沿技术为基础，数据和算法成为新质生产力发展的最大着眼点。在智能化时代，个人可以是数据的生产者和拥有者，利用信息差、垄断信息来源的优势在减弱。传统企业"自上而下"的组织管理结构被平台化组织所打破，形成"扁平化"的个人和企业关系。企业负责提供平台和服务，个人可以参与数据的决策和管理，个人与企业之间形成更为紧密和共生的关系。企业需要依靠大量的个人数据来进行决策运营，个人也需要依靠企业提供的数字化平台实现接收和再生产数据。

从管理模式来看，管理模式是新型生产关系派生的具体内容，也是企业与个人之间关系的重要表现形式。对于企业而言，研究开发管理、生产制造管理、营销管理、财务管理、人力资源管理、行政管理等管理活动都影响着企业生产效率。新一轮技术革命从信息化向智能化前进，管理模式也随之发生着由系统化向智能化的转变。智能化管理将更多使用人工智能设备来完成人的管理工作，以此提高企业管理的适配性。

三、在全面深化改革中加快推动新质生产力发展

习近平总书记指出，"高质量发展，就是能够很好满足人民日益增长的美好生活需要的发展，是体现新发展理念的发展，是创新成为第一动力、协调成为内生特点、绿色成为普遍形态、开放成为必由之路、共享成为根本目的的发展"[①]。进入新时代，党中央作出一系列重大决策部署，推动高质量发展成为全党全社会的共识和自觉行动。近年来，我国科技创新成果丰硕，创新驱动发展成效日益显现；城乡区域发展协调性、平衡性明显增强；改革开放全面深化，发展动力活力竞相迸发；绿色低碳转型成效显著，发展方式转变步伐加快，高质量发展取得明显成效。同时，制约高质量发展的因素还大量存在，结构性、周期性、总量性、体制性等经济发展问题交互缠绕。抓住发展新质生产力与新型生产关系这一着力点，进一步全面深化改革，就是牵住了引领高质量发展的"牛鼻子"。

1. 新质生产力发展的改革着力点

通过全面深化改革不断调整体制机制，可以适应和引领新质生产力的发展。在改革过程中，要以优化产业结构、提高自主创新能力、处理好传统产业和新兴产业的关系、发展区域特色生产力为着力点，加快推动新质生产力发展。

优化产业结构，完善现代化产业体系，奠定新质生产力的物质基础。必须认识到，尽管中国已成为全球制造业大国，但整体实力仍需加强。目前，我国的制造业产品附加值相对较低，技术创新对实体经济的推动力有

---

① 《习近平谈治国理政》第3卷，外文出版社2020年版，第238页。

待提升，服务业与制造业之间的比例也需进一步协调。从整体来看，现代化生产建立在更为精细的分工和日益延长的生产链基础之上，这意味着各部门之间的生产活动日益相互依存、紧密相连。因此，社会生产总过程应当呈现整体性和系统化的特点。随着先进生产技术和设备的应用，从局部开始的变化将引发整个社会生产结构的调整、产品质量的提升、消费的升级换代。为了推动这一进程，应该依托新质生产力的重点技术领域（如数字技术、人工智能、新能源汽车、前沿新型氢能、生物制造、量子科技、新材料等）来促进传统产业的高端化、智能化和绿色化转型。同时，还应实施一系列项目，如建设智慧城市、数字乡村，扩大互联网规模化应用，加强大数据的开发和流通使用等，以服务于实体经济的发展和丰富人民生活。通过这些措施，实现传统产业的升级，培育并壮大新兴产业，为未来产业的布局和建设奠定坚实基础。

健全新型举国体制，提高自主创新能力。有组织的科研工作对于国家攻克技术难关具有重要意义，因此，国家应长期支持一批具有优势的创新团队、科研基地以及重点研究领域的科研活动。通过实施一系列重大科技项目，致力于打造国际一流的新质生产力产业群。为了实现关键技术的协同攻关，政府需要加强对社会创新资源的整合与共享。在科技发展战略方面，应完善科技评价体系、人才培养体系、科技奖励机制，并优化成果转化以及产学研用结合等方面的科技体制。通过这些举措，更有效地推动新质生产力的发展，为国家的科技进步和产业升级作出重要贡献。

处理好传统产业和新兴产业的关系，实现新质生产力的稳步发展。目前，我国主要的工业原料和生活用品仍依赖于传统产业的生产制造，这构成现代化产业体系的基础，同时也是确保经济稳定的关键所在。尽管传统产业面临着结构调整、产能过剩、技术落后、产品附加值低以及生产效率不高等问题，但不能盲目地淘汰或急剧缩减这些产业。传统产业仍是我国经济的核心组成部分，对国民经济的稳定、就业岗位的提供以及税收收入的保障等具有深远影响。因此，在新兴产业尚未成为生产力发展的主导力量之前，不能过快地削弱传统产业的经济支柱作用。此外，传统产业与新兴产业之间存在着相互促进、相互依赖的关系。传统产业为新兴产业的发展提供了必要的能源、零部件和材料支持，而新兴产业则通过技术创新为传统产业的高端化、智能化和绿色化升级提供了保障。只有在"先立后破"的原则指导下，才能实现产业升级和优化的平稳过渡，减少风险和市场不稳定因素，促进经济高质量发展。

发挥政府统筹协调和组织作用，彰显不同区域新质生产力特色。鉴于各地区的产业结构、资源条件和科技创新实力不同，推动新质生产力的成长应结合各地的具体情况，实施有针对性的政策措施，进而培育出各具"特质"的新质生产力。考虑到新质生产力的形成、转化和应用所需时间和条件各不相同，各地区应在中央指导下，采取分步、有序、多元的策略进行制度设计；同时，应对不同领域的技术革新和应用进行分类指导和整合，防止对传统产业的忽视或放弃，并避免发展路径的单一化和同质化。各地区应依据自身优势和条件，与国家的总体发展目标相契合，既要关注全局性和长远性问题，又要凸显区域特色。同时，协调好与其他区域的合作分工，发挥各自优势，选择适宜的主导产业和关键突破点，以避免产业结构的趋同性。这样，各区域之间才能形成优势互补、多元共存的良性互动，进而在国家规划和地方产业政策的共同作用下，创造多条发展新质生产力的新模式新赛道。

2. 新型生产关系构建的改革发力点

发展新型生产关系以适应新质生产力的需要，就必须通过全面深化改革，不断完善经济、教育、科技、人才等方面运行的体制机制，打通新质生产力发展作用过程中的堵点和卡点。

新质生产力的创新应用要以不同所有制类型的企业为主体。当前，我国存在着多种不同类型的生产所有制关系，包括国有企业、民营企业、外资企业等，应优化生产要素的流动与配置，确保各类企业能够灵活且高效地获取所需资源。要进一步调整、完善不同类型的所有制结构，打造更多适合新质生产力发展的企业类型。此外，政府应根据企业的实际需求和发展困境，提供定制化的政策支持，特别是对新兴企业和领军产业进行精准的扶持,以促进潜在的新质生产力因素迅速转化为实际增长动力。

构建高水平社会主义市场经济,让优质和先进的生产力要素顺畅流动。尽管我国市场规模已稳居全球前列,但仍需解决市场规则不统一、要素流通不畅等影响新质生产力发展的问题。为此,应建立统一、开放、竞争有序且制度完备的高标准市场体系;完善各类资本行为制度,规范和引导资本健康发展;① 健全全链条资本治理体系,优化新质生产力的要素配置。同时,通过增强资本市场的活力,提升金融服务的供给能力,为新质生产力提供稳定的金融支持。要扩大高水平对外开放,形成对国际高端资源的吸引力,特别是要引进先进技术和企业管理模式,扩展新的贸易合作机会,为新质生产力发展提供更好的国际合作平台。要维护良好营商环境、完善法治环境,在法律层面上明晰新质生产力创新的数据产品交易产权和价值评估标准等,为新质生产力发展提供支撑。

以新质生产力为导向优化高等教育学科设置和企业人才培养模式,培养新质生产力发展急需的人才。由于新质生产力的发展往往涉及交叉学科和前沿技术,因而在高等教育方面,不仅要强化基础学科建设,更要注重顶尖学科和交叉学科的知识体系建构和人才培养,抢占科技创新的制高点。此外,随着知识教育方式的变革和教育资源的共享,需要对治学体系进行标准化和规范化的制度调整,以打破资源壁垒,进一步优化学科专业布局。在企业层面,应注重培养既具备专业技能又拥有综合素养的人才。新质生产力的发展不仅需要技术领域的专家,还需要掌握金融、市场、企业管理等多方面知识的复合型人才和具有远见的企业家。为实现这一目标,政府应提供更多的实践机会和交流平台,促进人才的全面发展和多元化发展。

构建教育、科技、人才一体化机制,加快推进新型生产关系的形成。教育、科技和人才三者的协同配合与良性循环,既体现了教育、科技和人才之间紧密的辩证关系,也是进一步实施科教兴国战略和深化人才体制机

---

① 尹俊、孙巾雅:《社会主义市场经济条件下资本治理的困境与破解之道》,《改革》2023 年第 7 期。

制改革的必然要求。三者一体化的机制不仅是实现高质量发展的内在要求，也是推动新质生产力发展的迫切需求，对于实现我国高水平科技自立自强、提升我国综合国力和国际竞争力具有深远意义。科学技术的创新成果源自人才的智慧与知识，而高素质人才的培养则依赖于优质的教育资源。因此，必须充分发挥新型举国体制优势，从顶层设计的角度出发，坚持教育强国、科技强国和人才强国战略的统筹推进和整体部署，通过深化教育、科技和人才领域的综合改革，为新质生产力的发展注入源源不断的动力。

［本文系教育部哲学社会科学研究重大专项项目"习近平经济思想（本质、基本特征和基本经济制度）研究"（2024JZDZ002）、教育部哲学社会科学研究重大专项项目"政党与党建经济学：中国经验对经济学的贡献研究"（2023JZDZ016）阶段性研究成果。本文源自《改革》2024年第5期］

建立适应新质生产力发展的新型生产关系

李晓华[*]

发展新质生产力是党中央在对我国发展阶段、发展目标、技术和产业发展趋势、国际环境科学研判基础上作出的重大战略决策,是推动高质量发展的内在要求和重要着力点,直接关系现代化产业体系建设和中国式现代化的实现。加快形成新质生产力,既是发展命题,也是改革命题。[①] 2024年1月习近平总书记在二十届中央政治局第十一次集体学习时的讲话中指出:"生产关系必须与生产力发展要求相适应。发展新质生产力,必须进一步全面深化改革,形成与之相适应的新型生产关系。"建立适应新质生产力发展的新型生产关系,必须从新质生产力的特点与发展要求、束缚新质生产力发展的现实因素出发,找到深化改革从而调整生产关系的着力点。

一、新质生产力的发展规律

新质生产力由技术革命性突破、生产要素创新性配置、产业深度转型升级而催生,具有不同于传统生产力的特征和发展规律。

---

[*] 李晓华,中国社会科学院中国式现代化研究院纪委书记、副院长、调查研究部主任,中国社会科学院大学博士生导师。
[①] 金观平:《深化改革形成新型生产关系》,《经济日报》2024年2月12日。

聚焦
新型生产关系

从特征来看，新质生产力具有高科技、高效能、高质量特征，但是与驱动传统生产力的创新不同，其核心驱动力是技术的革命性突破。驱动新质生产力发展的主要不是技术的增量性改进，而是相对于原有技术路线的巨大跃迁或者是对原有技术路线的颠覆，并且新的技术路线将会表现出远超过原有技术路线的性能或绩效。这种颠覆性技术的突破及其成熟、应用和扩散，还将会对生产活动产生深刻的影响。颠覆性技术将改变生产要素的配置，不仅改变生产函数从而使要素组合发生巨大改变，而且往往催生重要的新型生产要素。颠覆性技术还将推动产业的深度转型。催生新质生产力的颠覆性技术中不乏应用广泛、影响巨大的通用目的技术，这些技术的广泛扩散和深度应用不仅会使产业的产品架构与价值链构成、生产组织形态、典型生产模式、商业模式和产业业态等方面发生深刻变革，而且不同国家、企业在产业中的地位也会剧烈变化，一些原来的领先者衰落甚至退出，一些新的力量进入甚至成为领先者。

从发展规律看，新质生产力主要由颠覆性创新所驱动的特点决定了其呈现出不同于传统生产力的发展路径。一是高度新颖性。无论是颠覆性技术本身，还是由其产业化形成的新产品、新服务，或由其深度应用所形成的要素、生产组织、商业模式、产业业态等，都与既有生产力存在巨大的差异性，甚至是以前所不存在的。二是高度不确定性。新质生产力颠覆性技术驱动的特点决定了不仅技术的发展路线是高度不确定的，无法在事前准确预判，技术产业化的时间、产出的形态和模式、应用的场景、市场中的赢家等方面也无法提前预判，甚至在技术和产业的演化过程中，会不断发生主导技术的转变，从而使产品架构、产业链价值链构成、主导企业等方面发生重大改变。三是演化的系统性。由于新质生产力是生产力的质态跃迁，因此它就不是单一技术、单一企业的改变，而是整个创新生态、商业生态、产业生态的系统性变化，一种新产品、新模式、新产业的形成，不仅需要从基础研究到工程化过程中主导技术的突破，而且需要一系列配套技术的创新，各种生产设备、原材料、零部件、支撑服务等通过创新作出适应性调整，从而引发系统性的变革。

二、新质生产力发展对生产关系变革的要求

马克思指出："社会的物质生产力发展到一定阶段，便同它们一直在其中运动的现存生产关系或财产关系（这只是生产关系的法律用语）发生矛盾。于是这些关系便由生产力的发展形式变成生产力的桎梏。"[1] 如果要促进生产力的发展，生产关系必须作出相应的变革，新质生产力的发展也对生产关系提出了变革要求。

市场机制。推动新质生产力的颠覆性创新及其所形成的新兴产业所具有的高度不确定性，意味着政府虽然可以对新技术、新产业进行引导，但无法对新质生产力进行准确的规划，必须更充分地发挥微观主体的能动性，由大量微观主体在试错中选择出最终被证明成功的方向。面对不确定性，参与试错的微观主体越多，它们的异质性越强，越有可能筛选出未来成功的方向。在科技创新方面，不是由政府部门或机构确定科研项目，而是需要科学家、工程师兴趣导向的创新。在产业化方面，需要由企业根据自己的技术基础以及对技术发展趋势和市场需求特点的判断，选择产业化的技术路线、应用场景和商业模式。虽然大企业实力强，但是也只能将资源投入有限的方向上，同时由于大企业数量少，总体上只能在有限的路线上进行探索。且大企业存在思维惯性或战略刚性，对颠覆性技术及其可能的应用场景不敏感，容易出现选择性错误。因此，应对不确定性要更充分地发挥中小微企业特别是科技创业企业的作用。

市场体系。市场体系是市场机制发挥作用的必要条件，新质生产力的发展也对市场体系提出新的要求，突出表现为统一大市场的重要性增强。新质生产力由颠覆性技术的突破所催生，最终要转变为经济活动，即新兴产业，而产业活动需要所生产的产品实现其市场价值。因此，新质生产力的发展既需要创新的推动，也离不开市场的拉动。由颠覆性技术突破所形

---

[1] 《马克思恩格斯文集》第2卷，人民出版社2009年版，第597页。

成的新产品虽然展现出不同于现有产品的独特功能、未来可能具有巨大的潜力，但是在其投放市场的早期阶段，往往稳定性、可靠性差，许多产品还缺少互补品的支撑，使用体验不好，且巨大的失败概率伴随用户投资损失风险，因此用户规模非常有限。有限的用户规模限制生产规模，研发投入的巨大成本无法分摊，生产过程无法实现规模经济，产品成本和价格居高不下又进一步限制用户规模的增长。统一的大市场可以对最早推向市场或性能更优的新产品提供尽可能大的市场支持，而分割的市场使得每个企业新产品的销量都很小，从而限制市场对技术迭代的拉动。

要素供给。颠覆性创新及其产业转化不仅会催生新的生产要素，而且会对技术、资本、人才等生产要素提出更高的要求。发展新质生产力，需要各种要素向新质生产力顺畅、有效、合理流动，形成创新到产业化、生产—分配—交换—消费的畅通循环。一是形成新生产要素供给机制。重大技术突破会使"技术－经济"范式发生转变，催生新的生产要素。以移动互联网、人工智能、区块链等为代表的新一代数字技术是当前新质生产力发展的重要推动力量和时代特征，数据成为数字经济时代关键的生产要素，在经济社会活动的方方面面发挥日益重要的作用。因此，发展新质生产力就需要构建有利于数据生产、流通和使用，保障数据安全和用户权益的制度安排。二是完善多层次资本市场。新技术新产业发展中的高不确定性、高风险性需要更好地发挥风险资本的作用，通过天使投资、风险投资、产业投资等不同风险承担程度的资本，支撑从技术创新到大规模产业化各阶段的资金需求。需要鼓励不同类型的风险投资发展，同时完善风险投资的退出机制，形成完善的多层次资本市场体系。三是促进技术和劳动力市场发展。新兴产业技术驱动、回收期长、风险高的特点需要对科技产出成果给予充分的保障，使创新成功的企业能够获得充分的回报，从而形成对科技创新的有效激励，因此需要加强对知识产权的保护。同时，新质生产力的系统性又决定了新产品新产业的发展需要多个来源的技术，市场中的主导企业一方面拥有关键技术，同时也需要通过兼并收购、技术授权等方式整合其他企业的技术，因此需要形成有效的技术交易市场。同时，技术是依托于创新人才而存在的,既要保护机构和企业在高端人才上的前期投入,又要促进人才的流动、鼓励人才创新创业。

监管体系。法律、政策等对经济活动的监管是基于既有经济活动可能存在的风险和危害,其前提是这些经济活动已经发生并呈现较为明显的规律性。但是新质生产力的新颖性意味着与其相关的经济活动是全新的、之前未曾出现的,因此就会出现既有的法律和政策不能很好地与之相适应的问题。如果严格按照对既有经济活动的监管规定对新质生产力进行监管,就会限制新质生产力所形成的新技术新产品的使用和发展。例如,按照既有的交通法规,无人驾驶汽车不能上路行驶,但如果不能上路行驶,无人驾驶技术就不能得到在实际场景中的验证和改善提高,无人驾驶就永远无法成为现实。新技术新产业在其发展早期也不能完全按照成熟产业的监管模式进行监管。例如,在线上经济发展初期,线上排他行为对提升社会福利更加有利。[①] 因此,对新质生产力的发展总体上应遵循包容审慎的原则,并据此完善相应的监管规定。

开放合作。当今世界已经形成各国间在同一产业的产业链价值链高度分工合作的关系,而发展新质生产力更需要全球合作。从技术创新来看,新质生产力是由基础科学的颠覆性突破驱动的,而当今世界已经进入大科学时代,[②] 要解决的科学问题复杂度高、跨越的学科领域多,不仅需要跨学科的知识整合,而且需要世界各国的科研机构紧密合作、形成合力,才有利于基础科学实现颠覆性、突破性创新。同样,在颠覆性技术的工程化、产业化过程中,由于技术和产品的复杂性,同样需要集成世界各国的产业优势、由世界各国的机构和企业协同创新,推动与新质生产力密切相关的设备、材料、零部件和生产性服务活动所需要的各种技术的突破,由此实现颠覆性技术的产业转化和新产业的形成。从市场拉动来看,全球化的市场所形成的用户群体不但可以给早期产品以充分的市场支撑,而且通过让

---

① 蔡跃洲、王麒植、钟洲:《线上排他行为、阶段性特征与数字平台治理:三方动态博弈分析》,《经济研究》2024年第59期。

② 习近平:《加强基础研究 实现高水平科技自立自强》,《求是》2023年第15期。

具有竞争力的企业获得更大的市场份额和营收而实现更快的发展，对新技术的工程化产业化形成更大的市场拉力。

产业政策。传统产业的技术和产业成熟度高、不确定性小，对于后发国家来说，采取选择性产业政策对特定技术和产业加以支持，能够起到加速技术创新和产业发展的作用。对处于科技和产业发展前沿的国家，在颠覆性技术比较少、影响面比较窄的时期，尽管制定了支持新科技新产业发展的政策体系，但产业政策的应用范围、强度相对比较有限。当前在新一轮科技革命和产业发展的浪潮中发展新质生产力，科技和产业发展具有高度不确定性的特征，由此导致选择性产业政策不再能够很好地发挥作用，同时颠覆性创新大量、持续涌现，产业政策的重点不仅要支持创新、扶早扶小，重视市场环境的营造和竞争机制的发挥，而且要创新政策工具，将政府与市场的作用有效结合起来。例如，为了发挥市场对科技创新与产业化的拉动作用，需要更加重视应用场景创新与市场支持等需求侧产业政策。在世界主要国家致力于新质生产力培育和发展、抢夺新兴产业制高点和话语权的环境中，政府对研发的支持、对市场的引导，可以加快新质生产力的发展速度，而单纯依靠市场机制的力量推进技术迭代和产业成熟，可能就会在全球竞争中处于下风。

三、适应新质生产力发展的生产关系变革的重点

40多年的改革不断破除制约生产力的思想障碍和制度藩篱，让一切劳动、知识、技术、管理、资本的活力竞相迸发，释放出生产力的澎湃动能，创造了经济快速发展奇迹和社会长期稳定奇迹，但由于我国是从计划经济向社会主义市场经济转轨、从科技产业追赶发达国家向并跑领跑攀升，因此仍然存在不适应前沿技术创新和新兴产业发展的体制机制和政策，需要加以改革，同时，也需要建立适应当代新质生产力发展的新型生产关系。[①]

[①] 刘文祥：《塑造与新质生产力相适应的新型生产关系》，《思想理论教育》2024年第5期。

在激烈的国际竞争中实现新质生产力的更快培育与发展，需要围绕从前沿基础研究、工程技术创新到市场开发、大规模产业化等创新链、产业链循环中的堵点卡点，通过深化经济体制、科技体制、市场体系、开放体系等方面的改革，形成适应新质生产力发展的新型生产关系，使各类先进优质生产要素向发展新质生产力顺畅流动。[1]

深化所有制改革。深化国资国企改革、完善国有企业治理机制，建立使国有资本愿意作为长期资本、耐心资本投入战略性新兴产业、未来产业发展并能够取得良好经济效益的制度。构建国资、民资、外资在内的各种所有制大中小企业间融通发展的机制，发挥各类企业在创新链、产业链及其相互促进中的优势。[2] 在新质生产力逐步发展壮大的过程中，促进国有资本和国有企业做强做优做大，发挥国有经济国有企业战略支撑作用。始终坚持"两个毫不动摇"，为包括民营企业、外资企业在内的各种所有制企业创造公平竞争、竞相发展的环境，加快民营经济促进法立法进程，完善和落实促进民营经济发展壮大的配套政策，切实解决民营经济在市场准入、要素获取、公平执法、权益保护等方面面临的突出问题。

深化市场基础制度改革。健全统一规范的涉产权纠纷案件执法司法体系，严格落实"全国一张清单"管理模式，健全公平竞争制度框架和政策机制，坚决破除各地区各部门制定的具有地方保护、市场分割性质的市场准入制度和产业政策，促进商品和要素资源在全国统一大市场的畅通流通。促进风险投资发展，支持国有企业、民营企业、外资企业等各种不同所有制企业建立形式多样的天使投资、风险投资、产业投资基金，完善企业上市、增发、退市制度以及配套制度安排。鼓励公共部门、企业等机构在保证数据安全的基础上开放、共享数据，探索形式多样的数据流通、交易、

---

[1] 中共国家发展改革委党组：《进一步全面深化经济体制改革　以高质量发展推进中国式现代化》，《求是》2024年第10期。

[2] 李锦：《从习近平强调加快形成适应新质生产力的新型生产关系解读国企改革深化提升》，《现代国企研究》2024年第5期。

使用、分配模式，简化数据跨境流动管理制度。

深化科技体制改革。加大国家对基础研究、竞争前阶段的创新投入，鼓励行业龙头企业加大基础研究投入，支持投入主体多元、激励机制灵活的新型研发机构发展。改革科技创新项目立项和结项评审机制，鼓励科学家基于兴趣导向自由探索前沿技术，并改变过去单纯"以成败论英雄"的科技成果评价方式。鼓励国内科研机构和企业在科技创新上的全球合作，吸引更多世界一流科技人才来华工作并平等享有科技项目的申报资格。对于"卡脖子"技术、技术标准相对比较明确的增量型创新，实行并不断完善"揭榜挂帅"等制度，鼓励创新链产业链上下游企业和供需双方联合攻关。进一步完善促进科技成果产业转化、专利授权交易的组织机构和实施细则。

深化分配制度改革。进一步健全知识、技术、数据等新型生产要素由市场评价贡献、按贡献决定报酬的机制，激发各类主体、各类生产要素参与新质生产力发展的积极性、主动性、创造性。完善大学、科研机构科技成果产业化收益分配的实施细则，保障科研人员开展前沿技术创新和推动科技成果产业化的积极性，支持科研人员、大学生依托科技创新成果进行创业。探索和完善数据要素参与价值创造和收益分配机制，促进数据资源向数据资产和数据资本转化。在发挥初次分配效率导向功能的同时，构建初次分配、再分配、第三次分配协调配套的制度体系，鼓励新质生产力新赛道的企业家、投资者，通过捐赠、建立基金会等方式回馈社会，让新质生产力发展创造的财富更多更公平惠及全体人民，同时通过增强居民消费能力为新质生产力发展提供更强大的国内市场支撑。

深化制度型开放。构建既适应我国国情又与国际通行规则相衔接的制度体系和监管模式，稳步拓展规则、规制、管理、标准等制度型开放，扩大对外开放的领域和深度，积极吸引外资投向高技术产业和新兴产业、研发中心、工业设计等生产性服务业。通过体制机制创新提高自由贸易试验区的发展水平，使其成为吸引全球创新要素的高能级对外开放平台。积极发起和加入多边贸易协定，推动新质生产力相关的技术标准和国际治理规则建设，为我国企业通过产品、投资、服务、数据等形式"走出去"创造良好的国际环境，支持我国具有国际竞争力的企业在海外建立研发中心、收购科技型企业。

(本文源自《中国党政干部论坛》2024年第6期)

第四部分

以进一步全面深化改革
加快构建新型生产关系

加快形成同新质生产力
更相适应的生产关系

赵长茂[*]

党的二十届三中全会审议通过的《中共中央关于进一步全面深化改革推进中国式现代化的决定》指出:"加快形成同新质生产力更相适应的生产关系,促进各类先进生产要素向发展新质生产力集聚,大幅提升全要素生产率。"我们把这段内容与2024年1月31日习近平总书记在二十届中央政治局第十一次集体学习时的重要讲话相联系,可以更好从理论和实践的结合上理解"加快形成同新质生产力更相适应的生产关系"的深刻含义,进而把握以进一步全面深化改革推进中国式现代化的内在逻辑。

首先,加快形成同新质生产力更相适应的生产关系,强调"更相适应",说明我国生产关系基本上是适应新质生产力发展要求的。否则,习近平总书记就不会在上述集体学习时作出"新质生产力已经在实践中形成并展示出对高质量发展的强劲推动力、支撑力"的重要判断。生产关系必须与生产力发展水平相适应,是马克思主义的基本原理,是人类社会历史发展的基本规律。改革开放以来,我国社会生产力之所以能够得到极大解放和发展,就在于通过不断深化改革,对不适应生产力发展的生产关系进行了持续调整,使之适应并促进生产力发展,为新质生产力的生成提供了空间。党的十八大以来,我们党从强调必须实现"有效益、有质量、可

---

[*] 赵长茂,原中央党校副校长,教授。

持续的增长",到提出新发展理念、强调"以推动高质量发展为主题""高质量发展是全面建设社会主义现代化国家的首要任务",创新驱动力度不断加大,科技创新成为生产力发展的主导因素,由技术革命性突破形成的新要素"并入"生产过程并全面渗透,催动生产要素组合发生质的跃升,加快了新质生产力发展。

其次,加快形成同新质生产力更相适应的生产关系,强调"更相适应",意味着现有生产关系中的某些方面、某些环节还不能很好适应或促进新质生产力发展。生产关系与生产力发展相适应是一个动态过程,尽管经过40多年改革,特别是党的十八届三中全会以来的全面深化改革,体现我国社会主义生产关系的各方面制度已经"更加成熟更加定型",但生产力是生产方式中最革命、最活跃的因素,生产力在科技加速进步推动下进一步发展,特别是新质生产力的形成,对现有生产关系提出新的要求。马克思说:"随着新的生产力的获得,人们便改变自己的生产方式,而随着生产方式的改变,他们便改变所有不过是这一特定生产方式的必然关系的经济关系。"习近平总书记对生产关系要与生产力发展相适应这一马克思主义基本原理有着深刻理解和把握,强调"学习马克思,就要学习和实践马克思主义关于生产力和生产关系的思想",强调"生产关系必须与生产力发展要求相适应。发展新质生产力,必须进一步全面深化改革,形成与之相适应的新型生产关系"。这里强调的"新型生产关系",也就是同新质生产力"更相适应"、能够促进新质生产力更好发展的生产关系。

最后,加快形成同新质生产力更相适应的生产关系,必须进一步全面深化改革。理论逻辑和实践逻辑都表明,发展新质生产力,既是发展命题,也是改革命题。紧紧围绕推进中国式现代化进一步全面深化改革,是一场深刻而全面的社会变革,也是一项复杂的系统工程。党的二十届三中全会强调,进一步全面深化改革要"更加注重系统集成,更加注重突出重点,更加注重改革实效,推动生产关系和生产力、上层建筑和经济基础、国家治理和社会发展更好相适应,为中国式现代化提供强大动力和制度保障"。实践证明,只有对生产关系、上层建筑中还不能很好适应新质生产力发展的某些方面和环节进行改革，着力打通堵点卡点，才能使新质生产力获得更大发展空间。

新质生产力是政府"有形之手"和市场"无形之手"共同培育和驱动形成的。着眼于解放和发展新质生产力，进一步全面深化改革必须聚焦构建高水平社会主义市场经济体制，充分发挥市场在资源配置中的决定性作用，更好发挥政府作用。与此同时，继续把深化经济体制改革作为进一步全面深化改革的重点，建立高标准市场体系，统筹推进教育科技人才体制机制一体改革，让各类先进优质生产要素向发展新质生产力顺畅流动。

（本文源自《国家治理》2024 年第 15 期）

坚持系统观念进一步全面深化改革

季正聚　王潇锐[*]

全面深化改革是一项复杂的系统工程，也是一场深刻而全面的社会变革，是各领域改革和改进的联动和集成。党的十八大以来，以习近平同志为核心的党中央前瞻性思考、全局性谋划、整体性推进改革，有力有序有效解决各领域各方面体制性障碍、机制性梗阻、政策性创新问题，党和国家事业生机勃勃，开创了我国改革开放全新局面。坚持系统观念，既是新时代全面深化改革的一条宝贵经验，也是进一步全面深化改革必须贯彻的一个重大原则。

一、全面深化改革的宝贵经验

习近平总书记强调，"系统观念是具有基础性的思想和工作方法"。坚持系统观念，体现了用普遍联系的、全面系统的、发展变化的观点观察事物的辩证唯物主义和历史唯物主义世界观和方法论，要求把握好全局和局部、当前和长远、宏观和微观、主要矛盾和次要矛盾、特殊和一般的关系，运用系统思维推进党和国家各项事业。这为推进全面建设社会主义现代化国家、以中国式现代化全面推进中华民族伟大复兴提供了方法论支撑。

坚持系统观念是对改革开放以来特别是新时代全面深化改革实践经验

---

[*] 季正聚，中共中央党史和文献研究院副院长、中央编译局局长；王潇锐，中央党史和文献研究院第四研究部副研究员。

的方法论总结。改革开放后，邓小平同志指出"改革是全面的改革，包括经济体制改革、政治体制改革和相应的其他各个领域的改革"，把改革视为一项宏大系统工程，对沿海与内地、东部与西部、先富与后富等关系作出科学判断，注重正确处理改革、发展、稳定之间的关系。江泽民同志指出，"增强全局观念和工作上的全面性系统性"，强调要正确处理社会主义现代化建设中的十二个重大关系。胡锦涛同志将改革开放30年的宝贵经验概括为"十个结合"，指出要"毫不动摇地坚持改革方向，提高改革决策的科学性，增强改革措施的协调性"。党的十八大以来，习近平总书记以伟大的历史主动、巨大的政治勇气、强烈的责任担当，亲自谋划、亲自部署、亲自推动全面深化改革，强调"改革要更加注重系统集成，坚持以全局观念和系统思维谋划推进"。全面深化改革闯关夺隘、纵深推进，实现改革由局部探索、破冰突围到系统集成、全面深化的转变，各领域基础性制度框架基本建立，许多领域实现了历史性变革、系统性重塑、整体性重构，为全面建成小康社会、实现党的第一个百年奋斗目标提供有力制度保障，推动我国迈上全面建设社会主义现代化国家新征程。

坚持系统观念是进一步全面深化改革必须贯彻的一个重大原则。习近平总书记指出，"改革有破有立，得其法则事半功倍"。进一步全面深化改革，涉及范围广、触及利益深、攻坚难度大，同时各项改革措施关联程度高、协同程度强，这就要求既不能单打独斗、急躁冒进，也不能眉毛胡子一把抓、头痛医头脚痛医脚。只有坚持系统观念，才能把握好战略重点，分清轻重缓急，循序渐进，更好发挥集成效应。

二、处理好一系列重大关系

习近平总书记指出，全面深化改革是一项复杂的系统工程，需要加强顶层设计和整体谋划，加强各项改革关联性、系统性、可行性研究。处理好全面深化改革的一系列重大关系，必须坚持系统观念，使各项改革举措在政策取向上相互配合、在实施过程中相互促进、在实际成效上相得益彰。

聚焦
新型生产关系

处理好经济和社会的关系，实现互促共进。经济和社会的关系是事关国家长治久安的重大关系。经济发展为社会稳定提供持久动力，社会稳定为经济发展提供坚强保障。新中国成立70多年来，我们党领导人民创造了经济快速发展奇迹和社会长期稳定奇迹，这是中国特色社会主义制度和国家治理体系的实践成果，彰显了中国特色社会主义制度和国家治理体系的显著优势。进一步全面深化改革，要坚持和完善中国特色社会主义制度、推进国家治理体系和治理能力现代化，统筹谋划、协同推进经济体制改革和社会体制改革，实现经济发展和社会稳定互促共进，推动经济社会持续健康发展。

处理好政府和市场的关系，实现"两只手"协同发力。处理好政府和市场的关系是经济体制改革的核心问题。一方面，市场配置资源是最有效率的形式，有效市场能够引导社会资源要素配置效率提升；另一方面，政府可以进行长期规划、宏观调控等，有为政府能够引导经营主体预期，依法有序规范经营主体行为，弥补市场失灵等缺陷。党的二十届三中全会强调，"高水平社会主义市场经济体制是中国式现代化的重要保障"。进一步全面深化改革，要构建高水平社会主义市场经济体制，充分发挥市场在资源配置中的决定性作用和更好发挥政府作用，切实发挥社会主义市场经济体制优势。

处理好效率和公平的关系，实现相得益彰。发展是解决我国所有问题的关键。效率以公平为前提，发展才有底气；公平以效率为基础，发展才能持续。公平不是平均主义，分好"蛋糕"首先要做大"蛋糕"。进一步全面深化改革，要实现更高质量、更有效率、更加公平、更可持续、更为安全的发展，统筹兼顾、整体推进提升经济社会发展效率与更好维护社会公平正义的制度安排，坚持和完善社会主义基本经济制度，坚持"两个毫不动摇"，激发各类经营主体活力、制度活力和社会创造力，同时把以人民为中心的发展思想体现在经济社会发展各个环节，加快建立以权利公平、机会公平、规则公平为主要内容的社会公平保障体系，让改革发展成果更多更公平地惠及全体人民，扎实推进共同富裕。

处理好活力和秩序的关系，实现既"放得活"又"管得住"。在现代化的历史进程中，处理好活力和秩序的关系是一道世界性难题。习近平总书记指出，"社会发展需要充满活力，但这种活力又必须是有序活动的"。良好的社会秩序支撑和保障社会活力不断迸发，社会活力的持续涌动进一步促进社会秩序的提升，二者相辅相成、缺一不可，共同推进了经济社会平稳健康持续发展。进一步全面深化改革，要实现活而不乱、活跃有序的动态平衡，统筹谋划、协调推进，深化各方面体制机制改革，充分激发全社会创造潜能，释放源源不断的发展活力，汇聚持久涌流的发展动力，实现"放得活"，同时更好维护市场秩序、弥补市场失灵，实现"管得住"。

处理好发展和安全的关系，实现高质量发展和高水平安全良性互动。习近平总书记指出，"安全和发展是一体之两翼、驱动之双轮"。安全是发展的前提，发展是安全的保障，二者相互促进。进一步全面深化改革，要更好统筹发展和安全，实现高质量发展和高水平安全的良性互动，把握全局、协同配合，全面贯彻总体国家安全观，建设更高水平平安中国，以高水平安全为实现高质量发展保驾护航，同时健全推动经济高质量发展体制机制，完善推动高质量发展激励约束机制，塑造发展新动能新优势，以高质量发展为高水平安全提供不竭动力。

三、把坚持系统观念落到实处

加强系统集成，增强改革的系统性。发挥党总揽全局、协调各方的领导核心作用，加强党对改革的顶层设计和统筹协调，统筹国内国际两个大局，坚持全国一盘棋，深刻把握进一步全面深化改革的方向和目标，全面认识各领域各方面各环节之间的关联性与耦合性，在统筹上下功夫，在重点上求突破，以点的突破带动全局工作，赢得战略主动，维护好发展全局。

加强整体推进，增强改革的整体性。增进整体利益，加快推进增强改革整体性的制度建设，在整体推进中实现重点突破，以重点突破带动经济社会发展水平整体跃升，努力做到全局和局部相配套、治本和治标相结合、渐进和突破相衔接，整体把握各个领域、各个层次、各个环节的问题，着力固根基、扬优势、补短板、强弱项，推动实现发展质量、结构、规模、速度、效益、安全在整体推进中相促进、相协调、相统一。

加强协同高效，增强改革的协同性。增强辩证思维、战略思维能力，坚持"两点论"和"重点论"相统一，以继续完善和发展中国特色社会主义制度、推进国家治理体系和治理能力现代化为总目标，以改革创新为根本动力，加强构建高水平社会主义市场经济体制、健全推动经济高质量发展体制机制、构建支持全面创新体制机制、健全宏观经济治理体系、完善城乡融合发展体制机制、完善高水平对外开放体制机制、健全全过程人民民主制度体系、完善中国特色社会主义法治体系、深化文化体制机制改革、健全保障和改善民生制度体系、深化生态文明体制改革、推进国家安全体系和能力现代化、持续深化国防和军队改革、提高党的领导水平等各项改革之间的良性互动与协同配合，形成进一步全面深化改革的强大合力。对一些利益关系复杂、协调难度大的改革，要建立强有力的协调推进机制，加大督查问效力度，以钉钉子精神抓好改革落实。

（本文源自《经济日报》2024年8月13日）

构建高水平社会主义市场经济体制的核心及重点

迟福林[*]

党的二十届三中全会通过的《中共中央关于进一步全面深化改革 推进中国式现代化的决定》（以下简称《决定》）聚焦构建高水平社会主义市场经济体制，对我国下一步深化经济体制改革作出战略部署。

我国目前仍是一个发展中的大国，未来10年左右处在经济转型和经济发展的重要时期。构建高水平社会主义市场经济体制，创造更加公平、更有活力的市场环境，实现资源配置效率最优化和效益最大化，是符合时代要求的重大决策，将为全面建成社会主义现代化强国奠定坚实基础和重要保障，为推动全球经济再平衡作出新的重要贡献。

一、构建高水平社会主义市场经济体制的重大意义和战略意图

1. 我国进入新发展阶段的战略举措与主动选择

改革开放以来，我国成功实现了从工业化初期到工业化后期的历史性跨越。原因在于社会主义市场经济体制逐步确立并不断完善，在于从计划作为资源配置的主要手段逐步转变为市场在资源配置中起决定性作用、更

---

[*] 迟福林，中国（海南）改革发展研究院院长。

好发挥政府作用。经过 40 多年的改革开放，我国经济发展阶段已发生历史性变化。2023 年，我国 GDP 超过 126 万亿元人民币，是 1978 年的 342.7 倍，连续多年稳居世界第二大经济体位置；人均 GDP 达到 89358 元人民币（12681 美元），是 1978 年的 232.1 倍，并即将迈入高收入国家行列；服务业增加值占比 54.6%，比 1978 年提升 30 个百分点。[①]

进入发展新阶段，深化经济体制改革仍面临着经济与社会、政府与市场、公平与效率、发展与安全等深层次体制机制矛盾。例如，市场活力不足既有外部因素的冲击，也有市场决定作用未能全面发挥等制约因素；经济主体对经济体制改革的基本诉求主要是打造公平竞争、严格法治的市场环境。回应发展新阶段的"时代之问"，要更好发挥经济体制改革的牵引作用，以更大魄力、更务实的行动推动关键性、基础性重大改革上的创新突破。

2. 我国应对纷繁复杂的国际环境变化的战略举措

改革开放之初，我国充分发挥劳动力等低成本要素优势，抓住经济全球化的重要机遇，积极参与国际分工合作，促进经济快速发展。与 40 多年前改革开放初期的国际环境有重大不同，当前世界百年变局加速演进，和平和发展面临新的挑战，发展与冲突成为相当长时期全球面临的突出矛盾。从经济上看，地缘经济割裂加剧，全球经济增长动能不足。据世界银行预测，2022 年至 2030 年的全球潜在 GDP 增长率均值将比本世纪第一个 10 年的水平下降约 1/3，降至每年 2.2%。[②] 从政治上看，全球地缘政治正在出现新的结构性冲突与对抗，风险与挑战日益增多，世界又一次"站在历史的关键当口"。

习近平总书记指出："保持定力，增强信心，集中精力办好自己的事情，是我们应对各种风险挑战的关键。"未来 10 年，我国若能保持 5% 左右的经济增长，将为我国解决大部分发展问题提供有利基础，为应对大部分

[①] 数据来源：《中国统计摘要 2024》。
[②] 周明阳：《全球经济速度或降至 30 年低位》，《经济日报》2023 年 4 月 4 日。

风险挑战提供有利保障，为保持战略定力提供有利条件。在这个背景下，就要坚持以发展为导向构建高水平社会主义市场经济体制，突破利益固化的藩篱，进一步触及深层次利益格局的调整，完善有利于推动高质量发展的体制机制，塑造发展新动能，赢得国内发展主动与国际竞争合作新优势。

3. 我国实现资源配置效率最优化和效益最大化的内在要求

理论和实践证明，市场配置资源是最有效率的形式。2023年，我国全员劳动生产率达到161615元/人，是1978年的176.4倍；[1] 全国登记在册经营主体达到1.84亿户；[2] 受过高等教育或拥有专业技能的人才超过1.7亿人；[3] 拥有的全球百强科技创新集群数量跃居世界第一。从需求看，我国已经形成拥有14亿多人口、4亿多中等收入群体的全球最大最有潜力市场，随着经济结构转型，还将释放巨大内需市场潜力。

同时，我国经济体系运行中仍存在供求脱节现象，包括城乡、体制内外、国企民企间要素流动仍面临一系列体制机制掣肘，制约了资源配置效率最优化和效益最大化。加快构建高水平社会主义市场经济体制，就是要坚持市场经济改革方向，充分发挥市场在资源配置中的决定性作用，最大限度减少政府对资源的直接配置和对微观经济活动的直接干预，充分利用市场机制，实现资源配置效益最大化。

4. 释放我国经济转型巨大内需潜力的重大任务

我国是一个经济转型大国。我国的结构转型将贯穿于实现现代化的全过程，并将释放巨大的增长潜力。估计到2035年，我国生产性服务业占GDP的比重有望由目前的30%左右提升到50%~60%；服务型消费支出占消费总支出的比重有望由43.16%提升到60%左右；户籍人口城镇化率有望由47.7%提升到65%左右。

结构转型既是发展问题，也是改革问题。未来10年左右，我国产业结构、科技结构、消费结构、城乡结构、能源结构、贸易结构转型升级潜力

---

[1] 数据来源：国家统计局数据。
[2] 杨召奎：《"全国一张清单"激发市场活力》，《工人日报》2024年7月17日。
[3] 张德勇：《引领中国经济迈向新发展阶段》，《中国青年报》2021年5月31日。

将会充分释放，实现5%左右的经济增长是有条件、有可能的。更重要的是，这个增长既是应对短期经济下行压力的重要举措，也是与中国式现代化要求相适应的更高质量、更可持续、更加公平的增长。加快构建高水平社会主义市场经济体制，要着眼中长期，要以结构性改革化解供给与需求、工业与服务业、经济增长与社会发展等结构性矛盾，啃下"结构改革"与"结构转型"的"硬骨头"。

二、构建高水平社会主义市场经济体制，核心是处理好政府与市场的关系

1. 构建高水平社会主义市场经济体制的首要任务是处理好政府与市场的关系

改革开放以来，我国逐步认识市场、承认市场、培育市场、发展市场。经历了数十年的理论与实践探索，经历了一次次的思想解放，创新地提出发展社会主义市场经济。党的十八届三中全会明确提出"使市场在资源配置中起决定性作用和更好发挥政府作用"，这是一个重大的历史性突破。

从现实情况看，我国政府和市场的关系尚未完全理顺。例如，在土地、人才、资金、技术等要素领域的"市场决定"作用仍有待进一步提升，政府对资源的直接配置情况仍然一定程度存在；同时，政府在加强和优化公共服务、保障公平竞争、促进共同富裕等方面的有效作用仍有待进一步加强；一些地方政府出于局部利益考虑，在某些新兴领域制定实施地方保护主义政策，阻碍了全国统一市场建设等。按照党的二十届三中全会制定的"到二〇三五年，全面建成高水平社会主义市场经济体制"的基本目标，仍需要坚持社会主义市场经济改革方向，进一步处理好政府与市场关系。

2. 有效发挥政府作用至关重要

从40多年的发展实践看，以处理好政府和市场关系为核心的经济体制

改革能否取得进展，能否取得预期效果，很大程度上取决于政府行为。当前，经济主体活力与动力不足，一定程度上与某些地方政府的市场监管行为不规范、基层监管不透明等问题有关。

落实党的二十届三中全会提出的"更好发挥市场机制作用"，核心是规范政府行为，大幅度减少政府对资源的直接配置，推动资源配置依据市场规则、市场价格、市场竞争实现效益最大化和效率最优化。实践证明，只有大幅度减少政府对资源的直接配置，才能打破监管的"黑匣子"，才能破解以强化监管为名设置的各种制度障碍和市场壁垒，推动构建全国统一大市场。

3. 以扩大公共消费为重点有效发挥政府作用

一是补齐公共消费的突出短板。根据国际货币基金组织（IMF）统计，我国教育、医疗、社会保障、一般公共服务等四项财政支出占GDP的比重为18.5%，低于美国、日本等15个百分点左右。建议将公共消费占GDP的比重作为"十五五"的约束性指标，争取到2030年，使得教育、医疗、社会保障、一般公共服务等财政支出占GDP的比重提升到20%~25%。

二是以加大公共消费促进居民消费结构升级。2024年上半年，我国社会消费品零售总额同比增长3.7%，其中6月份增长2.1%。[①] 消费预期不足既有优质服务供给短缺的因素，更有公共服务供给不足等因素的制约。公共消费既是优化国民收入分配格局的重要条件，也是居民安心消费的重要保障。扩大政府公共消费，为优化国民收入分配格局提供重要条件，为拉动居民消费、促进消费结构升级提供重要动力。

三是不断加大政府在基础研发中的投入规模及比重。"十四五"时期，我国基础研究投入强度目标为8%，法国、意大利和新加坡基础研究投入强度均超过20%，英国和美国高于15%，日本和韩国高于10%。适应全球科

---

① 《2024年1—6月份社会消费品零售总额同比增长3.7%》，国家统计局网站，https://www.stats.gov.cn/sj/zxfb/202407/t20240715_1955609.html。

技竞争与科技变革日趋激烈的新形势，政府需要在创新环境、基础创新平台、基础创新设施建设等方面加大投入，成为科技创新的重要推动者和创新体制机制的建设者和维护者。

四是在统筹发展与安全方面更好发挥作用。例如，在国际金融市场风险向我国传导压力增大的背景下，统筹金融发展与安全，要在高水平开放中强化国家金融安全战略职能，守住不发生系统性金融风险的底线；适应统筹能源安全与能源结构转型的需求，要强化能源安全统筹协调职能；适应数字经济竞争新趋势，要从国家层面统筹数据安全与数字经济发展，强化数字经济统筹协调的战略职能。

4. 以要素市场化改革为重点充分发挥市场机制作用

第一，深化土地要素市场化改革。2023年，我国城乡居民财产性收入之比达到10∶1，远高于2.39∶1的城乡居民收入差距平均水平。[①] 究其原因，还是与农村土地要素市场化配置机制尚未建立、城乡统一的土地交易市场面临多方面制度性障碍等相关联。如果通过深化农村土地制度改革，使得农民的集体用地、宅基地的用益物权能够真正得到落实，农村居民财产性收入将明显增加。

第二，深化科技要素市场化改革。按照《决定》提出的"赋予科学家更大技术路线决定权、更大经费支配权、更大资源调度权"，应深化科研领域行政管理体制改革，打破制约创新创造的障碍与壁垒，推动科技管理与国际对接；推动科技资源的市场化改革，推动包括知识产权、科技创新人才在内的全国统一大市场建设。

第三，深化数据要素市场化改革。人工智能时代，数据对经济增长的作用显著提升，数据已成为关键性的生产要素。要抓紧制定相关法律法规，明确数据产权界定，对数据的所有权、使用权、收益权、处置权等进行规范；在保障国家安全的基础上，加快形成数据要素市场定价机制、市场交易方式和市场监管上的规范性制度和规则。

---

① 数据来源：国家统计局数据。

三、以坚持"两个毫不动摇"为重点激发经济主体活力

1. 做优国有资本是一篇"大文章"

党的十八大以来，我国在做大国有资本方面实现了重要突破。截至2023年底，全国国资系统监管企业资产总额比2012年底增长3.4倍；营业收入、利润总额分别比2012年增长1.1倍、1.2倍；2012—2023年累计实现增加值146.9万亿元，年均增长8.1%。[①] 但从实践看，国有资本"大而不优"的矛盾依然突出。2023年，央企净资产收益率为6.6%，[②] 低于"民营企业500强"10.8%的平均水平[③]；中央企业在基础研发领域的投入占比仅为6%；战略性新兴产业收入占比为27%，与2025年35%的目标要求相比仍有一定差距。[④]

面对更加不确定、不稳定的国际环境，主动适应以人工智能为代表的新一轮科技革命的快速兴起，更好发挥竞争领域部分央企国资的基础性作用，应当成为做优国有资本的重大任务。这是中国式现代化的重大课题，是实现高质量发展的重要条件，是全面深化改革的重大任务。例如，若能聚焦基础创新调整优化国有资本结构，不仅将增强央企国资在我国应对大国科技竞争中的战略支撑作用，也将显著提升国有资本的使用效益，并将在实现以民企为重点的应用创新协同发展中赢得整体优势。

2. 有效发挥部分央企国资的基础性作用

一是发挥以人工智能为重点的重大基础设施的主要建设者作用。

[①] 国务院国资委党委：《不断创新发展中国特色国有资产监管体制》，《求是》2024年4月16日。

[②] 王希：《2023年央企实现营收39.8万亿元》，新华网，http://www.news.cn/politics/20240124/0481c1a2e1434976a3538e7927e8b8e1/c.html。

[③] 刘兵、李子路：《2023民营企业500强分析报告发布：500强入围门槛达275.78亿元》，中国日报网，https://ex.chinadaily.com.cn/exchange/partners/77/rss/channel/cn/columns/l3ti2f/stories/WS65001c86a310936092f21798.html。

[④] 《国务院新闻办就聚焦增强核心功能、提升核心竞争力更好实现中央企业高质量发展举行发布会》，中国政府网，https://www.gov.cn/zhengce/202401/content_6928395.htm。

2022年，我国在全球算力规模的份额（33%）仅比美国（34%）低1个百分点，但在超级计算综合性能指标方面比美国（47%）低22个百分点。[1] 建议发挥央企在能源资源、资金等方面的优势，加大对数据、算力等人工智能基础设施投资力度，打造开放式基础设施平台体系，加大对西部地区在通用数据中心、超算中心、智能计算中心等领域的前瞻性投资布局。

二是发挥在基础创新领域的重要推动者作用。近10年来，我国基础研究经费的投入来源中，企业占比不足1.5%～3%，这与美国的28.8%有较大差距。[2] 在我国风险投资等社会投入体系尚不完善的情况下，民营企业很难成为基础研究投入的主体。这就需要充分发挥央企国资创新平台、人才、资金等方面的优势，在补齐我国基础创新短板中发挥主导性作用。

三是发挥战略性新兴产业集群与关键产业链供应链的重要带动者作用。截至2022年底，我国已形成66个国家级战略性新兴产业集群、45个国家先进制造业集群，[3] 对全球资源要素的吸引和聚集功能不断增强。建议推动建立国有企业与中小企业间的供需匹配、协同创新、成果共享、生态共建等合作机制；借助央企在资金、技术、品牌、融资、信用等方面的优势，支持与其主业相关的优质民营企业组建战略联盟、共设基金、联合投资、联合研发等，建立产业协同生态。

四是发挥实现共同富裕的重要促进者作用。从浙江的经验看，居民收入差距比全国平均水平要低的主要因素，是近些年来城乡收入差距的不断缩小。从全国的情况看，区域差距的重要原因之一，在于城乡差距。建议总结脱贫攻坚的成功做法，促进部分央企国资加大对乡村振兴、城乡融合等领域的项目投入力度。

---

[1] 数据来源：中国信息通信研究院《中国算力发展指数白皮书（2023年）》。
[2] 胡珉琦：《支持基础研究：除了"摊大饼"还要做什么》，《中国科学报》2022年3月7日。
[3] 国务院发展研究中心课题组：《我国经济发展具有重要优势》，《人民日报》2023年5月30日。

3. 为民营经济营造公平发展的良好环境

一是坚定贯彻"两个毫不动摇"。2023年末，我国民间固定资产投资占比为50.4%，比2021年末下降6.1个百分点；① 2024年上半年，我国民间固定资产投资仅增长0.1%。② 提振市场信心、激发经济主体活力尤其是民营企业活力，要从理论与实践两个方面将中央一再强调的"两个毫不动摇"破题落地。

二是破除民营经济进入市场的各类壁垒。只有实质性破除民营经济进入市场的各类壁垒，才能从根本上为民营经济提供更多发展机会。例如，要推动电力、石油、电信、民航等基础领域向社会资本公平开放，取消某些不合理的经营范围限制；鼓励支持社会资本进入教育、医疗、健康、文化等服务业领域，降低市场准入门槛，引入竞争机制。

三是以尊重市场规律为前提强化对民营资本的引导规范。适应民营经济向民营资本转变的趋势，在强化平等产权保护的同时，明确民营资本发展的红线与底线，进一步实现"法无禁止即可为"，并在法治轨道上强化事中事后监管；在尊重市场规律前提下，引导民营资本在促进就业、增加收入、推动科技创新等领域发挥更多积极作用。

四是尽快制定实施民营经济促进法。民营经济促进法需要反映企业发展的时代需求，同高水平社会主义市场经济体制建设进程相适应。为此，要从法律上将民营经济定性为社会主义市场经济的内在组成部分，赋予长期稳定、合法的法律地位；从法律上把促进中小企业发展、保护民营资本作为立法的重大任务；从法律层面保障民营企业平等参与市场竞争；从法律层面规范政府的行为。

4. 创造更加公平、更有活力的市场环境

一是强化对平等使用生产要素的公平竞争审查。以融资为例。2022年我国的社会融资存量中，国有企业获得了40.4%的贷款，而民营企业仅获

---

① 刘贵浙：《2023年固定资产投资：民间投资占比降至50.4%》，《经济观察报》2024年3月6日。

② 数据来源：《中国统计摘要2024》。

得 20.3% 的融资。从融资成本看,国有企业获取的贷款年化利率平均为 3.8%,而民营企业则高达 5.6%,民营企业的融资成本比国有企业高 47.4%。[①] 要从法律规范方面解决公有制经济和非公有制经济"一视同仁"的问题,在要素获取、准入许可、经营运行、政府采购和招投标等方面,形成国有企业、民营企业平等竞争的法律规定。

二是强化竞争政策基础性地位。当前,"有保有压"的选择性特征,无形中加大了民企的压力,容易引致不平等竞争。为此,需要突出产业政策的战略引导功能,制定适用产业扶持政策的负面清单,将产业政策严格限定在具有重大外溢效应或关键核心技术领域,并尽量通过政府购买、鼓励直接融资等市场方式支持其发展。同时,明确地方政府审批管制事项"只减不增"。由此,推动政府成为公平竞争秩序的维护者。

三是对某些央企国资开展"竞争中性"试点。选择部分竞争领域央企开展对标《全面与进步跨太平洋伙伴关系协定》(CPTPP)中的"竞争中性"规则试点,在充分激发试点央企发展活力的同时,增强内外企业对我国打造公平竞争市场环境的信心。

四、建设更高水平开放型经济新体制

1. 用好以开放促改革、促发展的重要法宝

改革开放 40 多年来,我国成功把握经济全球化浪潮所带来的历史机遇,始终坚持对外开放的基本国策,依托劳动力等要素成本低的突出优势积极参与国际分工合作,成功实现从封闭半封闭到全方位开放的伟大转折,不仅实现了自身的较快发展,而且为全球经济可持续发展作出了重大贡献。其根本原因在于伴随开放进程的不断深入,我国逐步探索建立开放型经济体制,并由此走出一条以扩大开放倒逼改革、以深化改革促进扩大开放的

---

① 吴海军:《提振民营企业信心,化解民营企业融资困境》,中国社会科学网,https://www.cssn.cn/skqns/skqns_qnzs/202307/t20230728_5671331.shtml。

路子。从这个意义上说，开放是最大的改革。

"中国开放的大门只会越开越大，永远不会关上。"适应世界百年变局加速演进的大趋势，坚定推进高水平开放，构建更高水平开放型经济新体制，不仅能够有效释放14亿多人口的超大规模市场潜力，而且有利于全球共享中国市场；不仅有利于推动实现高质量发展，也将为世界经济增长注入新动能；不仅有利于我国以高水平开放促进深层次市场化改革，而且有利于全球分享中国全面深化改革开放的红利。

2. 推动实现制度型开放的重要突破

以制度型开放促进服务贸易创新发展。服务贸易开放直接依赖于制度型开放的突破。2023年，我国服务贸易占外贸总额的比重为13.6%；同期，全球平均水平为22%以上。缩小我国服务贸易占比与全球平均水平的差距，需要以制度型开放加快服务贸易创新发展。要进一步缩减跨境服务贸易负面清单管理限制措施数量，明确境外服务提供者国民待遇标准；在对接《数字经济伙伴关系协定》（DEPA）中推动数据要素安全有序流动。

主动对接国际高标准市场规则体系。要以稳步扩大制度型开放形成构建高水平社会主义市场经济体制的重要动力，在主动对接国际高标准市场规则体系中不断完善产权保护、市场准入、公平竞争、社会信用等市场经济基础制度；在高水平开放中进一步完善包括准入、财税、货币、科技、产业等与新型开放大国相适应的宏观经济治理体制；在主动推动自由贸易进程中积极参与全球经济治理体系变革。

以制度型开放倒逼深层次制度性变革。开放与改革直接融合、制度型开放与制度性变革直接融合、边境内开放与市场化改革直接融合，是新阶段我国高水平开放的突出特点。我国积极主动申请加入《全面与进步跨太平洋伙伴关系协定》，将高标准的国际规则体系延展到国内，在规则对标对接中形成深化改革的倒逼压力与动力。

3. 推动向东盟的单边开放

向东盟单边开放是一项"大国策"。单边开放是主动开放，是中国向亚洲区域经济一体化提供的重大"公共产品",是引领国际经贸规则的重要举措。适应大势,抓住机遇,向东盟单边开放从最不发达国家开始,逐步扩大范围。单边开放是我国高水平开放的战略选择、务实选择,由此将赢得世界百年变局加速演进中的战略主动。

向东盟单边开放将提速中国-东盟自由贸易进程。美国在东亚的经济优势在于其拥有东亚区域消费品市场高达24%的份额。2021年,中国自东亚地区进口的消费品额不足美国从东亚地区进口额的1/3。通过向东盟单边开放,争取到2030年,使我国成为东盟最大的消费品市场。

以向东盟单边开放构建更加安全稳定的供应链产业链网络。例如,主动扩大原产于东盟的大宗商品、原材料和农产品的进口,发挥东盟比较优势,保障我国产业链供应链安全;更加重视以最终消费品为重点的劳动密集型制成品进口,吸纳和消化东盟国家日益增长的工业生产能力,鼓励其制造业发展,并以此为抓手促进中国与东盟的贸易平衡。

4. 打造高水平对外开放新高地

对标世界最高水平开放形态的海南自由贸易港。发挥海南区位、政策优势,实行更加积极主动的开放战略,在对标国际高水平经贸规则中构建具有国际竞争力的政策制度体系,在告知、资格要求、技术标准、透明度、监管一致性等方面,进一步规范影响服务贸易自由便利的国内规制;在改革发展环境变化中形成以高水平开放促进深层次市场化改革的动力,在改革发展环境变化中完善充分发挥市场在资源配置中起决定性作用的体制机制,以增强各方对海南自由贸易港的良好预期。

以服务贸易一体化为重点加快推进粤港澳大湾区建设。推动建立三地互认衔接的服务业管理标准与人才资格要求,以实现粤港澳服务业产业深度合作、市场体系直接融合、服务体系全面对接。未来几年,若广东在粤港澳服务贸易一体化方面实现重要突破,将在我国进一步全面深化改革开放、构建高水平社会主义市场经济体制中再次发挥"领头羊"的重要作用。

实施自由贸易试验区提升战略。一方面,分类推进自贸试验区服务贸易开放，使不同的自贸试验区根据不同的定位，在不同的领域加快探索，尽快取得一批差异化开放创新成果；另一方面，要赋予自贸试验区更大改革开放自主权，在明确底线的前提下，支持自贸试验区开展首创性、集成式探索，提高改革创新的整体效能。

（本文源自《人民论坛》2024 年第 15 期）

以全面深化改革为中国式
现代化注入新动能

张占斌[*]

改革开放是决定当代中国命运的关键一招，也是决定中国式现代化成败的关键一招。党的十八大以来，以习近平同志为核心的党中央以巨大的政治勇气全面深化改革，打响改革攻坚战，各领域基础性制度框架基本建立，许多领域实现历史性变革、系统性重塑、整体性重构，中国特色社会主义制度更加成熟更加定型，国家治理体系和治理能力现代化水平明显提高。在以往全面深化改革成就的基础上，党的二十届三中全会提出更具时代特征和实践价值的战略任务，谋划了以进一步全面深化改革为中国式现代化注入强大动能的宏伟蓝图。新的历史重任呼唤党带领人民再创辉煌，为中国式现代化注入新动能，推动中国式现代化的历史巨轮破浪前行。

一、全面深化改革是决定中国式现代化成败的关键一招

党的十八大以来，党中央开启了气势如虹、波澜壮阔的全面深化改革进程。随着我国改革开放全面深化，中国式现代化建设取得明显成效。但同时还要看到，制约高质量发展的因素还大量存在，中国式现代化的不断推进对进一步全面深化改革提出了新要求。

---

[*] 张占斌，中央党校（国家行政学院）中国式现代化研究中心主任，国家一级教授。

一是进一步全面深化改革,要锚定完善和发展中国特色社会主义制度、推进国家治理体系和治理能力现代化这个总目标。习近平总书记强调,全面深化改革的总目标是完善和发展中国特色社会主义制度、推进国家治理体系和治理能力现代化。"新时代谋划全面深化改革,必须以坚持和完善中国特色社会主义制度、推进国家治理体系和治理能力现代化为主轴,深刻把握我国发展要求和时代潮流,把制度建设和治理能力建设摆到更加突出的位置,继续深化各领域各方面体制机制改革,推动各方面制度更加成熟更加定型,推进国家治理体系和治理能力现代化。"中国特色社会主义制度和国家治理体系具有"深厚的历史底蕴""多方面的显著优势""丰富的实践成果","既要坚持好、巩固好经过长期实践检验的我国国家制度和国家治理体系,又要完善好、发展好我国国家制度和国家治理体系,不断把我国制度优势更好转化为国家治理效能"。把制度建设和治理能力建设摆到更加突出的位置,深刻把握了中国式现代化的时代呼唤。

二是进一步全面深化改革,必须立足于我国长期处于社会主义初级阶段这个最大实际,坚持把实现中国式现代化作为最大政治。我国是个发展中国家,这个最大的实际到任何时候都不能忘了。我们想问题、作决策、办事情都要从这个最大的国情实际出发,既不好高骛远,也不因循守旧,保持历史耐心,坚持稳中求进。牢牢把握经济建设这个中心和高质量发展这个首要任务,必须坚持发展仍是解决我国所有问题的关键这个重大战略判断,以经济建设为中心,发挥经济体制改革牵引作用,加快构建新型生产关系,助推新质生产力发展。坚持和发展我国基本经济制度,构建高水平社会主义市场经济体制,健全宏观经济治理体系和推动高质量发展体制机制,完善支持全面创新、绿色转型、城乡融合发展等体制机制。

三是进一步全面深化改革,必须坚持正确的方向、立场、原则和方法论,不断增强改革的系统性、整体性、协同性。全面深化改革往什么方向走,这是一个带有根本性的问题,习近平总书记强调,坚持加强党的全面领导是贯穿改革全过程的政治主题。我们要"在中国特色社会道路上不断前进的改革,既不走封闭僵化的老路,也不走改旗易帜的邪路"。新时代改革更多面对的是深层次体制机制问题,对改革顶层设计的要求更高,对改革的系统性、整体性、协同性要求更强。习近平总书记强调,改革开放"必须坚持正确的方法论,在不断实践探索中推进"。要坚持"摸着石头过河"和顶层设计相结合,坚持问题导向和目标导向相结合,坚持试点先行和全面推进相结合,坚持改革决策和立法决策相结合,注重改革的系统性、整体性、协同性,统筹各领域改革进展,形成整体效应。

四是进一步全面深化改革,必须构建新型生产关系,为加快发展新质生产力创造宽松融洽的发展环境。要围绕落实新发展理念、构建新发展格局、推动高质量发展、促进共同富裕、实现中国式现代化等战略目标任务,尤其是要紧紧围绕培育和发展新质生产力推进创造性、引领性制度改革。要把深化改革攻坚同促进制度集成结合起来,聚焦基础性和具有重大牵引作用的改革举措,加强制度创新充分联动和衔接配套,不断优化制度环境,形成与新质生产力相适应的新型生产关系。有了好的新型生产关系,生产力特别是新质生产力就会跑得快、跑得远、跑得稳、跑得心情舒畅。这就要求全面深化经济体制、科技体制、教育体制、人才体制等方面的改革,着力打通束缚新质生产力发展的堵点卡点,建立高标准市场体系,创新生产要素配置方式,让各类先进优质生产要素向发展新质生产力顺畅流动。同时,扩大高水平对外开放,为发展新质生产力营造良好国际环境。

五是进一步全面深化改革,突出"三个更加注重",使改革能够让人民群众有更多获得感、幸福感、安全感。2024年4月30日召开的中央政治局会议强调,进一步全面深化改革要"更加注重系统集成,更加注重突出重点,更加注重改革实效"。"三个更加注重"的提出,表明了中国共产党对进一步全面深化改革的认识达到了一个新的高度,也表达了进一步全面深化改革的决心和志向。特别值得我们高度注重的是要从人民的整体利益、根本利益、长远利益出发谋划和推进改革,走好新时代党的群众路线,要继续抓好有利于扩大内需、优化结构、提振信心、保障民生、防范化解风险的改革举措,集中解决最关键、最迫切的问题。注重从就业、增收、入学、就医、住房、办事、托幼养老以及生命财产安全等老百姓急难愁盼中找准改革的发力点和突破口，多推出一些民生所急、民心所向的改革举措，推动城乡居民收入普遍增长，使改革能够让人民群众有更多获得感、幸福感、安全感，让人民过上更好的日子。

二、全面深化改革为加快发展新质生产力打开前进通道

从中国式现代化发展的全局来看，进一步全面深化改革最根本最紧迫的任务是"进一步解放和发展社会生产力"，增强社会活力，推动生产关系和生产力、上层建筑和经济基础更好相适应。习近平总书记指出："生产关系必须与生产力发展要求相适应。发展新质生产力必须进一步全面深化改革，形成与之相适应的新型生产关系。"新质生产力体现着中国经济结构转型发展的重要特征，是中国经济从粗放型发展模式向创新型发展模式跃迁的一种生产力，代表着人类未来科技和产业、绿色高度融合的一种生产力，是抢占世界科技产业和绿色发展制高点的决定性力量。加快发展新质生产力关乎中国式现代化的发展大局，是新发展阶段最为紧迫的事情，要紧紧围绕着新质生产力和新型生产这对关系全面深化改革，为加快发展新质生产力打开前进通道，为中国式现代化提供新动力。

习近平总书记指出："新质生产力是创新起主导作用，摆脱传统经济增长方式、生产力发展路径，具有高科技、高效能、高质量特征，符合新发展理念的先进生产力质态。它由技术革命性突破、生产要素创新性配置、产业深度转型升级而催生，以劳动者、劳动资料、劳动对象及其优化组合的跃升为基本内涵，以全要素生产率大幅提升为核心标志，特点是创新，关键在质优，本质是先进生产力。"新质生产力由适合新的生产力的高素质劳动者，以高端精密智能等特征的设备、仪器为劳动资料，以新能源及数据、算力等区别于传统质态的劳动对象构成。进一步全面深化改革需要聚焦新质生产力的构成要素，聚焦新质生产力的配套体制机制，以及新型生产关系的构建。

加快和发展新质生产力，我国面临很多体制机制改革的现实问题。比

如新一轮财税体制改革。要立足于我国所面临的人口规模巨大、老龄化程度加深、国际形势错综复杂，特别是土地财政走下坡路等现状，把握好政府与市场的边界和调整力度，统筹好整个财税资源，进一步明确中央与地方的事权关系、财权关系和税权关系，更好地服务于中国式现代化的发展全局。比如加快金融体制改革。中央金融工作会议和省部级主要领导金融高质量发展专题研讨班，对完善金融体制、推进金融改革提出了更高的要求。要找准金融支持实体经济切入点、着力点，加大对重大战略、重点领域和薄弱环节的支持。要大力推进资本市场改革，壮大"耐心资本"，要制定金融市场支持新质生产力发展的行动方案。要加强金融监管，坚决守住不发生系统性金融风险的底线。比如分配制度改革。把国内大市场充分发动起来，发挥超大规模市场的比较优势极为迫切。我们要逐步提高居民收入在国民收入分配中的比重，提高劳动报酬在初次分配中的比重，政府的公共服务和民生政策更加合理精准，推动城乡居民收入普遍增长，进一步扩大内需，打通经济循环的堵点，构建新发展格局。再比如城乡融合体制改革、生态环保体制改革、科技体制改革、人才体制改革、教育体制改革，等等。

围绕着新质生产力和新型生产关系进行经济体制改革，要处理好三个关系：一是处理好以经济建设为中心和以人民为中心的关系。有的人提出现在我们讲两个中心，怎么理解？以人民为中心是我们党的价值立场，要站在道义的制高点上，这种价值和道义制高点的实现靠的是以经济建设为中心，也就是需要以经济建设为中心把我们的事情做好，这是我们党的十一届三中全会以来的路线方针政策，不能动摇。只有这样，以人民为中心才能真正体现出来。或者说以经济建设为中心把蛋糕做大做好，以人民为中心把蛋糕分好。水涨船高，相得益彰。只有把以经济建设为中心落到实处，以人民为中心才能真正体现出来。二是处理好政府和市场的关系。也就是发挥好有为政府和有效市场两个比较优势。改革开放以来，我们党创造性地建立了社会主义市场经济体制，创造了人间奇迹，推动了经济长期增长和社会长期稳定两大奇迹。在新的历史条件下，如何发挥市场在配置资源中的决定性作用和更好发挥政府作用，是需要我们在实践中反复探索的伟大事业、伟大工程。在宏观层面看，这是一个伟大的进步，成就是巨大的，体现了我们这个体制的优势和特色。在微观层面看，对这两者关系的处理我们还不是那么行云流水，老百姓还有怨言，甚至还有骂娘的地方。需要我们进一步地警醒，把工作做好。三是处理好公有制和非公有制的关系。主要是处理好国有企业与民营企业的关系。应当说，国有企业与民营企业都是社会主义基本经济制度的内在因素，手心手背都是肉，都是自己人。一般来讲国有经济有自己的特色，承担着国家重要的历史任务，在稳定经济、稳定社会方面有特殊的作用。民营经济船小好掉头，拾遗补缺，更有助于方便和满足人民的生活需要。二者是缺一不可的，各自发挥比较优势，共同成长、共同提高、共同进步，担负起中国经济的成长重任。不是互相看不起，更不是有你没我，有我没你，而应当是"两个毫不动摇"。

加快发展新的生产力和构建新型生产关系，争取到2035年基本实现现代化的时候，我们能够实现"三个倍增"。一个是城乡居民人均可支配收入倍增，从2020年32189元倍增至2035年64378元；二是中等收入群体规模倍增，从当前的4亿人倍增至8亿至9亿人；三是市场经营主体数量倍增，从2020年1.4亿个倍增至2035年2.8亿个。当然这是希望，也是奋斗的方向和目标，如果我们干得好是应该能够实现的，如果我们干不好，可能有些方面就会打折扣。"居民人均可支配收入""中等收入群体规模""市场经营主体数量"三个重要领域，联结我国经济发展的生产端和消费端，统筹我国经济发展和社会民生两大方面，关系我国生产结构和分配制度互动调整，是中国经济发展基础条件、内生动力和持久活力的重要关注点。这三个重要指标的价值目标符合我国改革开放的前进方向，符合全面深化改革的总体目标，体现我国改革开放一以贯之的战略要求，契合新发展阶段进一步全面深化改革重点方向。进一步推进全面深化改革需要重点监测和推动"居民人均可支配收入""中等收入群体规模""市场经营主体数量"三个重要领域的高质量发展，让老百姓能够得到看得见摸得着的实惠。

三、调动全社会推进中国式现代化的积极性和创造性

党的二十届三中全会描绘了中国式现代化的宏伟蓝图，为我们沿着中国特色社会主义道路奋勇前进指明了方向。这么好的宏伟蓝图，如果要在中国大地上展现出来，需要我们真抓实干，需要我们调动全社会的积极性和创造性。从当前的实际情况来看，重点应调动四个方面的积极性和创造性。

一是要调动广大科技工作者特别是科学家的积极性和创造性。发展新质生产力，我们要瞄准战略性产业和未来产业，同时也要很好地改造提升传统产业，这些艰巨的工作都离不开广大科技工作者，特别是科学家的积极性和创造性。在整个生产力中，人是最活跃的因素，有知识有科技武装的人是最活跃的因素，也是生产力的积极创造者，是新质生产力的积极创造者。试想一下，如果广大科技工作者和科学家没有积极性和创造性的话，新质生产力从何而来呢？1978年3月18号在北京召开了全国科技大会，邓小平在大会上强调要给广大的科技工作者特别是科学家当后勤部长。习近平总书记也特别强调，要按照发展新质生产力的要求，畅通教育、科技、人才的良性循环，完善人才培养、引进、使用、合理流动的工作机制，要着力培养造就战略性科学家、一流科技领军人才和创新团队，着力培养造就卓越工程师、大国工匠，加强劳动者技能培训，不断提高各类人才素质。同时也强调，要健全要素参与收入分配机制，激发劳动、知识、技术、管理、资本和数据等生产要素活力，更好体现知识、技术、人才的市场价值，营造鼓励创新、宽容失败的良好氛围。我们要参与全球竞争，就要盯着美国等发达国家高技术发展的方向，必须有一批高水平高技术人才在抢占制高点的历史进程中发挥卓越作用。

二是调动广大市场主体特别是民营企业的积极性和创造性。广大的市场主体是推进社会主义市场经济体制不断完善不断发展的关键力量。公有制经济，主要是国有企业特别是中央企业顶天立地，是推动中国式现代化

的坚强柱石；民营经济是民生经济，也是烟火经济，是推进中国式现代化的生力军。近些年来民营经济发展遇到了不少的困难，投资的积极性有所下滑，一方面是经济转型带来的门槛提高，从过去"有没有"向现在"好不好"或"优不优"转变遇到的一些人才、技术和资金等方面的困难。另一方面是社会上总有一些杂音，比如说民营经济退场论，新的公私合营论，税收倒查30年，等等，在某种程度上影响了民营经济的积极性和创造性。党中央多年来一直强调"两个毫不动摇""三个没有变""两个健康"，其目的是要充分调动民营经济发展的积极性。我们要持续优化民营经济发展环境，加大对民营经济经济政策支持力度，强化民营经济发展的法治保障，着力推动民营经济实现高质量发展，促进民营经济人士健康成长，持续营造关心促进民营经济发展壮大的社会氛围。中央下发了一些重要的文件，在国家发展改革委成立了民营经济发展局，正在牵头起草民营经济促进法，所有这些都希望我们的民营经济发挥更大的作用，不要焦虑，也不要躺平，而是要更好地发挥聪明才智积极进取，为中国式现代化作出新贡献。

三是调动资本市场投资者特别是中小投资者的积极性和创造性。搞社会主义市场经济是我们党的一个伟大创造，我们要探索如何在社会主义市场经济条件下发挥资本的积极作用，同时有效控制资本的消极作用。我国的资本市场从无到有，为中国经济的发展作出了重要的贡献，但也应该看到资本市场还有很多不完善的地方，一些制度漏洞，一些机制不完善，市场监管缺位等，使资本市场存在巨大风险。健全资本市场制度体系，维护资本市场公平，更好地保护中小投资者的合法权益，建设一个强大的资本市场，为建设金融强国作出贡献，是需要思考的一个重大问题。现在看一些国家的股市这几年都在上涨，即使经济面临着一定的压力也在上涨，而中国股市却10多年停留在3000点附近波动，没有真正体现出一个好的资本市场应有的样子，这与我国经济发展的实际情况和国际地位也是不相称的。现在美国资本市场前三大科技集团公司的市值就超过了我们上市公司5000多家的市值，钱都跑到美国去了，金融风险实在很大，是值得我们深入思考和高度重视的急迫问题。我们要防范化解重大金融风险，坚决守住不发生系统风险的底线，就是要真正过资本市场这一关，这一仗要打好。可以说，调动资本市场投资者特别是中小投资者的积极性和创造性迫在眉睫。

　　四是调动广大干部特别是地方干部的积极性和创造性。我们改革开放的伟大事业是党领导各级干部带领人民干出来的，广大干部特别是地方干部作出了重要的突出贡献。但现在存在着一种新的问题，一部分地方干部存在着躺平、半躺平的现象，不敢作为、不想作为、不会作为、不能作为，这里边的问题非常复杂，原因很多。不排除有的干部有私心、怕风险，打个人主义小算盘。但也应该看到目前存在按照市场规律考核干部干事创业的制度创新不够、空间不够，保证市场化方式运用的容错免责机制落实不够、执行不够，有些能力很强受轻处分的干部大胆培养不够、使用不够等问题，地方和部门干部干事的积极性受到影响。怎么改进呢？要以正确选人用人导向让想干事、能干事、干成事的干部有机会、有舞台、有空间，改变一些地方空喊口号、形式主义盛行、程序主义至上现象，坚决防止简单化、片面化、乱作为，坚决反对不担当、"一刀切"、不作为。各级党组织要切实关心地方干部的成长和进步，既会严格要求又要善于保护。加强党的干部队伍建设，各种规章制度既要管用，又要善于留白。各种制度不是越多越好，越密越好，而是恰到好处。

（本文源自《今日海南》2024 年第 7 期）

不断开创进一步全面深化改革的新局面

董振华[*]

坚持用马克思主义立场、观点、方法分析问题和解决问题，是中国共产党人在革命、建设、改革各个历史时期，推动党和人民事业取得一个又一个辉煌胜利的重要原因。党的十八大以来，以习近平同志为核心的党中央，坚持马克思主义世界观和方法论，统筹国内国际两个大局，对全面深化改革提出一系列新思想、新观点、新论断，不断完善和发展中国特色社会主义制度、推进国家治理体系和治理能力现代化，把对社会主义建设规律的认识提高到新的水平。纵观我国改革发展史，可以得出一个基本结论：改革之所以能够成功，就在于我们始终坚守马克思主义真理性，确保改革沿着正确的方向和道路前进。深刻把握改革的内在规律，坚持正确的改革方法论，以不断革命的精神推进改革，我们必将开创进一步全面深化改革的新局面。

一、坚持以人民为中心的改革理念

习近平总书记深刻指出，"为了人民而改革，改革才有意义；依靠人民而改革，改革才有动力"。人民是历史的创造者，也是推动改革的主体力

---

[*] 董振华，系中央党校（国家行政学院）哲学教研部主任、教授。

量,还是共享改革利益的主体。进一步全面深化改革必须坚持一切为了人民、一切依靠人民,尊重人民主体地位和首创精神,让现代化建设成果更多更公平惠及全体人民,由人民来评判改革的成效。

人民性是马克思主义的本质属性,进一步全面深化改革必须始终坚持以人民为中心。习近平总书记强调,"抓改革、促发展,归根到底就是为了让人民过上更好的日子"。进一步全面深化改革必须以促进社会公平正义、增进人民福祉为出发点和落脚点,从人民利益出发谋划改革思路、制定改革举措,做到老百姓关心什么、期盼什么,改革就要抓住什么、推进什么。从解决群众最关心最直接最现实的利益问题切入,着力解决人民群众急难愁盼问题,以人民群众的获得感、幸福感、安全感作为检验改革成效的重要标准,始终做到改革为了人民、改革依靠人民、改革成果由人民共享。

人民是历史的创造者,必须紧紧依靠人民推进改革。正是因为改革开放事业一开始就深深扎根于人民群众之中,所以得到了广大人民群众衷心拥护和积极参与,推动中国经济社会蓬勃向前。回顾改革开放40多年的伟大进程,在认识和实践上的每一次突破和深化,改革开放中每一个新生事物的产生和发展,改革开放每一个领域和环节经验的创造和积累,无不来自亿万人民的智慧和实践。改革发展稳定任务越艰巨繁重,改革面临的矛盾越多、难度越大,我们就越要贯彻群众路线这一党的生命线和根本工作路线,保持党同人民群众的血肉联系,从人民群众中汲取智慧和力量,充分调动人民群众的创造活力,紧紧依靠人民群众创造历史伟业,不断凝聚起改革开放和实现中国式现代化的磅礴力量。

人民是历史的主人,改革成败得失归根结底要人民来评判。习近平总书记指出:"时代是出卷人,我们是答卷人,人民是阅卷人。"党的根本立场是人民立场,检验党的一切工作的根本标准是人民利益标准。人民是我们党的工作的最高裁决者和最终评判者,进一步全面深化改革的成效必须而且只能由人民来评判。

党的根基在人民、党的力量在人民,我们必须坚持一切为了人民、一切依靠人民,充分发挥广大人民群众积极性、主动性、创造性,不断把为人民造福事业推向前进。只要始终坚持人民至上的价值立场，就一定能够把广大人民群众最广泛地团结起来，把一切积极因素调动起来，把人民群众的智慧和力量凝聚起来，把进一步全面深化改革的伟大事业不断推向前进。

二、始终沿着改革的正确方向前进

习近平总书记指出："我们的改革开放是有方向、有立场、有原则的。我们当然要高举改革旗帜，但我们的改革是在中国特色社会主义道路上不断前进的改革，既不走封闭僵化的老路，也不走改旗易帜的邪路。"进一步全面深化改革，不能刻舟求剑、故步自封，也不能偏离方向、改旗易帜，必须坚持解放思想、实事求是、守正创新，不断推动社会主义制度自我完善、自我发展。"守正才能不迷失方向、不犯颠覆性错误，创新才能把握时代、引领时代"，这是我们党在长期革命、建设和改革实践中总结出的宝贵经验，也是进一步全面深化改革的根本遵循。

坚持和加强党的全面领导，确保改革沿着正确的方向前进。中国特色社会主义制度的最大优势是中国共产党领导。中国式现代化是中国共产党领导的社会主义现代化。党政军民学，东西南北中，党是领导一切的，是最高的政治领导力量。党的全面领导是进一步全面深化改革的根本政治保证。改革开放事业越是向前发展，涉及范围越广、触及利益越深，协调处理好改革、发展、稳定关系的难度越大，越是要坚持党的全面领导，特别是党中央的集中统一领导，确保党在进一步全面深化改革的过程中始终发挥总揽全局、协调各方的领导核心作用。

坚持中国特色社会主义道路，确保改革的社会主义方向。进一步全面深化改革的总目标是继续完善和发展中国特色社会主义制度，推进国家治理体系和治理能力现代化。方向问题至关重要，坚持什么样的改革方向，决定着改革的性质和成败。改革不是改向，必须始终不能偏离社会主义方向。推进改革的目的是要不断推进我国社会主义制度的自我完善和发展，赋予社会主义新的生机活力。进一步全面深化改革，不能偏离马克思主义、社会主义。习近平总书记强调："没有坚定的制度自信就不可能有全面深化改革的勇气，同样，离开不断改革，制度自信也不可能彻底、不可能久远。"进一步全面深化改革，必须牢牢把握正确方向，坚定中国特色社会主义道路自信、理论自信、制度自信、文化自信，在大是大非面前，必须立场坚定、旗帜鲜明。

不实行改革开放死路一条，搞否定社会主义方向的"改革开放"也是死路一条。习近平总书记指出，"要坚持守正创新，改革无论怎么改，坚持党的全面领导、坚持马克思主义、坚持中国特色社会主义道路、坚持人民民主专政等根本的东西绝对不能动摇，同时要敢于创新，把该改的、能改的改好、改到位，看准了就坚定不移抓"。我们要有志不改、道不变的坚定，保持战略定力，坚定改革方向，使改革开放的航船始终沿着正确航向破浪前行。

三、坚持系统观念谋划改革

改革开放是一场深刻而全面的社会变革，每一项改革都会对其他改革产生重要影响，每一项改革又都需要其他改革协同配合。进一步全面深化改革必须坚持系统观念，用普遍联系和永恒发展的观点，善于从战略上和全局上系统谋划和整体推进，更加注重各项改革的相互促进、良性互动，更加注重改革各个阶段的相互衔接、彼此照应，把握好改革的时、度、效，从而实现全局性的最佳实效。

把握好全局和局部的关系，实现整体推进与重点突破相统一。进一步全面深化改革不能眉毛胡子一把抓，应坚持"两点论"和"重点论"相统一，在统筹兼顾的基础上找准关键环节，以重点突破带动整体推进，既立足长远、统揽全局，又主次分明、精准施策。一方面，做好整体推进，通过增强全局观念，坚持全国一盘棋，努力实现系统结构最优化；另一方面，做好重点突破，找到深化改革的突破点，做到以点带面，通过局部突破带动全局发展。

把握好当前和长远的关系，实现整体谋划和久久为功相统一。当前，改革发展任务系统性、复杂性、长期性的特点越来越突出，很多工作短时间内难有成效，必须保持历史耐心和战略定力，滴水穿石、久久为功，积小胜为大胜、积跬步以至千里。一方面，必须依据所处历史现实和发展的未来需要，作出合理的远景谋划和前瞻性战略，制定改革时间表、路线图，按部就班、稳扎稳打实现各项改革目标；另一方面，持续发扬钉钉子精神，做到一张蓝图绘到底，一任接着一任干，保证改革政策的连贯性，在接续奋斗中不断深化改革。

把握好特殊和一般的关系，实现顶层设计和实践探索相统一。进一步全面深化改革是一项复杂的系统工程，必须遵循改革的一般规律，做好顶层设计，加强各环节的关联性、系统性、可行性研究，做到统筹考虑、全面论证、科学决策，更加注重各领域之间的相互促进、良性互动。同时，尊重各地区、各领域的特殊性，尊重实践、尊重创造，鼓励大胆探索、勇于开拓，在实践中开创新路。在实践探索的基础上，把特殊性的经验进行提炼总结，上升为一般性的规律，用于指导顶层设计，再把顶层设计的理念在实践中不断进行检验、丰富和发展，使改革不断推进、不断深化、不断完善。

四、以一往无前的奋斗姿态推进改革

改革的实质是通过变革生产关系和上层建筑，以适应社会生产力发展的需要，这本身就是一个社会主义制度的自我完善过程。马克思主义实践性理论品格和科学社会主义革命性根本特征，决定着社会主义必然是一个不断改革的历史过程。进一步全面深化改革，必须以真理的精神追求真理，坚持自我革命和社会革命相统一，不断实现中国特色社会主义制度的完善和发展。

马克思主义立足于革命性的实践，把人类解放的崇高价值性和科学真理性有机统一起来，确立了共产主义运动的革命性和历史性。在马克思主义那里，共产主义除了是对理想社会的一种科学展望之外，更重要的还是一种革命性实践运动。共产主义是一个不断完善的发展过程，人类解放也是一个不断革命的历史过程，二者是同一个过程的两个方面。社会主义作为人类解放的历史过程，不可能是一成不变的，而是一个必须随着时代变迁不断改变其具体制度安排和实践形式，通过不断改革自我完善和发展的历史性实践。正如恩格斯在致奥托·冯·伯尼克的信中所指出的："所谓'社会主义社会'不是一种一成不变的东西，而应当和任何其他社会制度一样，把它看成是经常变化和改革的社会。"习近平总书记进一步指出："科学社会主义和空想社会主义的一大区别，就在于它不是一成不变的教条，而是把社会主义看作一个不断完善和发展的实践过程。"

改革只有进行时，没有完成时。进一步全面深化改革，必须发扬彻底的革命精神，坚持问题意识和问题导向，不迷信、不封闭、不僵化、不教条，始终着眼于中国特色社会主义制度的完善和发展，奔着问题去、盯着问题改，坚决破除妨碍推进中国式现代化的思想观念和体制机制弊端，着力破解深层次体制机制障碍和结构性矛盾，不断为中国式现代化注入强劲动力、提供有力制度保障。

改革进入深水区和攻坚期，没有"钉钉子"的钻劲，没有自我革新的勇气和胸怀，思想观念的障碍、利益固化的藩篱就很难突破。只有锲而不舍，敢于动真碰硬，敢于向自己开刀，才能跳出条条框框限制、克服部门利益掣肘，以积极主动精神提出进一步全面深化改革的举措。我们要高举改革开放的旗帜，以一往无前的奋斗姿态推进改革，以滴水穿石的精神抓好落实，为以中国式现代化全面推进中华民族伟大复兴注入澎湃动力。

（本文源自《光明日报》2024年8月21日）

形成新型生产关系需要把握的几个重大问题

逄锦聚[*]

大力发展新质生产力推动高质量发展，是中国式现代化进程中提出的重大理论和实践问题，需要从多领域、多方面发力。全面深化改革，形成与新质生产力发展要求相适应的新型生产关系，是必须做好的工作之一。笔者就全面深化改革形成新型生产关系需要把握的几个重大问题谈一些看法，以供讨论。

一、准确把握全面深化改革形成新型生产关系面临的形势和任务

对形势的判断是科学决策的前提和基础。新时代以来，我们坚持以习近平新时代中国特色社会主义思想为指导，把握新发展阶段，贯彻新发展理念，构建新发展格局，扎实推进高质量发展，紧紧围绕人民日益增长的美好生活需要和不平衡不充分的发展之间的矛盾，以中国式现代化全面推进强国建设、民族复兴伟业，取得了举世瞩目的成就。据国家统计局发布数据显示，中国经济快速增长，经济总量2023年超过126万亿元，持续稳居世界第二位，占世界经济的比重为18%左右，人民生活水平大幅提高。

---

[*] 逄锦聚，南开大学政治经济学研究中心、中国特色社会主义经济建设协同创新中心讲席教授，南开大学原副校长。

2021年脱贫攻坚取得全面胜利，完成了消除绝对贫困的艰巨任务，全面建成小康社会。2023年全国居民人均可支配收入达到39218元，全年全国居民人均消费支出26796元。① 经济、政治、文化、社会、生态文明协调发展，社会长期稳定。特别是我国科学研究和原始创新不断加强，科技创新成果丰硕，一些关键核心技术实现突破，一批自主创新的成果居于世界前列并转化为现实的生产力，高新技术产业蓬勃发展，战略性新兴产业发展壮大，载人航天、探月探火、深海深地探测、超级计算机、卫星导航、量子信息、核电技术、新能源技术、大飞机制造、生物医药等取得重大成果，进入创新型国家行列，创新驱动发展成效日益显现。以上成就表明，新质生产力已经在实践中形成并展示出对高质量发展的强劲推动力、支撑力。

与此同时，改革开放全面深化，敢于突进深水区，敢于啃硬骨头，敢于涉险滩，敢于面对新矛盾新挑战，冲破思想观念束缚，突破利益固化藩篱，坚决破除各方面体制机制弊端。包括公有制为主体、多种所有制经济共同发展，按劳分配为主体、多种分配方式并存和社会主义市场经济体制等在内的基本经济制度不断完善，"各领域基础性制度框架基本建立，许多领域实现历史性变革、系统性重塑、整体性重构，新一轮党和国家机构改革全面完成，中国特色社会主义制度更加成熟更加定型，国家治理体系和治理能力现代化水平明显提高"②，发展动力活力竞相迸发。改革开放的深化，为新质生产力的形成、发展注入了活力，提供了体制机制保证。

但也应该看到，当前还不同程度存在制约新质生产力发展和高质量发展的因素。例如，经济结构性体制性矛盾较为突出；分配关系尚未理顺，农民收入增长较慢，居民收入差距、城乡差距、地区差距仍需进一步缩小；

---

① 国家统计局：《中华人民共和国2023年国民经济和社会发展统计公报》，《人民日报》2024年2月29日。
② 习近平：《高举中国特色社会主义伟大旗帜　为全面建设社会主义现代化国家而团结奋斗——在中国共产党第二十次全国代表大会上的报告》，《人民日报》2022年10月26日。

结构性就业矛盾较为突出，民生保障存在不少薄弱环节；资源环境约束趋紧、环境污染等问题突出；发展不平衡、不协调、不可持续，传统发展模式难以为继；一些深层次体制机制问题日益显现，经济体制、科技体制、人才体制等还存在发展新质生产力的一些堵点、卡点，等等。这些情况说明，经济体制还不完全适应新质生产力发展的要求，新质生产力发展仍面临诸多体制性障碍。全面深化改革，加快形成与新质生产力发展要求相适应的生产关系和以生产关系总和构成的经济制度、经济体制，是一项紧迫的任务。

当前，全球范围内新一轮科技革命和产业变革方兴未艾，世界正经历百年未有之大变局，中国特色社会主义进入新时代，我国经济已由高速增长阶段转向高质量发展阶段，迎来了世界新一轮科技革命和产业变革同我国转变发展方式的历史性交汇期，面临着千载难逢的历史机遇。在这样的背景下，大力发展新质生产力是推动高质量发展的内在要求和重要着力点，对于强国建设、民族复兴具有重大意义。党的二十大报告提出，"从现在起，中国共产党的中心任务就是团结带领全国各族人民全面建成社会主义现代化强国、实现第二个百年奋斗目标，以中国式现代化全面推进中华民族伟大复兴"[1]。当前，新一轮科技革命和产业变革正在重塑全球经济结构，国与国之间前沿领域的技术竞争更加激烈。为保证完成党的二十大报告提出的党的中心任务，必须进一步深化改革，进一步解放和发展生产力，为经济发展和社会全面进步注入强大动力。

习近平总书记在二十届中央政治局第十一次集体学习时强调："发展新质生产力，必须进一步全面深化改革，形成与之相适应的新型生产关系。"[2] 深入学习贯彻习近平总书记重要讲话精神，全面深化改革，加快形成与新质生产力相适应的生产关系、经济体制，是摆在我们面前的紧迫而重大的任务。

---

[1] 习近平：《高举中国特色社会主义伟大旗帜　为全面建设社会主义现代化国家而团结奋斗——在中国共产党第二十次全国代表大会上的报告》。

[2] 《加快发展新质生产力　扎实推进高质量发展》，《人民日报》2024年2月2日。

二、牢牢把握全面深化改革形成新型生产关系的方向和目的

方向决定道路，目的决定途径。全面深化改革，形成与新质生产力发展要求相适应的新型生产关系，需要明确方向和目的。而要明确方向和目的，有必要对什么是新质生产力，什么是新质生产力发展要求的新型生产关系作出界定。

所谓新质生产力，概括地说，就是在新科技革命和高质量发展实践中形成的，创新起主导作用，具有高科技、高效能、高质量特征的先进生产力。新质生产力的本质规定性包括五个最主要的方面：第一，科技创新的革命性突破是新质生产力的核心要素；第二，产业深度转型升级，新产业、新模式、新动能是新质生产力的显著特征；第三，生产要素创新性配置，劳动者、劳动资料、劳动对象优化组合是新质生产力发展的重要保证；第四，全要素生产率大幅提升，经济高质量发展是新质生产力的核心标志；第五，体现先进生产力发展的方向，本质是先进生产力。

马克思指出，"一旦生产力发生了革命——这一革命表现在工艺技术方面——，生产关系也就会发生革命"[1]。"随着新生产力的获得，人们改变自己的生产方式，随着生产方式即谋生方式的改变，人们也就会改变自己的一切社会关系。"[2] 按照马克思主义唯物史观的基本原理，新质生产力的形成和发展必然要求形成新型生产关系与之相适应。否则，一方面，新质生产力的诸多新要素可能因为生产关系的制约而不能实现创新性配置，劳动者、劳动资料、劳动对象不能实现优化组合，如果这样，新质生产力只是潜在的生产力而不可能转化为现实的推动经济社会发展的社会生产力；另一方面，已经形成的新质生产力可能因为生产关系的制约而得不到很好

---

[1] 《马克思恩格斯文集》第 8 卷，人民出版社 2009 年版，第 341 页。
[2] 《马克思恩格斯文集》第 1 卷，第 602 页。

的发展，一些新技术可能被束之高阁，一些高新产业可能得不到孕育和发展。从这样的意义上说，加快形成与新质生产力要求相适应的生产关系，是新质生产力发展的必然要求。

所谓新型生产关系，就是适应新质生产力发展水平、性质和发展状况要求的生产关系。在直接的生产过程中，新型生产关系表现为：一是生产资料的所有制结构适应新质生产力发展的要求；二是劳动者在劳动过程中的地位有利于新质生产力的发展，不管是什么形式的劳动，不管什么岗位的劳动者，只要有利于新质生产力的发展，都应受到尊重，以充分发挥其潜能；三是分配关系和分配制度有利于新质生产力的发展，不管什么分配方式，只要有利于调动各个方面积极性和创造性都要鼓励和支持采用。在生产、分配、交换、消费等社会再生产的各个环节，新型生产关系表现为：一是有利于鼓励科技创新；二是有利于鼓励将科技创新成果转化为新的产业、改造提升传统产业、完善现代化产业体系；三是有利于发展社会主义市场经济、完善现代化经济体系和高标准市场体系；四是有利于将新质生产力发展的成果转化为推动经济社会创新、协调、绿色、开放、共享发展的力量，创造更多社会财富，不断满足人民日益增长的美好生活需要。

把握全面深化改革形成新型生产关系的方向和目的，首先，要坚持以人民为中心，不断满足人民日益增长的美好生活需要。"人民对美好生活的向往，就是我们的奋斗目标。"① "中国式现代化，民生为大。党和政府的一切工作，都是为了老百姓过上更加幸福的生活。"② 发展新质生产力也好，改革经济体制形成新型生产关系也好，其根本目的是满足人民美好生活需要，扎实推进全体人民共同富裕，任何时候都不能忘记或背离这一目的。人民是国家的主人，中国式现代化是全体人民共同富裕的现代化，要坚持以人民为中心的发展思想，发展新质生产力要依靠人民，为了人民，

---

① 《习近平著作选读》第 1 卷，人民出版社 2023 年版，第 60 页。
② 《进一步全面深化改革开放　不断谱写中国式现代化重庆篇章》，《人民日报》2024 年 4 月 25 日。

> 聚焦
> 新型生产关系

通过改革形成新型生产关系也要依靠人民，为了人民。要确保人民特别是在各个岗位上的创新者、劳动者，从发展新质生产力中获得自身利益和幸福感、满足感。

其次，要坚持有利于解放和发展新质生产力。生产力是推动经济社会发展的根本动力，是经济社会发展中最活跃、最革命的因素。社会主义的根本任务是解放和发展生产力。对此，早在《共产党宣言》中马克思和恩格斯就指出：无产阶级取得政权并把全部资本集中到自己的手里后，就要"尽可能快地增加生产力的总量"[1]。党的十九大报告指出："必须坚定不移把发展作为党执政兴国的第一要务，坚持解放和发展社会生产力。"[2] 党的二十大报告提出："高质量发展是全面建设社会主义现代化国家的首要任务。"[3] 只有把解放和发展新质生产力作为全面深化改革形成新型生产关系的根本任务，才能不断夯实中国特色社会主义强大的物质基础。只有建立起强大的物质基础，社会主义生产关系才能巩固和发展，才能随着社会生产的发展和社会物质财富的不断增多，逐步实现全体人民共同富裕，才能建成富强民主文明和谐美丽的社会主义现代化强国，实现中华民族伟大复兴。

最后，要坚持发展和完善中国特色社会主义根本制度。发展新质生产力能够为巩固和发展中国特色社会主义根本制度提供坚实的物质基础，在中国共产党的领导下实现中国特色社会主义制度的自我发展和完善是改革的目的。经过几十年的改革开放，我国确立的中国特色社会主义根本制度和基本经济制度总体是符合新质生产力发展要求的，要改革的是其中不适合新质生产力发展要求的具体部分。要坚持以经济改革为重点，全面深化各领域的改革，坚持社会主义市场经济的改革方向，改革那些不适应新质生产力发展要求的体制机制弊病。

---

[1] 《马克思恩格斯文集》第 2 卷，第 52 页。
[2] 习近平：《决胜全面建成小康社会 夺取新时代中国特色社会主义伟大胜利——在中国共产党第十九次全国代表大会上的报告》。
[3] 习近平：《高举中国特色社会主义伟大旗帜 为全面建设社会主义现代化国家而团结奋斗——在中国共产党第二十次全国代表大会上的报告》。

三、牢牢把握全面深化改革形成新型生产关系的指导思想和原则

全面深化改革形成新型生产关系是一场革命，必须坚持以习近平新时代中国特色社会主义思想特别是习近平经济思想为指导。习近平经济思想开拓了马克思主义政治经济学新境界，其内涵极其丰富，包括坚持党对经济工作的战略谋划和统一领导；坚持以人民为中心，逐步实现全体人民共同富裕；坚持和发展中国特色社会主义，全面建设社会主义现代化国家，以中国式现代化全面推进中华民族伟大复兴；坚持我国处于社会主义初级阶段和中国特色社会主义进入新时代、进入新的发展阶段；坚持大力发展新质生产力；坚持并发展完善包括公有制为主体、多种所有制经济共同发展，按劳分配为主体、多种分配方式并存和社会主义市场经济体制等在内的社会主义基本经济制度；坚持以创新、协调、绿色、开放、共享的新发展理念为引领，建设现代化经济体系，实现国民经济高质量发展；坚持推动新型工业化、信息化、城镇化、农业现代化同步发展和区域协调发展；坚持把解决好农村、农业、农民问题作为全党工作的重中之重；坚持社会主义市场经济改革方向，全面深化改革，推进国家治理体系和治理能力现代化；坚持加快构建以国内大循环为主体、国内国际双循环相互促进的新发展格局；坚持人与自然和谐共生，建设生态文明和美丽中国；坚持对外开放基本国策，推动经济全球化深入发展，构建人类命运共同体；坚持统筹发展和安全；坚持科学的方法论；坚持立足中国实际，构建中国特色社会主义政治经济学，等等。习近平经济思想是集揭示共产党执政规律、社会主义建设规律、人类社会发展规律和人与自然关系于一体的理论体系，是中华文化和中国精神的时代精华，实现了马克思主义中国化新的飞跃；是当代中国马克思主义政治经济学、21世纪马克思主义政治经济学，不仅有力指导了我国经济发展实践，而且开辟了马克思主义政治经济学发展的新境界；不仅具有鲜明的中国特

色、中国风格、中国气派，而且蕴含着现代经济学的一般原理；不仅是中国经济发展的根本指导思想和中国经济学的宝贵财富，也为世界经济发展和经济学创新贡献了中国智慧。在全面深化改革形成新型生产关系过程中，必须长期坚持和发展。

全面深化改革形成新型生产关系，还必须坚持以下三点重要原则：一是坚持党的全面领导，坚定走中国特色社会主义道路，始终确保改革的正确方向。二是坚持解放思想、实事求是、与时俱进、求真务实，一切从实际出发，因地制宜，不搞一刀切，勇于推进理论和实践创新。三是坚持以人民为中心的发展思想，尊重人民主体地位，发挥群众首创精神，紧紧依靠人民推动改革。四是坚持改革和开放相互促进，立足中国实际和学习借鉴国外先进经验相结合。

四、牢牢把握全面深化改革形成新型生产关系的重点和核心问题

全面深化改革，既包括经济体制、政治体制、文化体制、社会体制、生态文明体制改革，也包括党的建设制度改革等，其中的重点是经济体制改革。中国式现代化建设，经济建设是中心，发展是解决我国所有问题的关键，是中国式现代化建设的首要任务和硬道理。要发挥经济体制改革的牵引作用，推动新型生产关系同新质生产力相适应、上层建筑同经济基础相适应，推动经济高质量发展。

以经济体制改革为重点形成新型生产关系，要抓住经济体制改革的核心问题，即处理好政府和市场的关系。[①] 过去的改革我们妥善处理了这一核心问题，解放和发展了生产力，促进了新质生产力的形成，今后大力发展新质生产力，也需要进一步处理好这一核心问题。

---

① 关于经济体制改革是全面深化改革的重点，核心问题是处理好政府和市场的关系，使市场在资源配置中起决定性作用和更好发挥政府作用。《中共中央关于全面深化改革若干重大问题的决定》曾作了深刻阐述，本文参考了这一文献。

政府与市场的关系是新型生产关系的重要内容。处理好政府与市场的关系，关键是要坚持社会主义市场经济的改革方向，充分发挥市场在资源配置中的决定性作用和更好发挥政府作用，并把二者有机地结合起来。市场决定资源配置是市场经济的一般规律，市场机制对经济具有自动调节作用，有利于调动市场主体生产经营的积极性和创造性，其已为人类社会发展实践所证明。在大力发展新质生产力，全面深化改革形成新型生产关系中，要充分发挥市场在资源配置中的决定性作用，与此同时，也要更好地发挥政府的作用。国内外实践都表明，市场在资源配置中起决定性作用，不可能也不可以起全部作用。发展社会主义市场经济，大力发展新质生产力，既要发挥市场决定性作用，也要更好发挥政府作用。

围绕政府和市场关系全面深化改革，形成新型生产关系，要着力解决好增强市场主体活力和创新力、完善市场体系、进一步转变政府职能等问题。一是坚持、完善社会主义基本经济制度，着力发挥各类市场主体的活力和生产经营的积极性创造性。完善落实"两个毫不动摇"的体制机制，既抓好深化国企改革、培育一批核心竞争力强的国有企业，又抓好促进民营经济发展壮大、激发各类经营主体活力。要培养造就真正的企业家，确保企业的法人地位，使之在大力发展新质生产力、扎实推进高质量发展中发挥生力军的作用。二是加快完善产权保护、市场准入、公平竞争、社会信用等市场经济基础制度。推进市场监管公平统一，以增强监管的稳定性和可预期性为保障，着力提升监管效能。三是建立高标准市场体系，创新生产要素配置方式，让各类先进优质生产要素向大力发展新质生产力顺畅流动。打造统一的要素和资源市场，推动建立健全统一的土地和劳动力市场、资本市场、技术和数据市场、能源市场、生态环境市场。加快建设现代高标准市场体系，推进商品和服务市场高水平统一，以人民群众关心、市场主体关切的领域为重点，着力完善质量和标准体系。四是加强和改善党的领导，深化党和国家机构改革，加快政府职能转变，推进国家治理体系和治理能力现代化。要按照社会主义市场经济发展的要求，尊重经济规律，坚决破除制约市场在资源配置中起决定性作用和更好发挥政府作用的体制机制弊端，围绕推动新质生产力发展，形成新型生产关系，建设现代化经济体系，使政府职能尽快转变到保持宏观经济稳定、加强和优化公共服务、保障公平竞争、加强市场监管、维护市场秩序、推动可持续发展、促进共同富裕、弥补市场失灵上来，减少对市场的干预，全面提高政府效能，建设人民满意的服务型政府，为更好发挥政府作用创造条件、提供保证。

五、牢牢把握全面深化改革形成新型生产关系的关键点和着力点

全面深化改革形成新型生产关系是一项系统工程，关键是要深化经济体制、教育体制、科技体制、人才培养体制等改革，"畅通教育、科技、人才的良性循环，完善人才培养、引进、使用、合理流动的工作机制"，"着力打通束缚新质生产力发展的堵点卡点"[①]。要健全参与收入分配机制，激发劳动、知识、技术、管理、资本和数据等生产要素活力，更好体现知识、技术、人才的市场价值，营造鼓励创新、宽容失败的良好氛围，充分调动和发挥各类人才和各个岗位上的劳动者的积极性创造性。创新生产要素配置方式，让各类先进优质生产要素向发展新质生产力方向顺畅流动。同时，要扩大高水平对外开放，为发展新质生产力营造良好国际环境。

在抓好经济体制改革重点，处理好政府和市场的关系这一核心问题的基础上，还要深化一些重要领域的改革。

一是按照发展新质生产力形成新型生产关系的要求深化教育体制改革。以人才培养为根本任务，注重有组织地培养拔尖创新人才。坚持以人民为中心发展教育，加快建设高质量教育体系，发展素质教育，促进教育公平。

---

① 《加快发展新质生产力 扎实推进高质量发展》。

加快建设中国特色、世界一流的大学和优势学科、基础学科、新兴学科、交叉学科建设，有组织推进科技创新，着力提高高等教育人才创新能力，提高高等教育科技创新能力，为大力发展新质生产力、扎实推进高质量发展提供人才支撑。

二是按照发展新质生产力形成新型生产关系的要求深化科技体制改革。习近平总书记指出："科技创新能够催生新产业、新模式、新动能，是发展新质生产力的核心要素。必须加强科技创新特别是原创性、颠覆性科技创新，加快实现高水平科技自立自强，打好关键核心技术攻坚战，使原创性、颠覆性科技创新成果竞相涌现，培育发展新质生产力的新动能。"[①] 要坚持创新在我国现代化建设全局中的核心地位，以国家战略需求为导向，集聚力量进行原创性引领性科技攻关，增强自主创新能力，坚决打赢关键核心技术攻坚战。深化财政科技经费分配使用机制改革，提升科技投入效能，激发创新活力。完善科技创新体系，健全新型举国体制，强化国家战略科技力量，优化配置创新资源，加强科技基础能力建设，强化科技战略咨询，提升国家创新体系整体效能。深化科技评价改革，加强知识产权法治保障，形成支持全面创新的基础制度。培育创新文化，弘扬科学家精神，涵养优良学风，营造创新氛围。特别要深化科技成果转化体制改革，打通堵点、卡点，加强科技创新成果应用，完善现代化产业体系。要"坚持把发展经济的着力点放在实体经济上，推进新型工业化，加快建设制造强国、质量强国、航天强国、交通强国、网络强国、数字中国"[②]。用新科技成果人工智能、数字技术等改造传统产业，提升传统产业的科技水平。要加强企业主导的产学研深度融合，强化目标导向，提高科技成果转化和产业化水平。

三是按照发展新质生产力形成新型生产关系的要求深化人才体制改革。人是生产力中最活跃的因素，人才是第一资源。要以充分调动和发挥人才

---

① 《加快发展新质生产力　扎实推进高质量发展》。
② 习近平：《高举中国特色社会主义伟大旗帜　为全面建设社会主义现代化国家而团结奋斗——在中国共产党第二十次全国代表大会上的报告》。

积极性和创造性为着力点,坚持尊重劳动、尊重知识、尊重人才、尊重创造,实施更加积极、更加开放、更加有效的人才政策。树立大人才观,建设规模宏大、结构合理、素质优良的人才队伍,创造社会分工不同但人人都能成才、都能在发展新质生产力中作出贡献的良好氛围。加快建设世界重要人才中心和创新高地,促进人才区域合理布局和协调发展,着力形成人才国际竞争的比较优势。加快建设国家战略人才力量,加强人才国际交流,用好用活各类人才。深化人才发展体制机制改革和分配体制改革,充分调动和激发各类人才的积极性和创造性,使其在发展新质生产力、扎实推进高质量发展中各尽所能、各得其所,形成发展新质生产力的强大战略先导力量。

四是按照发展新质生产力形成新型生产关系的要求持续扩大开放,建设市场化、法治化、国际化一流营商环境,塑造更高水平开放型经济新优势。首先,进一步推进制度型开放。开放也是改革,"开放带来进步,封闭必然落后"[①]。要进一步打造法治化、国际化、便利化营商环境,建立与国际高标准投资和贸易规则相适应的管理方式,形成参与国际宏观经济政策协调的机制,推动国际经济治理结构不断完善。同时要推进政府行为法治化、经济行为市场化,建立健全企业履行主体责任、政府依法监管和社会广泛参与的管理机制,健全对外开放中有效维护国家利益和安全的体制机制。其次,适应数字化、网络化、智能化发展趋势,形成国际合作竞争新优势。以创新驱动为导向,不断增强创新能力,全面提升在全球价值链中的地位,促进产业转型升级。加快服务贸易数字化进程,建设国家服务业扩大开放综合示范区,探索服务业扩大开放的新模式、新路径。再次,进一步完善对外开放的政策保障机制。完善境外投资的法律、政策和服务体系,促进内外资企业公平竞争,依法保护外资企业合法权益。以质量效益为核心,大力营造竞争有序的市场环境、透明高效的政务环境、公平正义的法治环境和合作共赢的人文环境。最后,促进国际国内要素有序自由流

[①] 《习近平著作选读》第 2 卷,第 228 页。

动、资源全球高效配置、国际国内市场深度融合，加快推进投资、贸易、金融、创新等开放型经济重点领域的体制机制改革，建立公平开放、竞争有序的现代市场体系。

［本文系教育部人文社会科学重点研究基地重大项目（22JJD790044）阶段性研究成果。本文源自《人民论坛·学术前沿》2024年第9期］

坚持以制度建设为主线

陈志刚[*]

制度稳则国家稳，制度强则国家强。党的二十届三中全会审议通过的《中共中央关于进一步全面深化改革　推进中国式现代化的决定》提出了进一步全面深化改革的原则，其中包括"坚持以制度建设为主线，加强顶层设计、总体谋划，破立并举、先立后破，筑牢根本制度，完善基本制度，创新重要制度"。这也是改革开放以来特别是新时代全面深化改革的一个宝贵经验。面对新的形势和任务，必须进一步全面深化改革，继续完善各方面制度机制，固根基、扬优势、补短板、强弱项，不断把我国制度优势更好转化为国家治理效能，为推进中国式现代化提供坚实制度保障。

一、以"中国之制"推进"中国之治"

"凡将立国，制度不可不察也。"古今中外的历史和现实都表明，制度竞争是国家间最根本的竞争，制度优势是一个国家的最大优势。

社会主义基本制度的确立，成功实现了中国历史上最深刻最伟大的社会变革，为当代中国一切发展进步奠定了根本政治前提和制度基础。随着改革开放的推进，我们党对制度建设的认识越来越深入，确立了社会主义市场经济体制的改革目标，积极推进党和国家领导制度改革，不断完善中

---

[*] 陈志刚，中国社会科学院习近平新时代中国特色社会主义思想研究中心特约研究员、马克思主义研究院副院长。

国特色社会主义制度和国家治理体系，使当代中国焕发出前所未有的生机活力。

新时代以来，我们党把制度建设摆到更加突出的位置。制度建设分量更重，是新时代改革开放的一个新特点。党的十八届三中全会把完善和发展中国特色社会主义制度、推进国家治理体系和治理能力现代化确立为全面深化改革的总目标，明确提出了"推进国家治理体系和治理能力现代化"的重大命题。党的十九届四中全会审议通过的《中共中央关于坚持和完善中国特色社会主义制度 推进国家治理体系和治理能力现代化若干重大问题的决定》，全面回答了在我国国家制度和国家治理体系上应该"坚持和巩固什么、完善和发展什么"这个重大政治问题，深刻阐述了坚持和完善中国特色社会主义制度在各方面必须坚持的根本制度、基本制度、重要制度。在以习近平同志为核心的党中央坚强领导下，各领域基础性制度框架基本建立，许多领域实现历史性变革、系统性重塑、整体性重构，中国特色社会主义制度更加成熟更加定型，国家治理体系和治理能力现代化水平明显提高。如，明确提出中国共产党领导是中国特色社会主义最本质的特征，是中国特色社会主义制度的最大优势，不断完善坚定维护党中央权威和集中统一领导的各项制度，健全党的全面领导制度，把党建设得更加坚强有力；把市场在资源配置中的"基础性作用"修改为"决定性作用"，把公有制为主体、多种所有制经济共同发展，按劳分配为主体、多种分配方式并存，社会主义市场经济体制等作为社会主义基本经济制度，并不断加以完善，推动经济高质量发展；确立和坚持马克思主义在意识形态领域指导地位的根本制度，意识形态领域形势发生全局性、根本性转变；不断健全国家基本公共服务制度体系，人民群众获得感、幸福感、安全感更加充实、更有保障、更可持续，共同富裕取得新成效；不断健全生态文明制度体系，生态环境保护发生历史性、转折性、全局性变化；等等。

实践充分证明，新中国成立70多年来，中华民族之所以能迎来从站起来、富起来到强起来的伟大飞跃，最根本的是因为党领导人民建立和完善了中国特色社会主义制度，形成和发展了党的领导和经济、政治、文化、社会、生态文明、军事、外事等各方面制度，不断加强和完善国家治理。以"中国之制"推进"中国之治"，为中国式现代化注入不竭动力。

二、进一步全面深化改革的内在要求

坚持以制度建设为主线，是进一步全面深化改革的总目标的题中之义。党的二十届三中全会指出，进一步全面深化改革的总目标是继续完善和发展中国特色社会主义制度，推进国家治理体系和治理能力现代化。这是两句话组成的一个整体，需要完整理解和把握。前一句规定了根本方向，要求始终坚持中国特色社会主义道路不动摇，既不走封闭僵化的老路，也不走改旗易帜的邪路；后一句规定了在根本方向指引下完善和发展中国特色社会主义制度的鲜明指向。进一步说，治理国家，制度是起根本性、全局性、长远性作用的。国家制度是国家治理的根本依据，国家治理体系和治理能力是一个国家的制度和制度执行能力的集中体现。只有坚持以制度建设为主线，不断完善和发展中国特色社会主义制度，才能使制度优势不断彰显，并更好转化为国家治理效能。

坚持以制度建设为主线，是改革进入攻坚期和深水区的艰巨任务所决定的。一方面，经过长期探索，我国改革开放走过波澜壮阔的历程，积累了宝贵经验，有必要把这些好的探索、经验加以总结提炼，并用制度的形式固定下来。另一方面，随着实践发展，一些深层次体制机制问题和利益固化的藩篱日益显现，面对改革进入攻坚期和深水区的艰巨任务，强化制度建设，有利于啃下难啃的硬骨头，渡过激流险滩。随着各方面制度更加科学、更加完善，充分发挥制度指引方向、规范行为、提高效率、维护稳定、防范化解风险的重要作用，能够进一步有效破除各方面体制机制弊端，在改革开放中不断推进中国式现代化。

坚持以制度建设为主线，既要坚定制度自信，又要积极推进制度创新。一个国家选择什么样的国家制度和国家治理体系，是由这个国家的历史文化、社会性质、经济发展水平决定的。中国特色社会主义制度和国家治理体系是以马克思主义为指导、植根中国大地、具有深厚中华文化根基、深得人民拥护的制度和治理体系，是具有强大生命力和巨大优越性的制度和治理体系。进一步全面深化改革，必须坚定制度自信。习近平总书记明确指出："推进改革的目的是要不断推进我国社会主义制度自我完善和发展，赋予社会主义新的生机活力。这里面最核心的是坚持和改善党的领导、坚持和完善中国特色社会主义制度，偏离了这一条，那就南辕北辙了。"同时，坚定制度自信并不是要固步自封。完善中国特色社会主义制度是一个动态过程，必然随着实践发展而不断发展，已有制度需要不断健全，新领域新实践需要推进制度创新、填补制度空白。进一步全面深化改革，就是要不断革除体制机制弊端，让我们的制度越来越成熟、优越性进一步显现。我们从来不排斥任何有利于中国发展进步的他国国家治理经验，而是坚持以我为主、为我所用，去其糟粕、取其精华。

三、为中国式现代化提供制度保障

党的二十大对推进中国式现代化作出了战略部署。把中国式现代化蓝图变为现实，根本在于进一步全面深化改革，不断完善各方面体制机制，着力破解深层次体制机制障碍，构建系统完备、科学规范、运行有效的制度体系，不断彰显中国特色社会主义制度优势，为中国式现代化提供强大动力和制度保障。

改革进入攻坚期和深水区，涉及问题之多、领域之广、矛盾之深前所未有，要解决许多深层次的体制机制问题，必须加强顶层设计、总体谋划，提高改革的系统性、整体性、协同性。这就要求加强对各项改革关联性的研判，努力做到全局和局部相配套、治本和治标相结合、渐进和突破相促进。同时，还要加强各项改革举措的协调配套，推动各领域各方面改革举措同向发力、形成合力，增强整体效能，防止和克服各行其是、相互掣肘的现象。党的二十届三中全会在统筹推进"五位一体"总体布局、协调推进"四个全面"战略布局框架下谋划进一步全面深化改革，统筹部署经济体制改革和其他各领域改革，加强对改革的整体谋划、系统布局，能够确保各方面改革相互配合、协同高效。

改革有破有立，得其法则事半功倍，不得法则事倍功半甚至产生负作用。破与立是事物发展变革中的一对重要概念，二者相辅相成。在破与立的循环往复中，事物不断向前发展。面对风高浪急的国际环境和艰巨繁重的国内改革发展稳定任务，在中国这样一个大国进一步全面深化改革，要始终以清醒头脑把握好破与立的辩证法，破立并举、先立后破，坚持稳中求进工作总基调，做到谋定而后动，避免出现制度缺位的问题。

中国特色社会主义制度是一整套相互衔接、相互联系的制度体系。其中，根本制度相当于根基，必须筑牢；基本制度是对国家经济社会发展发挥重大影响的制度，具有长期性和稳定性，必须不断完善；重要制度是国家治理各领域各方面各环节的一些具体制度，随着国际国内形势的新变化，以及新领域新实践的不断发展，需要持续创新，以填补制度空白，不断为经济社会发展增动力、添活力。

中国式现代化是在改革开放中不断推进的，也必将在改革开放中开辟广阔前景。当前和今后一个时期是以中国式现代化全面推进强国建设、民族复兴伟业的关键时期，面对纷繁复杂的国际国内形势，面对新一轮科技革命和产业变革，面对人民群众新期待，继续把改革推向前进，是坚持和完善中国特色社会主义制度、推进国家治理体系和治理能力现代化的必然要求。只有坚持以制度建设为主线，既坚定制度自信，又不断破解深层次体制机制障碍，才能用完善的制度防范化解风险、有效应对挑战，在危机中育新机、于变局中开新局。

（本文源自《经济日报》2024年8月8日）

形成新型生产关系重在全面深化改革

冯颜利[*]

2024年1月，习近平总书记在二十届中央政治局第十一次集体学习时指出，"发展新质生产力，必须进一步全面深化改革，形成与之相适应的新型生产关系""要扩大高水平对外开放，为发展新质生产力营造良好国际环境"。推动新质生产力加快发展，既是发展命题，也是改革命题。加快形成与新质生产力相适应的新型生产关系，是新时代新征程解放和发展生产力的客观要求，是推动生产力迭代升级、实现现代化的必然选择。面向未来，必须坚持依靠全面深化改革开放增强发展内生动力，塑造适应新质生产力的新型生产关系，统筹推进深层次改革和高水平开放，不断培育和发展新质生产力，不断激发和增强社会活力。

生产力是最革命、最活跃的因素，生产力的发展水平决定了生产关系的性质、形式和发展变化。随着生产力的不断发展，生产关系也会相应发生变化，以适应生产力的发展要求。当生产关系适应生产力发展要求时，它会促进生产力的发展，当生产关系不适应生产力的发展要求时，它会阻碍生产力的发展。生产关系必须与生产力发展要求相适应。改革开放以来，我国经济社会发展取得重大成就，根本原因就是我们自觉通过调整生产关系激发社会生产力发展活力，自觉通过完善上层建筑适应经济基础发展要求，让中国特色社会主义更加符合规律地向前发展。我们进行经济体制改

---

[*] 冯颜利，重庆大学马克思主义学院院长，重庆市中国特色社会主义理论体系研究中心特约研究员。

革，进行政治体制、文化体制、社会体制、生态文明体制和党的建设制度改革，都是出于这个目的。实践证明，改革能破除制约生产力发展的思想障碍和制度藩篱，让一切劳动、知识、技术、管理、资本的活力竞相迸发，让一切创造社会财富的源泉充分涌流。

改革是经济社会发展的强大动力。如果说过去的改革主要是由当时生产力的发展要求推动的，那么现在的改革就是由新质生产力的技术经济特点所推动的。新质生产力是代表新技术、创造新价值、适应新产业、重塑新动能的新型生产力，以劳动者、劳动资料、劳动对象及其优化组合的跃升为基本内涵，以全要素生产率大幅提升为核心标志，特点是创新，关键在质优，本质是先进生产力。新质生产力是由技术革命性突破、生产要素创新性配置、产业深度转型升级催生形成的，它的发展同样需要生产关系的调整。只有通过进一步全面深化人才体制、科技体制、经济体制改革，着力打通束缚新质生产力发展的堵点卡点，形成与之相适应的新型生产关系，才能让各类生产要素顺畅流动和高效配置到新质生产力领域，加速形成发展新质生产力的竞争新优势。

聚焦人才这个核心资源，深化人才体制改革，打造新型劳动者队伍。发展新质生产力，归根结底要靠人、要靠创新人才。我国原始创新能力还不够强，人力资本支撑不足，尤其是实现科技创新颠覆性突破的领军型人才还高度缺乏。破解这个问题，就要按照发展新质生产力要求，畅通教育、科技、人才的良性循环，完善人才培养、引进、使用、合理流动的体制机制，在科研实践中培养造就更多高水平科技人才；根据科技发展趋势和重大任务需求，优化高等学校学科设置和人才培养模式，依托科技重大项目、科研基地平台等加强急需人才培养，打造与新质生产力发展相匹配的新型劳动者队伍；加快转变人才管理职能和办法，向用人主体放权，使各方面人才各得其所、各尽所能、各展其长；深化人才评价改革，健全要素参与收入分配机制，更好体现知识、技术、人才的市场价值，营造鼓励创新、宽容失败的良好氛围，为各类人才搭建干事创业的广阔舞台。

聚焦创新这个第一动力，深化科技体制改革，营造良好创新生态。发展新质生产力，必须进一步全面深化改革，加强管理和制度层面的创新，形成与之相适应的新型生产关系，科技体制改革是其中的重要一环。要加快形成支持全面创新的基础制度，推动产业链和创新链融合对接，实现"科技—产业—金融"良性循环。加强科技体制改革和政策统筹，推动科技政策从"各管一段"向构建高效协同的政策体系转变。继续健全完善新型举国体制，瞄准事关我国产业、经济和国家安全的若干重点领域及重大任务，重点研发具有先发优势的关键技术和引领未来发展的基础前沿技术，在若干重要领域形成科技创新竞争优势，赢得战略主动。此外，还要实施更加开放包容、互惠共享的国际科技合作战略，扩大高水平对外开放，营造具有全球竞争力的开放创新生态，使科技创新从"关键变量"转化为高质量发展的"最大增量"。

聚焦企业这个关键主体，深化经济体制改革，激发企业发展内生动力。企业是最活跃的创新力量，是新质生产力发展的最重要参与者和最有力推动者。围绕构建高水平社会主义市场经济体制，加快完善产权保护、市场准入、公平竞争、社会信用等市场经济基础制度。完善落实"两个毫不动摇"的体制机制，支持民营经济和民营企业发展壮大，激发各类经营主体的内生动力和创新活力。在这一过程中，完善产权保护制度，完善平等保护产权的法律法规体系，强化产权特别是知识产权执法司法保护，依法保护民营企业产权和企业家权益；完善市场准入制度，全面实施市场准入负面清单制度；完善公平竞争制度，强化反垄断、反不正当竞争执法，深入推进公平竞争政策实施，依法查处垄断和不正当竞争行为，更好保护经营主体和消费者合法权益。加大改革力度，充分发挥好企业技术创新策源地和科技创新主力军作用，加快建设市场化、法治化、国际化一流营商环境，加快建设高效规范、公平竞争、充分开放的全国统一大市场，打通地域之间、行业之间、部门之间的壁垒和堵点，使生产要素和商品都能顺畅流动，为发展新质生产力提供广袤而肥沃的土壤。

全面深化改革构建新型生产关系，不仅是重大理论问题，更是重大实践问题，是一个系统工程。要坚持一切从实际出发，先立后破、因地制宜、与时俱进，围绕重点难点问题努力破题，坚决破除一切阻碍新质生产力发展的制度藩篱和瓶颈，进一步全面深化各领域各方面改革，充分发挥新型生产关系对新质生产力形成与发展的推动作用，建立与之相适应的各类管理体制和运行机制，让各类先进优质生产要素向发展新质生产力顺畅流动。

（本文源自《经济日报》2024年4月23日）

深化改革为共同富裕提供动力和保障

刘培林[*]

共同富裕是中国特色社会主义的本质要求，是中国式现代化的重要特征。党的二十届三中全会审议通过的《中共中央关于进一步全面深化改革 推进中国式现代化的决定》提出，"推动人的全面发展、全体人民共同富裕取得更为明显的实质性进展"。实现这一重要目标任务，必须把深化改革推向前进，汇聚合力推动经济高质量发展，更好满足人民日益增长的美好生活需要，让改革成果更多更公平惠及全体人民。

改革是推动经济社会发展的强大动力。我国社会主要矛盾已经转化为人民日益增长的美好生活需要和不平衡不充分的发展之间的矛盾。推动全体人民共同富裕，需要适应发展阶段变化，顺应人民群众新期待，通过体制机制改革主动解决地区差距、城乡差距、收入分配差距等发展不平衡不充分问题，完善推动高质量发展激励约束机制，充分激发全体人民的积极性主动性创造性，为促进共同富裕提供更加强大的动力和制度保障。只有进一步全面深化改革，才能更好地解放和发展社会生产力，推动生产关系和生产力、上层建筑和经济基础、国家治理和社会发展更好相适应，使现代化的动力更强劲、现代化进程更稳更快，让人民群众的获得感、幸福感、安全感更加充实、更有保障、更可持续。

---

[*] 刘培林，北京市习近平新时代中国特色社会主义思想研究中心特约研究员、清华大学中国经济思想与实践研究院研究员。

聚焦
新型生产关系

　　推动人的全面发展和全体人民共同富裕,要在改革实践中坚持以经济体制改革为牵引,坚持和完善社会主义基本经济制度,完善收入分配和就业制度,深化社会保障制度改革和各领域配套改革,提供更加公平可及的优质公共服务,不断增进民生福祉。

　　一是促进民营经济发展,把就业优先政策落到实处。就业是最大的民生,实现更加充分更高质量就业是推动全体人民共同富裕的重要基础。作为吸纳就业的主力军,民营企业的发展关系到社会就业稳定和居民收入增加。民营经济发展得越好,就业岗位就越多,高质量充分就业的门路就越广。就业有保障,社会稳定就会有强有力的支撑。要坚持和完善社会主义基本经济制度,毫不动摇巩固和发展公有制经济,毫不动摇鼓励、支持、引导非公有制经济发展,保证各种所有制经济依法平等使用生产要素、公平参与市场竞争、同等受到法律保护,促进各种所有制经济优势互补、共同发展。依法平等长久保护各种所有制经济产权,着力稳定民营企业预期和信心,促进民营经济高质量发展。

　　二是把加快农业转移人口市民化摆在突出位置。推进农业转移人口市民化是深入实施以人为本的新型城镇化战略的首要任务,也是推动人的全面发展和全体人民共同富裕的重要着力点。只有促进城乡要素平等交换、双向流动,缩小城乡差别,才能促进城乡共同繁荣发展。要统筹城乡就业政策体系,同步推进户籍、用人、档案等服务改革,优化创业促进就业政策环境。围绕实施新一轮农业转移人口市民化行动,进一步深化户籍制度改革,推行由常住地登记户口提供基本公共服务制度,推动符合条件的农业转移人口社会保险、住房保障、随迁子女义务教育等享有同迁入地户籍人口同等权利,逐步让农业转移人口在城镇进得来、住得下、融得进、能就业、可创业。

　　三是提高居民收入水平,缩小收入差距。扎实推动共同富裕是一项长期任务。党的十八大以来,我国经济实力实现历史性跃升,居民收入水平和生活质量持续改善,2023年全国居民人均可支配收入39218元,比上年名义增长6.3%。但还要看到,我国发展不平衡不充分问题仍然突出,收入分配差距仍然较大。这不仅会制约有效需求创造、影响经济循环畅通，也不利于实现社会公平正义。要完善收入分配制度，构建初次分配、再分配、第三次分配协调配套的制度体系，提高居民收入在国民收入分配中的比重，提高劳动报酬在初次分配中的比重。完善覆盖农村人口的常态化防止返贫致贫机制，建立农村低收入人口和欠发达地区分层分类帮扶制度。完善劳动者工资决定、合理增长、支付保障机制，健全按要素分配政策制度。完善税收、社会保障、转移支付等再分配调节机制。规范收入分配秩序，多渠道增加城乡居民财产性收入，形成有效增加低收入群体收入、稳步扩大中等收入群体规模、合理调节过高收入的制度体系。

（本文源自《经济日报》2024 年 8 月 21 日）

以正确的改革方法推进全面深化改革

胡 敏[*]

改革开放是前无古人的崭新事业,必须坚持正确的改革方法论,在不断实践探索中前进。习近平总书记强调,"改革有破有立,得其法则事半功倍,不得法则事倍功半甚至产生负作用"。改革开放46年来的实践证明,以正确的改革方法推进改革,对党和国家事业行稳致远至关重要。

党的二十届三中全会将紧扣中国式现代化,谋划进一步全面深化改革的战略路径。近期举行的两次中共中央政治局会议先后指出,进一步全面深化改革要"更加注重系统集成,更加注重突出重点,更加注重改革实效",要贯彻"六个坚持"原则。这些重要论述为进一步全面深化改革提供了科学方法、指明了实践路径,需要我们切实把握好落实好。

一、更加注重系统集成

系统集成就是将各个独立的系统、功能和信息整合到一个相互联系的整体之中,使各系统之间协同配合、协调运作,资源充分共享、管理高度便利,从而发挥出最优的整体效益。系统集成的方法广泛运用在现代信息技术工程领域,其实在更为复杂的经济社会领域,更需要用好系统集成方法。

---

[*] 胡敏,中央党校(国家行政学院)习近平新时代中国特色社会主义思想研究中心研究员,国家行政学院出版社社长。

党的十八届三中全会掀开了全面深化改革新的历史一页。我们党基于改革进入攻坚期和深水区，针对我国发展方式转向、结构调整转变、增长动能转换的迫切需要，适应社会主要矛盾发生深刻变革的现实要求，以经济体制改革为牵引推进全面深化改革，推动改革实现由局部探索、破冰突围到系统集成、全面深化的历史性转变，各领域基础性制度框架基本确立，许多领域实现历史性变革、系统性重塑、整体性重构，推动各方面制度更加成熟更加定型，开创了我国改革开放的全新局面。其中，我们运用系统集成改革，优化了机构设置，创新了政策供给，强化了部门协同，在构建更为成熟更加规范的制度体系上迈出了重要一步。

党的二十大擘画了到本世纪中叶实现建成社会主义现代化强国的宏伟蓝图，这个时期正处于世界百年未有之大变局加速演进期，也是实现中华民族伟大复兴的关键时期，同时还处于新一轮科技革命和产业变革与我国发展方式加速变革的历史交汇期。要实现人口规模巨大、全体人民共同富裕、物质文明和精神文明相协调、人与自然和谐共生、走和平发展道路的中国式现代化，改革发展的艰巨性和复杂性前所未有；适应中国式现代化进程的改革，更是全方位、全过程、宽领域、多层次的，这必然要求更高水平的系统集成。因此，进一步全面深化改革，需要更加注重前瞻性思考、全局性谋划、战略性布局、整体性贯彻。

着力系统性。全面深化改革是一场深刻而全面的社会变革，也是一项复杂的系统工程。围绕坚持和完善中国特色社会主义制度、推进国家治理体系和治理能力现代化这个总目标，坚持系统观念，按照社会大系统加强改革的顶层设计，以制度建设为主线，以筑牢根本制度、完善基本制度、创新重要制度为基础，坚决破除各方面体制机制障碍，充分释放制度潜能，努力把我们的制度优势转化为治理效能和发展动能。

把握整体性。加强顶层设计、总体谋划，破立并举、先立后破。要以经济体制改革为牵引，协同推进政治、经济、文化、社会、生态以及其他方面的全方位改革。重大基础性改革与重要牵引性改革是"两个轮子"，各项改革举措要实现在微观与宏观、局部和整体、地方和中央、短期和长期、特殊和一般之间的相互衔接、上下配套、左右联动、内外兼顾，达到"整体大于局部之和"的系统集成效果，实现改革的整体突破。

加强协同性。在坚持改革的目标导向、问题导向、效果导向一致的基础上，必须做到各项改革措施政策取向上的一致性、实施过程中的协同性、成效上的相互增益性，实现改革效益的集成。这要求改革政策能与宏观政策、产业政策、社会政策等协同配套、同向发力，坚决打破部门分割与群体分割的利益固化藩篱，强化政策耦合效应，减少政策各行其是、相互掣肘和传递之间的信息衰减，防止和克服合成谬误。

二、更加注重突出重点

毛泽东同志曾指出，事物的矛盾法则，即对立统一规律，是自然和社会的根本法则。主要矛盾是起主导性、决定性作用的矛盾，决定着事物发展的全局，它的解决将带动其他一切矛盾的解决；抓住矛盾的主要方面，才能把握事物的本质和主流。为了推动事物的发展，就要善于抓重点、抓关键、抓问题。

习近平总书记坚持唯物辩证法的立场，指出"在任何工作中，我们既要讲两点论，又要讲重点论，没有主次，不加区别，眉毛胡子一把抓，是做不好工作的"，强调进一步全面深化改革要抓住主要矛盾和矛盾的主要方面。要奔着问题去、盯着问题改，坚决破除妨碍推进中国式现代化的思想观念和体制机制弊端，着力破解深层次体制机制障碍和结构性矛盾，不断为中国式现代化注入强劲动力、提供有力制度保障。

进一步全面深化改革，必须聚焦全面建设社会主义现代化国家中的重大问题，着眼牵一发而动全身的关键问题，持续深化重点领域和关键环节改革，推动生产关系和生产力、上层建筑和经济基础、国家治理和社会发展更好相适应，引领改革向更深层次推进。

一是着力解决制约高水平社会主义市场经济体制建设的卡点堵点问题。高质量发展是新时代的硬道理。当前我国市场体系还不健全、发育还不充分，超大规模市场优势还不凸显，制约贯彻落实新发展理念、推进高质量发展的堵点卡点瘀点还不少。必须进一步优化产权保护、市场准入、公平竞争、社会信用等市场经济基础性制度，勇于创新和发展我国社会主义市场经济理论，尤其要适应加快发展新质生产力的新要求，着力打通在科技、教育、人才体制机制上束缚新质生产力发展的种种壁垒关隘，建立高标准市场体系，创新要素配置方式，让各类先进优质生产要素向发展新质生产力顺畅流动。

二是着力解决民生领域的痛点难点问题。民生是社会和谐之本，民生领域与人民群众的生活息息相关。民生决定民心，民心是最大的政治，直接关乎中国式现代化的发展成效。必须从人民的整体利益、根本利益、长远利益出发谋划和推进民生领域改革，从老百姓最关心的就业、增收、入学、就医、住房、办事、托幼养老以及生命财产安全等急难愁盼问题中找准改革的发力点和突破口，让人民群众有更多获得感、幸福感、安全感。

三是着力解决有悖社会公平正义的焦点热点问题。公平正义是中国特色社会主义的内在要求。进一步全面深化改革要以促进社会公平正义、增进人民福祉，实现全体人民共同富裕为出发点和落脚点，切实完善社会主义分配制度，既结合中国国情，又顺应世界潮流，规范收入分配秩序，规范财富积累机制，切实健全覆盖全民、统筹城乡、公平统一、安全规范、可及可享可持续的社会保障制度，切实解决城乡、地区、行业之间在基本公共服务上的差距，坚决破除各种特权思想和特权行为，让公平正义的阳光普照全社会。

三、更加注重改革实效

真抓实干抓落实，既是我们党的优良传统，也是我们改革开放以来创造经济奇迹的宝贵经验和重要方法。一个行动胜过一打纲领。习近平总书记指出："中国的今天，是中国人民干出来的！""伟大梦想不是等得来、喊得来的，而是拼出来、干出来的。"他强调，改革要重谋划，更要重落实。要以钉钉子精神抓改革落实，既要积极主动，更要扎实稳健，明确优先顺序，把握时度效，尽力而为、量力而行，不能脱离实际。

首先，科学研判形势，顺应发展大势。必须深刻把握我国社会主要矛盾变化带来的社会变革新形势，深刻把握我国发展进入战略机遇和风险挑战并存的新态势，要进一步解放思想、开放胸襟，更要实事求是，一切从实际出发，在权衡利弊中趋利避害。改革举措要立足当下、着眼长远，统筹短期应对和中长期发展，更加积极主动应对不稳定不确定因素，加快弥补短板弱项，厚植发展优势，赢得战略主动。

其次，坚持党的全面领导，牢固树立正确政绩观。党的领导是进一步全面深化改革、推进中国式现代化的根本保证。要坚持党的全面领导，坚定维护党中央权威和集中统一领导，发挥党总揽全局、协调各方的领导核心作用，把党的领导贯穿改革各方面全过程，确保改革始终沿着正确政治方向前进。各级党政干部要牢固树立正确政绩观，坚持全国一盘棋思想，不断增强辩证思维、战略思维、法治思维，对党中央确定的改革举措，既不能打折扣，搞选择性执行，也不能顾此失彼，偏执一方，避免把长期目标短期化、系统目标碎片化、协同目标本位化。

最后，尊重人民主体地位和首创精神，让改革成果更多更公平惠及全体人民。人民是历史的创造者，是我们的力量源泉。改革开放之所以得到广大人民群众衷心拥护和积极参与，最根本的原因在于我们一开始就使改革开放事业深深扎根于人民群众之中。改革的最终成效也是由人民来检验的。要坚持人民有所呼、改革有所应，做到改革为了人民、改革依靠人民、改革成果由人民共享。只有充分调动人民群众推进改革的积极性、主动性、创造性，才能把广大人民的智慧和力量凝聚到改革上来，从而汇聚起将改革不断推向前进的磅礴伟力。

（本文源自《解放日报》2024 年 7 月 14 日）

后　　记

　　加快形成新质生产力，形成与之相适应的新型生产关系，就必须通过进一步全面深化改革来实现。《中共中央关于进一步全面深化改革推进中国式现代化的决定》（以下简称《决定》）指出："当前和今后一个时期是以中国式现代化全面推进强国建设、民族复兴伟业的关键时期。中国式现代化是在改革开放中不断推进的，也必将在改革开放中开辟广阔前景。面对纷繁复杂的国际国内形势，面对新一轮科技革命和产业变革，面对人民群众新期待，必须继续把改革推向前进。"《决定》中重点部署未来五年的改革任务，突出体制机制改革，突出战略性、全局性重大改革，突出经济体制改革牵引作用，主要从经济、政治、文化、社会、生态、安全、国防、党建等方面部署改革。《决定》中部署的众多改革措施，涉及体制机制的构建和完善，利于系统性调整新时代中国特色社会主义生产关系，打通阻碍新质生产力发展的堵点卡点，对于加快发展新质生产力、实现高质量发展、推进中国式现代化具有深刻的理论指导作用。

　　新型生产关系这个重要概念和重大历史任务的提出，引发全社会的关注和讨论。应中央党校出版集团国家行政学院出版社之约，我们编写了这本《聚焦新型生产关系》。本书由中央党校（国家行政学院）中国式现代化研究中心主任、马克思主义学院教授张占斌提出基本框架并组织编写工作，马克思主义学院讲师毕照卿、博士生王瑞协助进行了文章收集与分类编排，做了大量的基础工作。马克思主义学院和中国式现代化研究中心有关专家提出了完善建议。编入本书的文章，多数是作者发表在某些报纸和杂志上的，也有些是党的二十届三中全会闭幕后刚刚完成的科研成果。由于我们水平有限，可能还有一些好的研究成果有遗漏，以后再想办法弥补。中央党校出版集团的领导对本书出版提供了很大支持，国家行政学院出版社的编辑为本书出版做了大量而细致的工作，是本书高质量及时出版的重要保证，在此一并致谢！

本书编写组

2024 年 8 月 31 日